30分で作る！

キャッシュフロー＆資金繰り表

【エクセルフォーム付き】

C&R研究所

10日単位での資金繰り計画

簡易版 資金繰り計画

1か月を月初、月中、月末の3期間として、1年間で36期間の資金繰り計画表を作成します。また業績の予測を通常月、好調月、低調月の3つのパターンの組み合わせで簡単に行います。

さらに、月単位での繰越作業を行うことで、常に資金繰り計画を最新の状態に保てます。

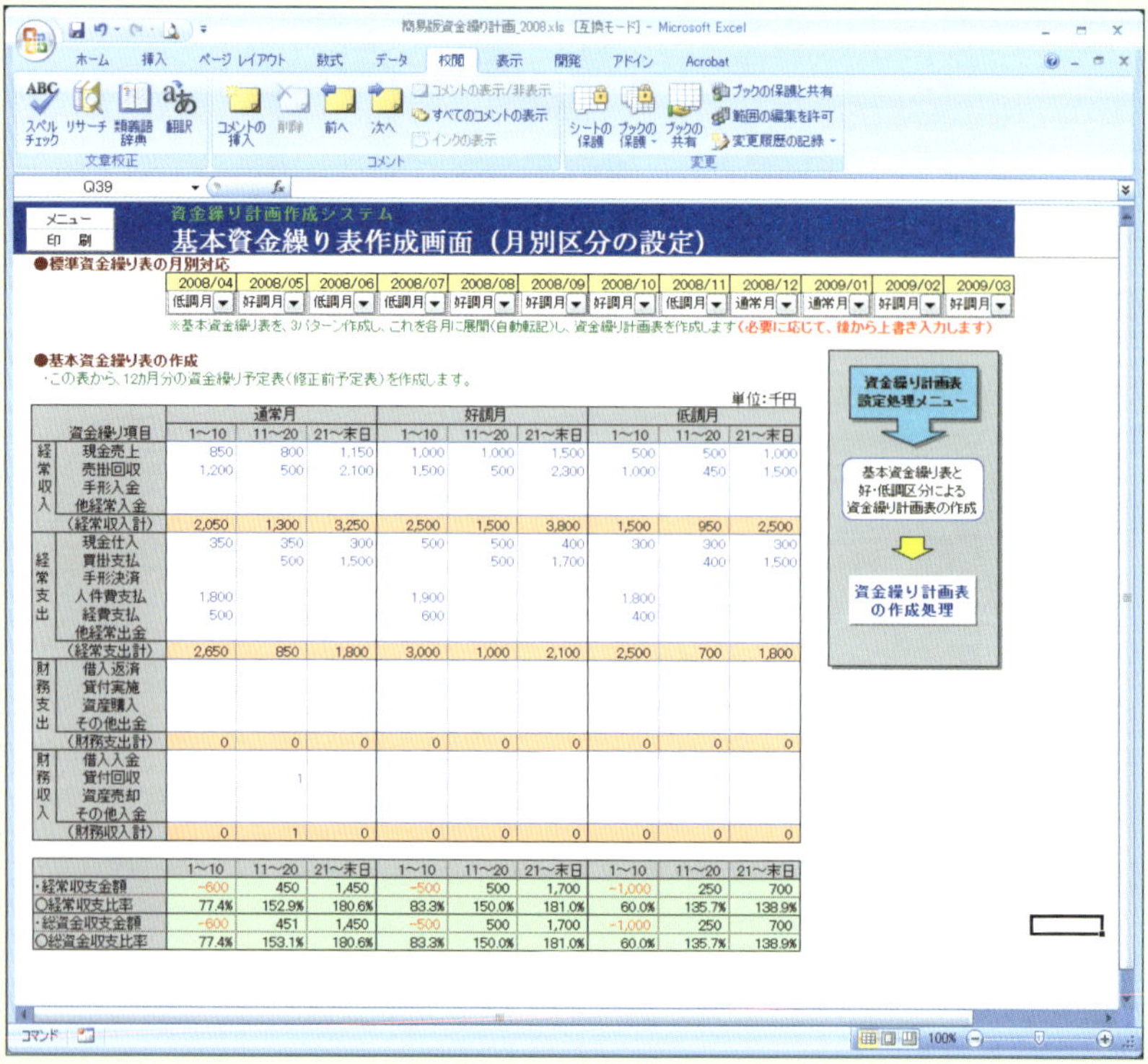

◉業績の予測は通常月、好調月、低調月のパターンを指定することで行う。

資金繰り計画作成システム

資金繰り計画表

2008年 4月～2009年 3月

株式会社 新電卓商事

2008年 4月～2008年 7月

資金繰り項目		2008年 4月			2008年 5月			2008年 6月			2008年 7月		
		1～10	11～20	21～末日	1～10	11～20	21～末日	1～10	11～20	21～末日	1～10	11～20	21～末日
経常収入	現金売上	500	500	1,000	1,000	1,000	1,500	500	500	1,000	500	500	1,000
	売掛回収	1,000	450	1,500	1,500	500	2,300	1,000	450	1,500	1,000	450	1,500
	手形入金												
	他経常入金												
	(経営収入:A)	1,500	950	2,500	2,500	1,500	3,800	1,500	950	2,500	1,500	950	2,500
経常支出	現金仕入	300	300	300	500	500	400	300	300	300	300	300	300
	買掛支払		400	1,500		500	1,700		400	1,500		400	1,500
	手形決済												
	人件費支払	1,800			1,900			1,800			1,800		
	経費支払	400			600			400			400		
	他経常出金												
	(経営支出:B)	2,500	700	1,800	3,000	1,000	2,100	2,500	700	1,800	2,500	700	1,800
財務支出	借入返済												
	貸付実施												
	資産購入												
	その他出金												
	(財務支出:C)	0	0	0	0	0	0	0	0	0	0	0	0
財務収入	借入入金												
	貸付回収												
	資産売却												
	その他入金												
	(財務収入:D)	0	0	0	0	0	0	0	0	0	0	0	0
			低調月			好調月			低調月			低調月	

【 資金繰り要約表 】

●当初資金有り高 16,700

	2008年 4月			2008年 5月			2008年 6月			2008年 7月		
月初資金有り高[X]	16,700	15,700	15,950	16,650	16,150	16,650	18,350	17,350	17,600	18,300	17,300	17,550
(経常収入:A)	1,500	950	2,500	2,500	1,500	3,800	1,500	950	2,500	1,500	950	2,500
(経常支出:B)	2,500	700	1,800	3,000	1,000	2,100	2,500	700	1,800	2,500	700	1,800
経常収支後残高[Y=X+E]	15,700	15,950	16,650	16,150	16,650	18,350	17,350	17,600	18,300	17,300	17,550	18,250
(財務支出:C)	0	0	0	0	0	0	0	0	0	0	0	0
財務支出後残高[Z=Y-C]	15,700	15,950	16,650	16,150	16,650	18,350	17,350	17,600	18,300	17,300	17,550	18,250
(財務収入:D)	0	0	0	0	0	0	0	0	0	0	0	0
月末資金残高 [W=Z+D]	15,700	15,950	16,650	16,150	16,650	18,350	17,350	17,600	18,300	17,300	17,550	18,250
経常収支額 [E=A-B]	-1,000	250	700	-500	500	1,700	-1,000	250	700	-1,000	250	700
経常収支比率[E%=A/B]	60.0%	135.7%	138.9%	83.3%	150.0%	181.0%	60.0%	135.7%	138.9%	60.0%	135.7%	138.9%
総収支金額 [F=E-C+D]	-1,000	250	700	-500	500	1,700	-1,000	250	700	-1,000	250	700
総収支比率 [F%=入/出]	60.0%	135.7%	138.9%	83.3%	150.0%	181.0%	60.0%	135.7%	138.9%	60.0%	135.7%	138.9%

平成20年4月28日

2008/5/22 13

◉難しい計算を行うことなく1年間分の資金繰り計画表を作成できる。

月次単位での利益計画と資金計画

利益計画に基づく資金計画

単年度の利益計画をもとに資金繰り計画表を作成します。利益計画のデータを入力し、売掛金や買掛金の支払・回収サイト、手形の回収・支払サイトなどを入力することで、精度の高い資金繰り計画表を作成することができます。

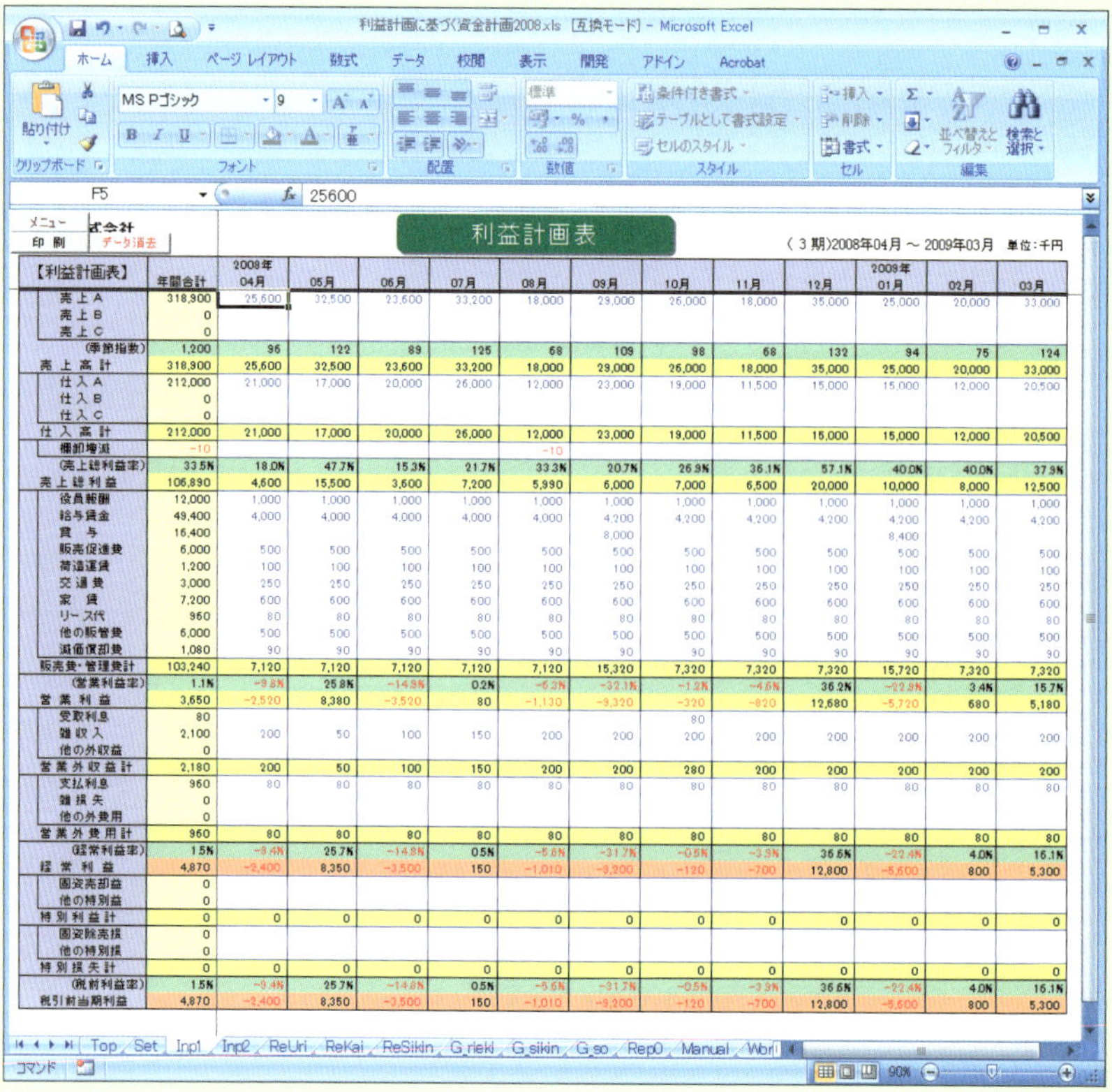

【利益計画表】	年間合計	2008年 04月	05月	06月	07月	08月	09月	10月	11月	12月	2009年 01月	02月	03月
売上A	318,900	25,600	32,500	23,600	33,200	18,000	29,000	26,000	18,000	35,000	25,000	20,000	33,000
売上B	0												
売上C	0												
(季節指数)	1,200	96	122	89	125	68	109	98	68	132	94	75	124
売上高計	318,900	25,600	32,500	23,600	33,200	18,000	29,000	26,000	18,000	35,000	25,000	20,000	33,000
仕入A	212,000	21,000	17,000	20,000	26,000	12,000	23,000	19,000	11,500	15,000	15,000	12,000	20,500
仕入B	0												
仕入C	0												
仕入高計	212,000	21,000	17,000	20,000	26,000	12,000	23,000	19,000	11,500	15,000	15,000	12,000	20,500
棚卸増減	-10					-10							
(売上総利益率)	33.5%	18.0%	47.7%	15.3%	21.7%	33.3%	20.7%	26.9%	36.1%	57.1%	40.0%	40.0%	37.9%
売上総利益	106,890	4,600	15,500	3,600	7,200	5,990	6,000	7,000	6,500	20,000	10,000	8,000	12,500
役員報酬	12,000	1,000	1,000	1,000	1,000	1,000	1,000	1,000	1,000	1,000	1,000	1,000	1,000
給与賃金	49,400	4,000	4,000	4,000	4,000	4,000	4,200	4,200	4,200	4,200	4,200	4,200	4,200
賞与	16,400						8,000				8,400		
販売促進費	6,000	500	500	500	500	500	500	500	500	500	500	500	500
荷造運賃	1,200	100	100	100	100	100	100	100	100	100	100	100	100
交通費	3,000	250	250	250	250	250	250	250	250	250	250	250	250
家賃	7,200	600	600	600	600	600	600	600	600	600	600	600	600
リース代	960	80	80	80	80	80	80	80	80	80	80	80	80
他の販管費	6,000	500	500	500	500	500	500	500	500	500	500	500	500
減価償却費	1,080	90	90	90	90	90	90	90	90	90	90	90	90
販売費・管理費計	103,240	7,120	7,120	7,120	7,120	7,120	15,320	7,320	7,320	7,320	15,720	7,320	7,320
(営業利益率)	1.1%	-9.8%	25.8%	-14.9%	0.2%	-6.3%	-32.1%	-1.2%	-4.6%	36.2%	-22.9%	3.4%	15.7%
営業利益	3,650	-2,520	8,380	-3,520	80	-1,130	-9,320	-320	-820	12,680	-5,720	680	5,180
受取利息	80							80					
雑収入	2,100	200	50	100	150	200	200	200	200	200	200	200	200
他の外収益	0												
営業外収益計	2,180	200	50	100	150	200	200	280	200	200	200	200	200
支払利息	960	80	80	80	80	80	80	80	80	80	80	80	80
雑損失	0												
他の外費用	0												
営業外費用計	960	80	80	80	80	80	80	80	80	80	80	80	80
(経常利益率)	1.5%	-9.4%	25.7%	-14.8%	0.5%	-5.6%	-31.7%	-0.5%	-3.3%	36.6%	-22.4%	4.0%	16.1%
経常利益	4,870	-2,400	8,350	-3,500	150	-1,010	-9,200	-120	-700	12,800	-5,600	800	5,300
固資売却益	0												
他の特別益	0												
特別利益計	0	0	0	0	0	0	0	0	0	0	0	0	0
固資除売損	0												
他の特別損	0												
特別損失計	0	0	0	0	0	0	0	0	0	0	0	0	0
(税前利益率)	1.5%	-9.4%	25.7%	-14.8%	0.5%	-5.6%	-31.7%	-0.5%	-3.3%	36.6%	-22.4%	4.0%	16.1%
税引前当期利益	4,870	-2,400	8,350	-3,500	150	-1,010	-9,200	-120	-700	12,800	-5,600	800	5,300

◉利益計画表の数値の他、売掛金と買掛金、手形のサイトなどを入力する。

新電卓株式会社

資金繰り計画表

（3 期）2008年04月 ～ 2009年03月　単位：千円

【資金繰り計画表】	年間合計	2008年 04月	05月	06月	07月	08月	09月	10月	11月	12月	2009年 01月	02月	03月
現金売上収入	95,670	7,680	9,750	7,080	9,960	5,400	8,700	7,800	5,400	10,500	7,500	6,000	9,900
売掛回収入金	141,112	14,361	13,686	14,210	12,356	10,555	10,920	10,928	9,492	11,550	11,214	10,206	11,634
手形回収入金	65,032	1,000	2,000	1,000	4,167	6,190	6,807	8,238	7,036	7,280	7,286	6,328	7,700
営業外収入	2,180	200	50	100	150	200	200	280	200	200	200	200	200
他の経常収入	0												
手形割引入金													
経常収入計:A	303,994	23,241	25,486	22,390	26,634	22,345	26,627	27,246	22,128	29,530	26,200	22,734	29,434
現金仕入支払	106,000	10,500	8,500	10,000	13,000	6,000	11,500	9,500	5,750	7,500	7,500	6,000	10,250
買掛金支払	60,533	4,575	8,170	7,000	7,100	5,775	3,825	5,450	4,488	3,438	3,763	3,588	3,363
手形決済支払	38,700	0	300	500	1,725	4,100	4,000	5,100	5,775	3,825	5,450	4,488	3,438
人件費支払	77,800	5,000	5,000	5,000	5,000	5,000	13,200	5,200	5,200	5,200	13,600	5,200	5,200
販売促進費支払	6,000	500	500	500	500	500	500	500	500	500	500	500	500
荷造運賃支払	1,200	100	100	100	100	100	100	100	100	100	100	100	100
交通費支払	3,000	250	250	250	250	250	250	250	250	250	250	250	250
家賃支払	7,200	600	600	600	600	600	600	600	600	600	600	600	600
リース代支払	960	80	80	80	80	80	80	80	80	80	80	80	80
他の販管費支払	6,000	500	500	500	500	500	500	500	500	500	500	500	500
営業外費用支出	960	80	80	80	80	80	80	80	80	80	80	80	80
他の経常支出	0												
消費税支払													
経常支出計:B	308,353	22,185	24,080	24,610	28,935	22,985	34,635	27,360	23,323	22,073	32,423	21,385	24,360
(経常収支率):A/B	98.6%	104.8%	105.8%	91.0%	92.0%	97.2%	76.9%	99.6%	94.9%	133.8%	80.8%	106.3%	120.8%
経常収支過不足:C=A-B	-4,359	1,056	1,406	-2,220	-2,301	-640	-8,008	-114	-1,194	7,458	-6,223	1,349	5,074
短期借入金返済	3,000	250	250	250	250	250	250	250	250	250	250	250	250
長期借入金返済	1,320	110	110	110	110	110	110	110	110	110	110	110	110
固定資産等購入	0												
固定性預金預入	0												
投資・貸付金等	0												
法人税等支払	1,400		700							700			
他の財務等支出	0												
消費税支払													
財務等支出計:D	5,720	360	1,060	360	360	360	360	360	360	1,060	360	360	360
(一般収支率):A/(B+D)	96.8%	103.1%	101.4%	89.7%	90.9%	95.7%	76.1%	98.3%	93.4%	127.7%	79.9%	104.5%	119.1%
一般収支過不足:E=C-D	-10,079	696	346	-2,580	-2,661	-1,000	-8,368	-474	-1,554	6,398	-6,583	989	4,714
(上記累計額)	–	696	1,041	-1,538	-4,200	-5,200	-13,568	-14,042	-15,596	-9,199	-15,782	-14,793	-10,079
短期借入れ入金	0	0											
長期借入れ入金	10,000	0				10,000							
固定資産等売却	0	0											
他の財務等入金	0	0											
手形割引入金													
財務等収入計:F	10,000	0	0	0	0	10,000	0	0	0	0	0	0	0
総合収支過不足:G=E+F	-79	696	346	-2,580	-2,661	9,000	-8,368	-474	-1,554	6,398	-6,583	989	4,714
(上記累計額)	–	696	1,041	-1,538	-4,200	4,800	-3,568	-4,042	-5,596	801	-5,782	-4,793	-79
月初資金有り高	[期首] 10,000	10,000	10,696	11,041	8,462	5,800	14,800	6,432	5,958	4,404	10,801	4,219	5,208
月末資金有り高	[期末] 9,922	10,696	11,041	8,462	5,800	14,800	6,432	5,958	4,404	10,801	4,219	5,208	9,922
【参考データ＆特別入力エリア】													
粗利益	106,890	4,600	15,500	3,600	7,200	5,990	6,000	7,000	6,500	20,000	10,000	8,000	12,500
経常利益	4,870	-2,400	8,350	-3,500	150	-1,010	-9,200	-120	-700	12,800	-5,600	800	5,300
消費税の支払	0												
受取手形残高	開始(5,000)	7,167	11,358	17,164	21,235	22,081	22,554	21,602	20,894	21,314	21,504	21,980	22,036
今回割引手形	0												
今回割引手形累計	–	0	0	0	0	0	0	0	0	0	0	0	0

◉資金繰り計画表。この他に入金と支払の詳細をまとめた「資金繰り詳細表」がある。

借入交渉に役立つ借入返済とリース支払の管理表

借入とリース返済計画シミュレーション

リースを含む広義の借入金返済予定を把握します。

借入金6件、リース物件5件について36か月分の支払管理表を作成します。

一定期間の返済実績をグラフとして表示できるため、融資の際には返済の実績をアピールする資料としても使用できます。

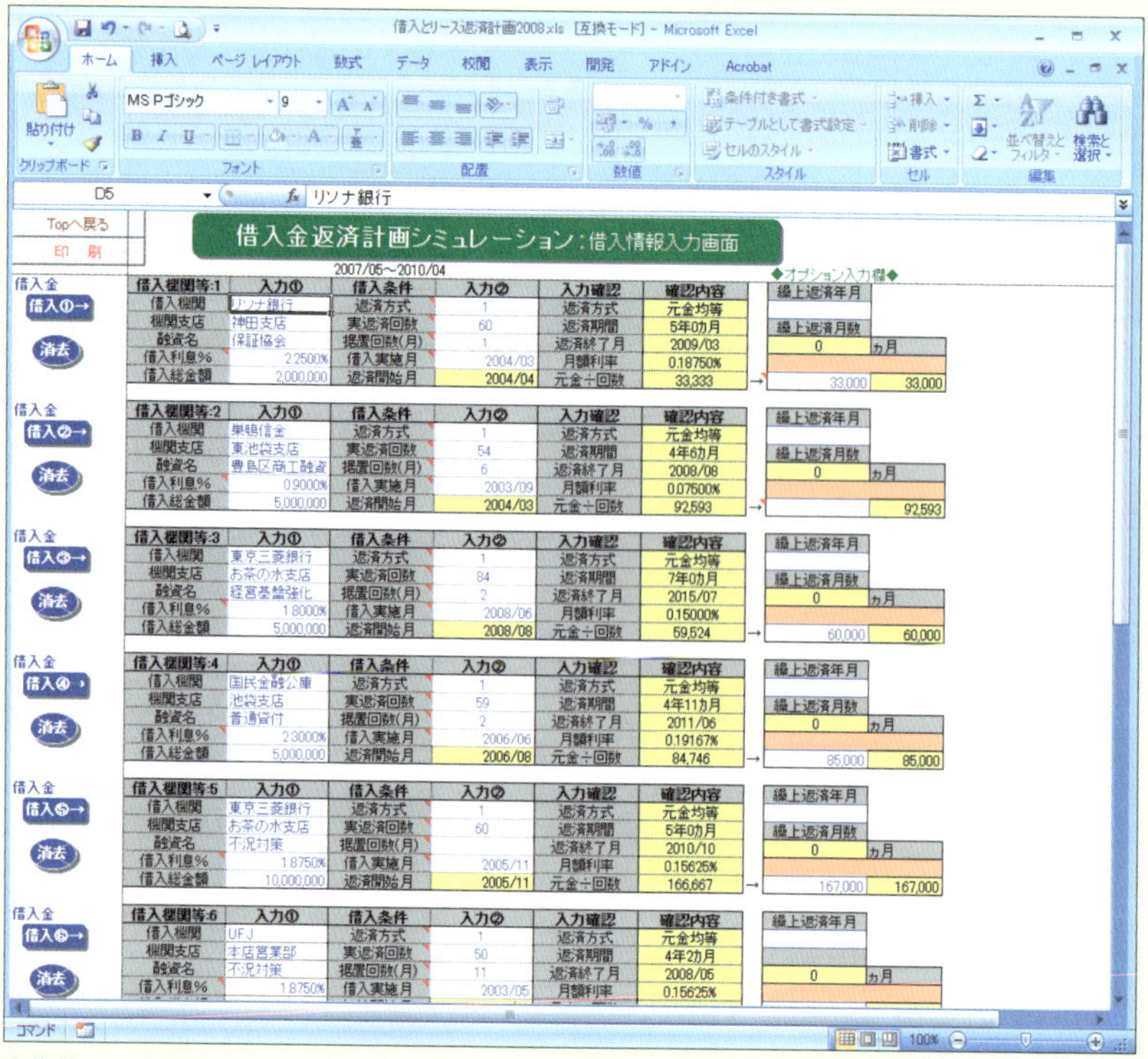

●物件ごとのデータ入力画面。借入金6件、リース物件5件の入力が可能。

借入金返済計画表

平成19年05月－平成22年04月

株式会社 エム・エム・プラン　　単位:円　　2007/05-2008/04

借入①		借入条件		年／月	2007/05	2007/06	2007/07	2007/08	2007/09	2007/10	2007/11	2007/12	2008/01	2008/02	2008/03	2008/04
借入機関	リソナ銀行	元金均等	1	回数	38	39	40	41	42	43	44	45	46	47	48	49
機関支店	神田支店	実返済回数	60	返済元金	33,000	33,000	33,000	33,000	33,000	33,000	33,000	33,000	33,000	33,000	33,000	33,000
融資名	保証協会	据置回数	1	返済利息	1,461	1,399	1,337	1,275	1,213	1,151	1,089	1,028	966	904	842	780
借入利息%	2.2500%	借入実施月	2004/03	返済合計	34,461	34,399	34,337	34,275	34,213	34,151	34,089	34,028	33,966	33,904	33,842	33,780
借入金額	2,000,000	返済開始月	2004/04	残高	746,000	713,000	680,000	647,000	614,000	581,000	548,000	515,000	482,000	449,000	416,000	383,000

借入②		借入条件		年／月	2007/05	2007/06	2007/07	2007/08	2007/09	2007/10	2007/11	2007/12	2008/01	2008/02	2008/03	2008/04
借入機関	巣鴨信金	元金均等	1	回数	39	40	41	42	43	44	45	46	47	48	49	50
機関支店	東池袋支店	実返済回数	54	返済元金	92,593	92,593	92,593	92,593	92,593	92,593	92,593	92,593	92,593	92,593	92,593	92,593
融資名	豊島区商工融	据置回数	6	返済利息	1,111	1,042	972	903	833	764	694	625	556	486	417	347
借入利息%	0.9000%	借入実施月	2003/09	返済合計	93,704	93,634	93,565	93,495	93,426	93,356	93,287	93,218	93,148	93,079	93,009	92,940
借入金額	5,000,000	返済開始月	2004/03	残高	1,388,889	1,296,296	1,203,704	1,111,111	1,018,519	925,926	833,333	740,741	648,148	555,556	462,963	370,370

借入③		借入条件		年／月	2007/05	2007/06	2007/07	2007/08	2007/09	2007/10	2007/11	2007/12	2008/01	2008/02	2008/03	2008/04
借入機関	東京三菱銀行	元金均等	1	回数	-	-	-	-	-	-	-	-	-	-	-	-
機関支店	お茶の水支店	実返済回数	84	返済元金	0	0	0	0	0	0	0	0	0	0	0	0
融資名	経営基盤強化	据置回数	2	返済利息	0	0	0	0	0	0	0	0	0	0	0	0
借入利息%	1.8000%	借入実施月	2008/06	返済合計	0	0	0	0	0	0	0	0	0	0	0	0
借入金額	5,000,000	返済開始月	2008/08	残高	0	0	0	0	0	0	0	0	0	0	0	0

借入④		借入条件		年／月	2007/05	2007/06	2007/07	2007/08	2007/09	2007/10	2007/11	2007/12	2008/01	2008/02	2008/03	2008/04
借入機関	国民金融公庫	元金均等	1	回数	10	11	12	13	14	15	16	17	18	19	20	21
機関支店	池袋支店	実返済回数	59	返済元金	85,000	85,000	85,000	85,000	85,000	85,000	85,000	85,000	85,000	85,000	85,000	85,000
融資名	普通貸付	据置回数	2	返済利息	8,117	7,954	7,791	7,628	7,465	7,303	7,140	6,977	6,814	6,651	6,488	6,325
借入利息%	2.3000%	借入実施月	2006/06	返済合計	93,117	92,954	92,791	92,628	92,465	92,303	92,140	91,977	91,814	91,651	91,488	91,325
借入金額	5,000,000	返済開始月	2006/08	残高	4,150,000	4,065,000	3,980,000	3,895,000	3,810,000	3,725,000	3,640,000	3,555,000	3,470,000	3,385,000	3,300,000	3,215,000

借入⑤		借入条件		年／月	2007/05	2007/06	2007/07	2007/08	2007/09	2007/10	2007/11	2007/12	2008/01	2008/02	2008/03	2008/04
借入機関	東京三菱銀行	元金均等	1	回数	20	21	22	23	24	25	26	27	28	29	30	31
機関支店	お茶の水支店	実返済回数	60	返済元金	167,000	167,000	167,000	167,000	167,000	167,000	167,000	167,000	167,000	167,000	167,000	167,000
融資名	不況対策	据置回数	0	返済利息	10,667	10,406	10,145	9,884	9,623	9,363	9,102	8,841	8,580	8,319	8,058	7,797
借入利息%	1.8750%	借入実施月	2005/11	返済合計	177,667	177,406	177,145	176,884	176,623	176,363	176,102	175,841	175,580	175,319	175,058	174,797
借入金額	10,000,000	返済開始月	2005/10	残高	6,660,000	6,493,000	6,326,000	6,159,000	5,992,000	5,825,000	5,658,000	5,491,000	5,324,000	5,157,000	4,990,000	4,823,000

借入⑥		借入条件		年／月	2007/05	2007/06	2007/07	2007/08	2007/09	2007/10	2007/11	2007/12	2008/01	2008/02	2008/03	2008/04
借入機関	UFJ	元金均等	1	回数	38	39	40	41	42	43	44	45	46	47	48	49
機関支店	本店営業部	実返済回数	50	返済元金	100,000	100,000	100,000	100,000	100,000	100,000	100,000	100,000	100,000	100,000	100,000	100,000
融資名	不況対策	据置回数	11	返済利息	2,031	1,875	1,719	1,563	1,406	1,250	1,094	938	781	625	469	313
借入利息%	1.8750%	借入実施月	2003/05	返済合計	102,031	101,875	101,719	101,563	101,406	101,250	101,094	100,938	100,781	100,625	100,469	100,313
借入金額	5,000,000	返済開始月	2004/04	残高	1,200,000	1,100,000	1,000,000	900,000	800,000	700,000	600,000	500,000	400,000	300,000	200,000	100,000

借入金合計				年／月	2007/05	2007/06	2007/07	2007/08	2007/09	2007/10	2007/11	2007/12	2008/01	2008/02	2008/03	2008/04
				返済元金	477,593	477,593	477,593	477,593	477,593	477,593	477,593	477,593	477,593	477,593	477,593	477,593
				返済利息	23,387	22,676	21,964	21,253	20,542	19,830	19,119	18,407	17,696	16,984	16,273	15,562
				返済合計	500,980	500,268	499,557	498,846	498,134	497,423	496,711	496,000	495,288	494,577	493,866	493,154
借入金額	32,000,000			残高	14,144,889	13,667,296	13,189,704	12,712,111	12,234,519	11,756,926	11,279,333	10,801,741	10,324,148	9,846,556	9,368,963	8,891,370

2008/5/14　　1/6

借入金返済計画表

平成19年05月－平成22年04月

株式会社 エム・エム・プラン　　単位:円　　2007/05-2008/04

リース①		借入条件		年／月	2007/05	2007/06	2007/07	2007/08	2007/09	2007/10	2007/11	2007/12	2008/01	2008/02	2008/03	2008/04
借入機関	日本信販	物件価格	380,000	回数	38	39	40	41	42	43	44	45	46	47	48	49
機関支店		リース回数	60	リース額	6,900	6,900	6,900	6,900	6,900	6,900	6,900	6,900	6,900	6,900	6,900	6,900
物件名	印刷機	リース月額	6,900	利息相当	567	567	567	567	567	567	567	567	567	567	567	567
耐用年数	0	リース総額	414,000	元金相当	6,333	6,333	6,333	6,333	6,333	6,333	6,333	6,333	6,333	6,333	6,333	6,333
リース料率	1.81579%	リース開始月	2004/04	残高相当	151,800	144,900	138,000	131,100	124,200	117,300	110,400	103,500	96,600	89,700	82,800	75,900

リース②		借入条件		年／月	2007/05	2007/06	2007/07	2007/08	2007/09	2007/10	2007/11	2007/12	2008/01	2008/02	2008/03	2008/04
借入機関	三菱電機クレジ	物件価格	400,000	回数	55	56	57	58	59	*	*	*	*	*	*	*
機関支店		リース回数	60	リース額	8,137	8,137	8,137	8,137	8,137	0	0	0	0	0	0	0
物件名	NTT FAX	リース月額	8,137	利息相当	1,470	1,470	1,470	1,470	1,470	0	0	0	0	0	0	0
耐用年数	5年	リース総額	488,220	元金相当	6,667	6,667	6,667	6,667	6,667	0	0	0	0	0	0	0
リース料率	2.03425%	リース開始月	2002/10	残高相当	40,685	32,548	24,411	16,274	8,137	0	0	0	0	0	0	0

リース③		借入条件		年／月	2007/05	2007/06	2007/07	2007/08	2007/09	2007/10	2007/11	2007/12	2008/01	2008/02	2008/03	2008/04
借入機関	三洋電機クレジ	物件価格	2,300,000	回数	50	51	52	53	54	55	56	57	58	59	*	*
機関支店	東京支店	リース回数	60	リース額	44,310	44,310	44,310	44,310	44,310	44,310	44,310	44,310	44,310	44,310	0	0
物件名	コピー&プリンタ	リース月額	44,310	利息相当	5,977	5,977	5,977	5,977	5,977	5,977	5,977	5,977	5,977	5,977	0	0
耐用年数	5年	リース総額	2,658,600	元金相当	38,333	38,333	38,333	38,333	38,333	38,333	38,333	38,333	38,333	38,333	0	0
リース料率	1.92652%	リース開始月	2003/03	残高相当	443,100	398,790	354,480	310,170	265,860	221,550	177,240	132,930	88,620	44,310	0	0

リース④		借入条件		年／月	2007/05	2007/06	2007/07	2007/08	2007/09	2007/10	2007/11	2007/12	2008/01	2008/02	2008/03	2008/04
借入機関		物件価格	0	回数												
機関支店		リース回数	0	リース額	0	0	0	0	0	0	0	0	0	0	0	0
物件名		リース月額	0	利息相当	0	0	0	0	0	0	0	0	0	0	0	0
耐用年数	0	リース総額	0	元金相当	0	0	0	0	0	0	0	0	0	0	0	0
リース料率	0.00000%	リース開始月		残高相当	0	0	0	0	0	0	0	0	0	0	0	0

リース⑤		借入条件		年／月	2007/05	2007/06	2007/07	2007/08	2007/09	2007/10	2007/11	2007/12	2008/01	2008/02	2008/03	2008/04
借入機関		物件価格	0	回数												
機関支店		リース回数	0	リース額	0	0	0	0	0	0	0	0	0	0	0	0
物件名		リース月額	0	利息相当	0	0	0	0	0	0	0	0	0	0	0	0
耐用年数	0	リース総額	0	元金相当	0	0	0	0	0	0	0	0	0	0	0	0
リース料率	0.00000%	リース開始月		残高相当	0	0	0	0	0	0	0	0	0	0	0	0

リース合計				年／月	2007/05	2007/06	2007/07	2007/08	2007/09	2007/10	2007/11	2007/12	2008/01	2008/02	2008/03	2008/04
				リース額	59,347	59,347	59,347	59,347	59,347	51,210	51,210	51,210	51,210	51,210	6,900	6,900
				利息相当	8,014	8,014	8,014	8,014	8,014	6,543	6,543	6,543	6,543	6,543	567	567
				元金相当	51,333	51,333	51,333	51,333	51,333	44,667	44,667	44,667	44,667	44,667	6,333	6,333
借入金額	0			残高相当	635,585	576,238	516,891	457,544	398,197	338,850	287,640	236,430	185,220	134,010	82,800	75,900

借入とリースの返済合計				年／月	2007/05	2007/06	2007/07	2007/08	2007/09	2007/10	2007/11	2007/12	2008/01	2008/02	2008/03	2008/04
		返済合計額		返済合計	560,327	559,615	558,904	558,193	557,481	548,633	547,921	547,210	546,498	545,787	500,766	500,054
借入金額	32,000,000	残高相当額		残高	14,780,474	14,243,534	13,706,595	13,169,655	12,632,716	12,095,776	11,566,973	11,038,171	10,509,368	9,980,566	9,451,763	8,967,270

2008/5/14　　2/6

◉返済計画表は36か月分。借入金とリース物件ごとに１年間分の返済データがまとめられる。

キャッシュフロー計算書と経営分析を合体

簡易版 キャッシュフロー計算書

「キャッシュフロー計算書」を作成します。キャッシュフロー計算書を作成することで、過去の資金の状況を具体的に把握できます。また、同時にキャッシュフローを中心とした経営分析も可能です。

簡易版キャッシュフロー計算書

簡易版キャッシュフロー計算書

平成19年4月1日～平成20年3月31日

株式会社 中堅中小商事　　単位：千円

Ⅰ．営業活動によるキャッシュフロー	
税引前当期利益	2,000
減価償却による資金留保	200
売上債権の増加による入金留保	-1,000
棚卸資産の増加による入金留保	-1,000
仕入債務の増加による支払留保	1,000
未払金の増加による支払留保	100
未払消費税等の支払留保額	10
貸倒引当金繰入額の戻し	1
賞与引当金増加による支払留保	10
退職給付引当金増加による支払留保	100
その他の流動資産の増加による支出	-100
その他の流動負債の増加による支払留保	100
その他の固定負債の増加による支払留保	100
受取利息及び配当金(収入振替)	-100
支払利息及び手形売却損(支出振替)	100
法人税等還付、投資・財務活動関係の営業外損益の控除	10
投資・財務活動関係の特別損益の控除	-80
手形割引高の振替	-200
小計	1,251
利息及び配当金の入金額	100
利息等の支払額	-100
法人税等の支払額	-880
営業活動によるキャッシュフロー	371
Ⅱ．投資活動によるキャッシュフロー	
有価証券・投資有価証券の取得・売却による収支	-100
有形無形固定資産の取得・売却による収支	-1,000
長短期貸付金の貸付・返済による収支	-200
投資活動によるキャッシュフロー	-1,300
Ⅲ．財務活動によるキャッシュフロー	
短期借入金等の増加による収入	1,000
長期借入金等の増加による収入	1,000
手形割引高	200
増資による収入	1,000
配当金等利益処分による支出	-199
財務活動によるキャッシュフロー	3,001
Ⅳ．現金及び現金同等物の増加	2,072
Ⅴ．現金及び現金同等物期首残高	8,320
Ⅵ現金及び現金同等物期末残高	10,392

キャッシュフロー分析指標

平成19年4月1日～平成20年3月31日

株式会社 中堅中小商事

フリーキャッシュフロー(FCF)	単位：千円
営業によるキャッシュフロー	371
投資活動によるキャッシュフロー	-1,300
フリーキャッシュフロー(FCF)	-929

キャッシュフローによる収益性分析	
①総資本営業キャッシュフロー比率 営業活動によるキャッシュフロー÷総資本×100%	0.73%
②キャッシュフローマージン(売上高営業キャッシュフロー比率) 営業活動によるキャッシュフロー÷売上高×100%	0.74%
③売上高フリーキャッシュフロー比率 フリーキャッシュフロー÷売上高×100%	-1.86%

キャッシュフローによる安全性分析	
④営業キャッシュフロー流動負債比率 営業活動によるキャッシュフロー÷流動負債期末残高×100%	1.51%
⑤短期有利子負債営業キャッシュフロー比率 営業活動によるキャッシュフロー÷短期有利子負債期末残高×100%	3.37%
⑥総有利子負債営業キャッシュフロー比率 営業活動によるキャッシュフロー÷総有利子負債期末残高×100%	1.69%
⑦総有利子負債完済期間 総有利子負債期末残高÷(フリーキャッシュフロー÷12ヶ月)	-284.18 (ヶ月)
⑧キャッシュフロー・インタレストカバレッジレシオ (営業活動によるキャッシュフロー＋利息等の支払額＋法人税等支払額)÷利息等支払額	13.51 (倍)

新電卓会計事務所　新電卓一郎

◉貸借対照表と損益計算書を入力するだけで作成できる。

はじめに

バブル経済崩壊以降の日本経済は、国際経済社会の一員として安定成長型の経済を目指し、試行錯誤を続けています。大枠としての政策は、規制緩和を進める一方で、国際化や情報化という新たなキーワードによる秩序作りを進め、企業に生き残りという競争を求めています。低金利と融資総量の絞込みという金融政策や法人税の減税、法令順守の強化などの産業政策が進んだ結果、巨大企業が大繁栄し、多数の小規模企業が資金繰りに困窮するという状況が生まれました。アジア諸国の低価格製品との競争を続ける中小企業にとって、資金調達環境の悪化は、つらい現実です。

しかし、ものは考えようで、これまでの中小企業は安易に金を借り過ぎていた感があり、その是正機会といえます。貸し手である金融機関は、企業価値の評価以前に（土地の値上がりを中心とした）不動産価値を担保に安易な融資を続け、借り手である企業はこの状況に甘え、本来行うべき最適資金運用に基づく資本の充実や資金収支の改善を怠ってきたのではないでしょうか。今、反省の機会を与えられたものと前向きに考え、資金繰りやキャッシュフローを再考したいものです。本書がその一助になれば幸いです。

２００８年８月　ＢＦＬ経営財務研究所　杉田利雄

フォームの使い方

付属CD-ROMについて

付属CD―ROMには、本書で解説している次の4本のフォームが納められています。

(1) ファイル名：「簡易版資金繰り計画2008・xls」～第2章で解説
(2) ファイル名：「利益計画に基づく資金計画2008・xls」～第3章で解説
(3) ファイル名：「借入とリース返済計画2008・xls」～第4章で解説
(4) ファイル名：「簡易版キャッシュフロー計算書2008・xls」～第5章で解説

なお、対応しているエクセルはウィンドウズ版のエクセル2000以降となります（マッキントッシュ版は動作を確認しておりません）。フォームを利用する時には、お使いのパソコンのハードディスクなどにファイルをコピーしてからご利用ください。

フォームを使うには

本書のフォームでは、操作を一部で自動化するためにVBA(Visual Basic for Applications)を使ったマクロが使用されています。

なお、マクロを使ったフォームの実行方法はエクセル2007とそれ以前のエクセル2003、2000とは大きく異なります。

●エクセル2003、2000の場合

エクセル2003、2000で、VBAを使用したフォームを使用するには、下記のような手順を実行する必要があります。

》 エクセル2003、2000でのマクロの手続き

❶「ツール」メニュー→「マクロ」→「セキュリティ」を選択します。

❷「セキュリティ」ダイアログボックスが表示されたら、「中 コンピュータに障害を与える可能性があるマクロを実行する前に警告します」を選択します。

❸「OK」ボタンをクリックします。

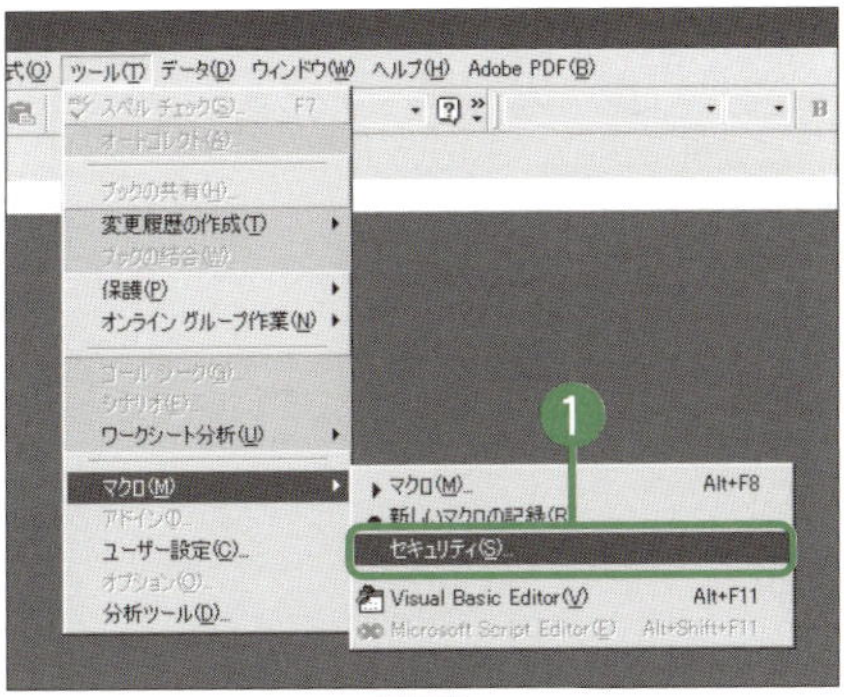

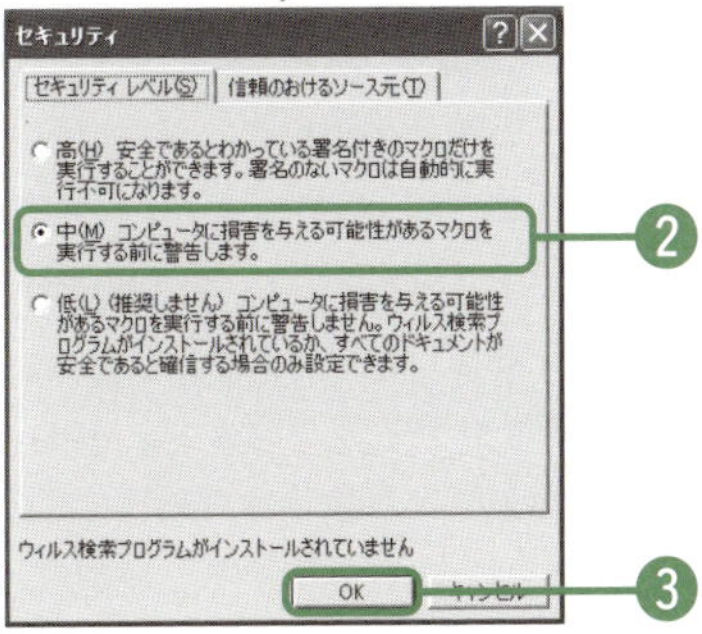

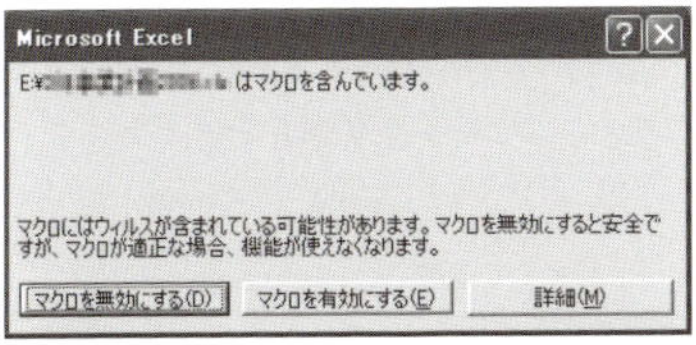

上記の設定を行った後でマクロを使用したフォームを開くと、このようなダイアログボックスが表示されます。

前ページの設定を行うと、VBAが使用されたフォームを読み込む時に前ページの左下図のようなダイアログボックスが表示されるため、「マクロを有効にする」ボタンをクリックしてください。

●エクセル2007の場合

エクセル2007では、フォームを読み込むたびにマクロを実行するため下記のような操作が必要になります。

アドイン関数の組み込み

フォームのいくつかでは、アドイン関数が使用されているため、あらかじめ左ページのような手順を実行しないと、正常な計算が行われません。

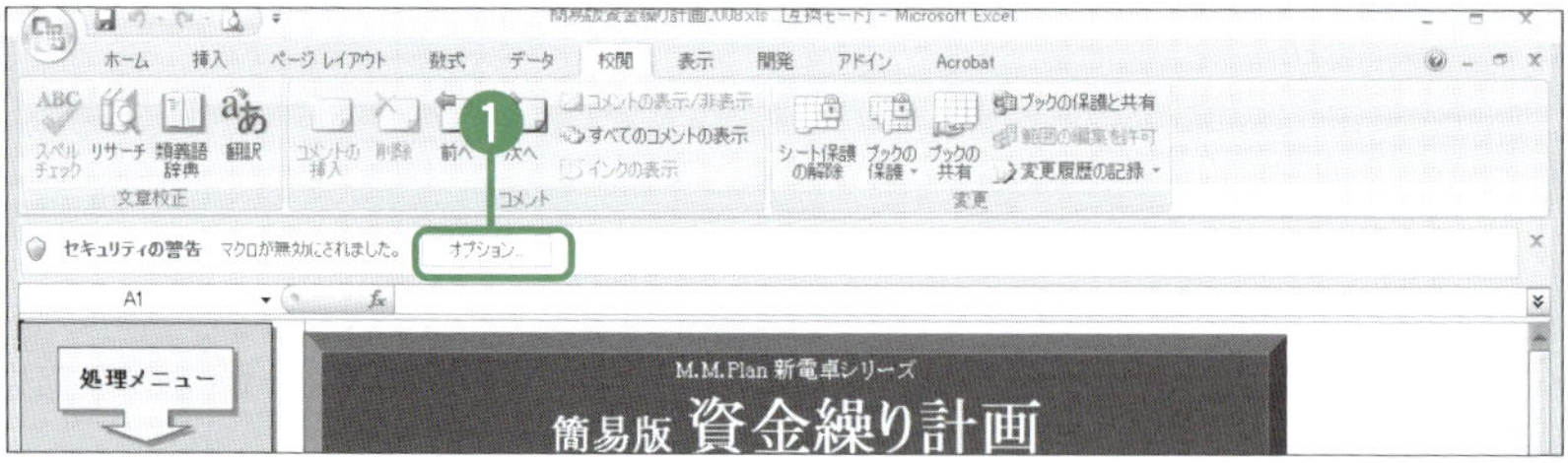

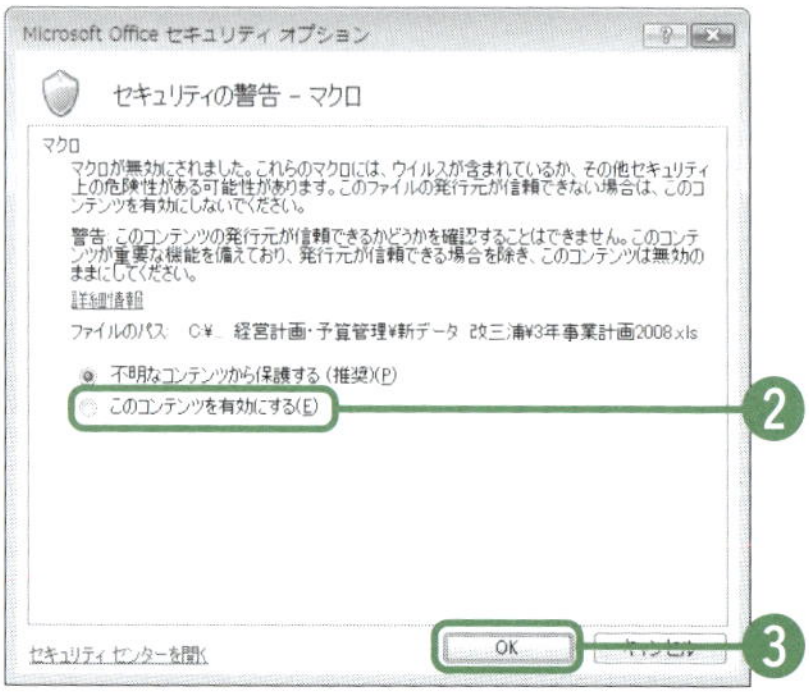

》エクセル2007でのマクロの手続き

❶ フォームを読み込むと、リボンの下に次のような「セキュリティの警告」が表示されるので、「オプション」ボタンをクリックします。
❷ 「セキュリティオプション」ダイアログボックスが表示されたら「このコンテンツを有効にする」を選択します。
❸ 「OK」ボタンをクリックします。

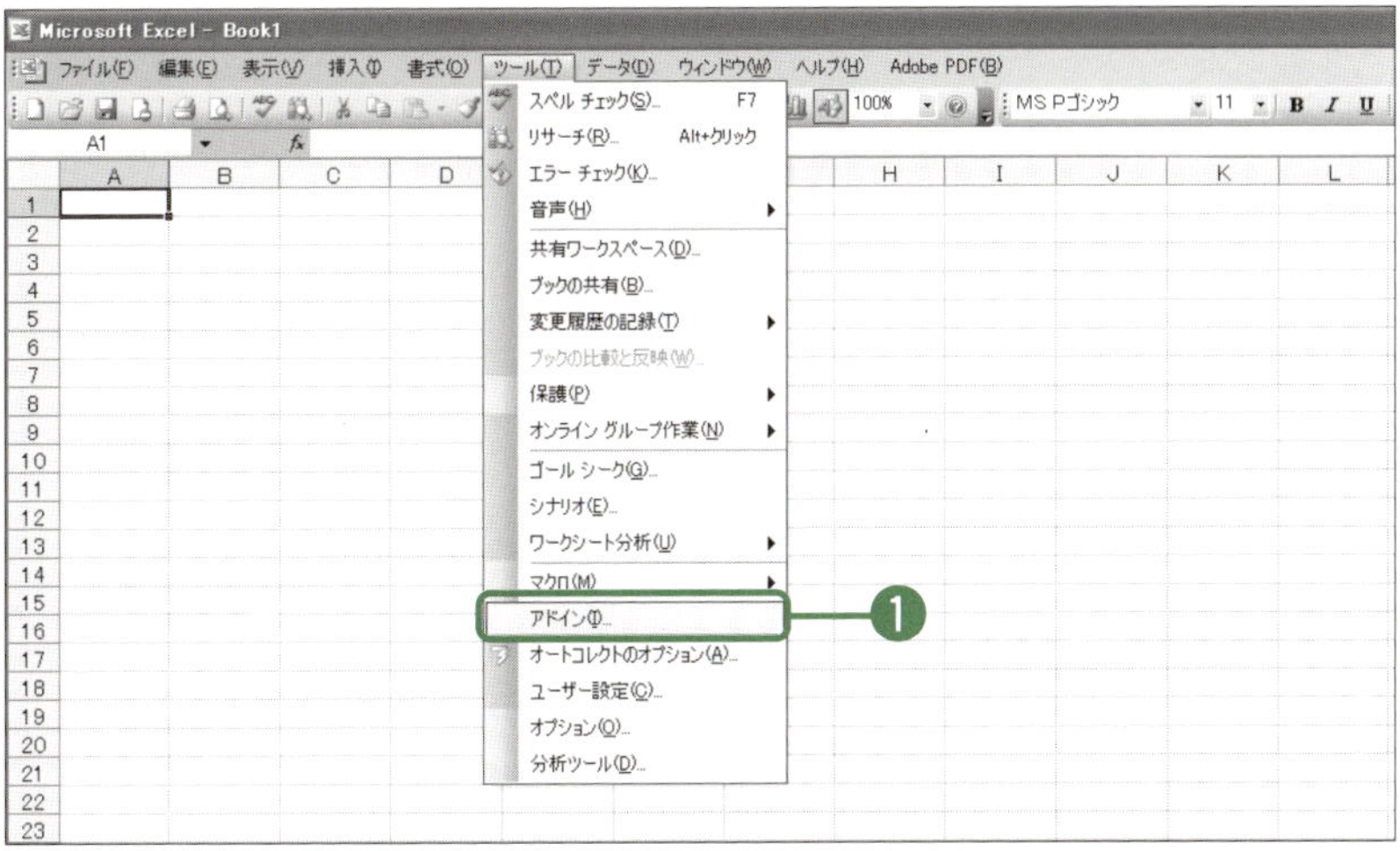

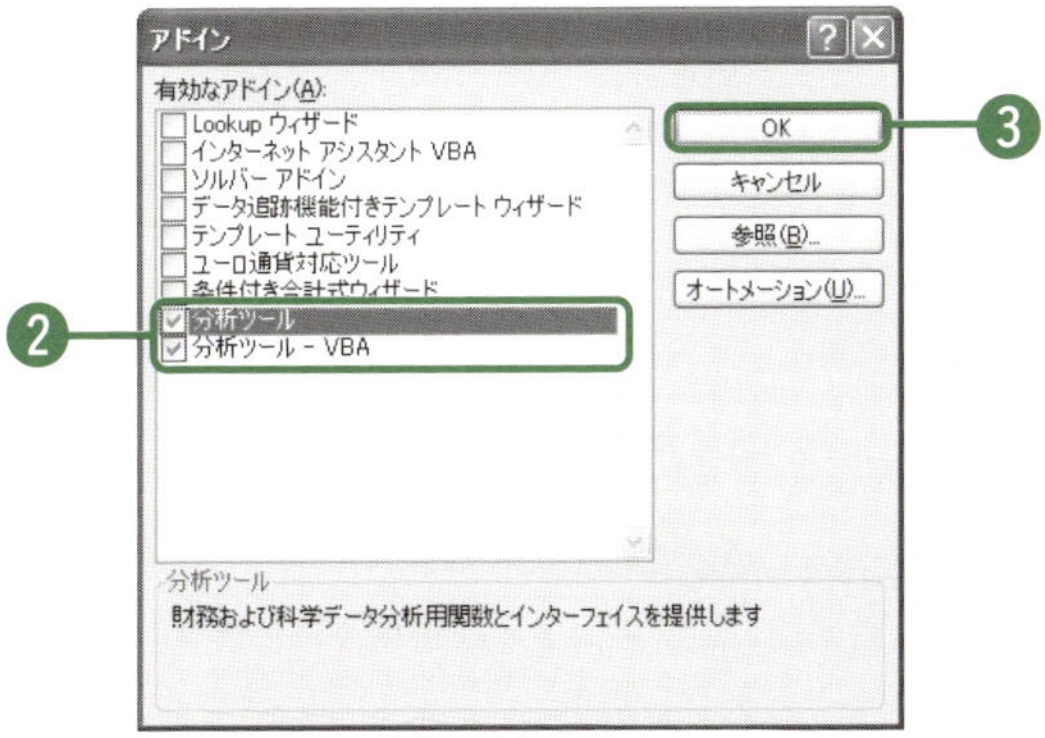

エクセル2003、2000でのアドイン関数の組み込み

❶「ツール」メニュー→「アドイン」を選択します。

❷「アドイン」ダイアログボックスが表示されたら、「分析ツール」と「分析ツール－VBA」をオンにします。

❸「OK」ボタンをクリックします。なお、この時にエクセルのプログラムCD-ROMが必要となる場合があります。

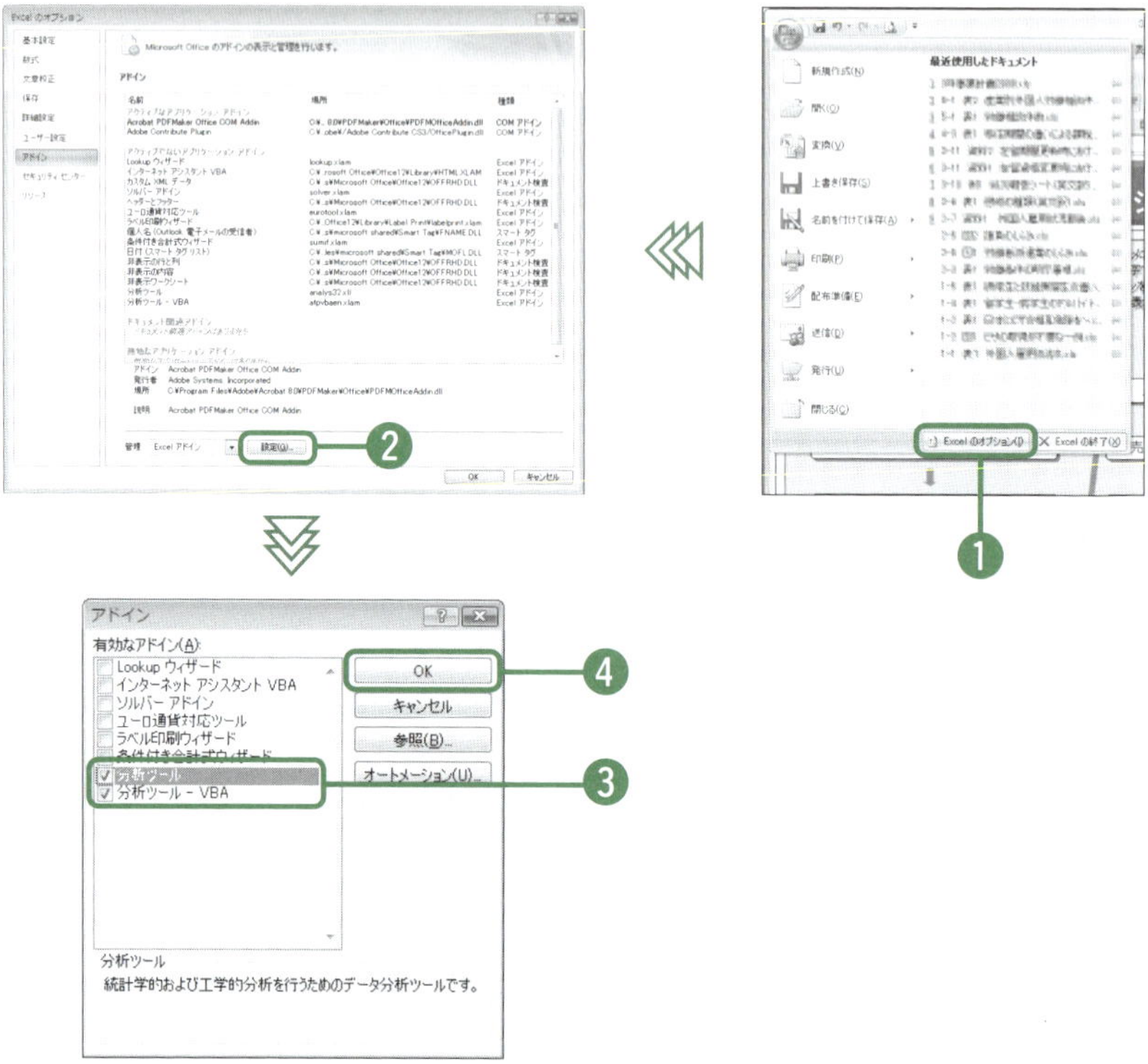

エクセル2007でのアドイン関数の組み込み

❶「Microsoft Office」ボタンをクリックし、「Excelのオプション」をクリックします。

❷「Excelのオプション」ダイアログボックスが表示されたら「アドイン」タブをクリックし、「設定」ボタンをクリックします。

❸「アドイン」ダイアログボックスが表示されたら「分析ツール」と「分析ツール—VBA」をオンにします。

❹「OK」ボタンをクリックします。なお、この時「分析ツールが現在コンピュータにインストールされていない」旨のメッセージが表示されたら「はい」ボタンをクリックして分析ツールをインストールします。

エクセル2007の互換モードとフォームの保存

エクセル２００７では、フォームの保存形式が新しくなり、エクセル２００３以前で作られたフォームを開くと「互換モード」で動作します。エクセル２００３以前で作られたフォームは拡張子が「ｘｌｓ」となり、エクセル２００７で作られたフォームの拡張子は「ｘｌｓｍ」となります。本書で収録されているフォームは、エクセル２００３以前の形式で保存されているため、エクセル２００７では互換モードで動作します。互換モードで作成したフォームを上書き保存すると、下右図のようなダイアログボックスが表示されることがありますが、このまま「続行」ボタンをクリックして保存を続行しても問題はありません。

なお、上書き保存ではなくエクセル２００７の形式で保存し直す場合には、「Ｅｘｃｅｌマクロ有効ブック」として保存してください。ただし、この形式で保存した場合には、そのままエクセル２００３以前のエクセルでフォームを読み込むことができなくなります。

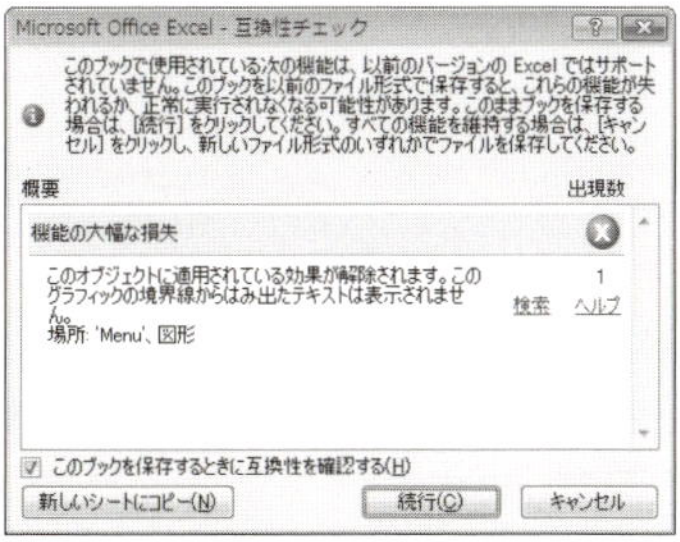

エクセル2007でフォームを上書き保存すると、このようなダイアログボックスが表示されるが、そのまま「続行」ボタンをクリックするとフォームを保存できます。

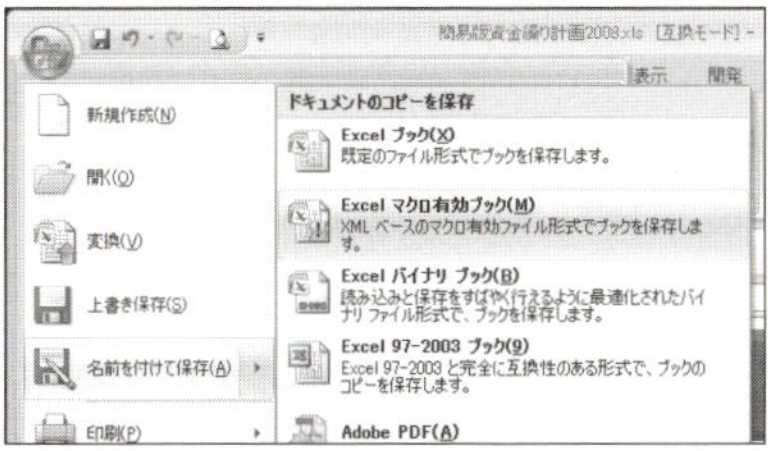

エクセル2007の形式でフォームを保存し直す場合には、必ず「Excelマクロ有効ブック」の形式を選択します。

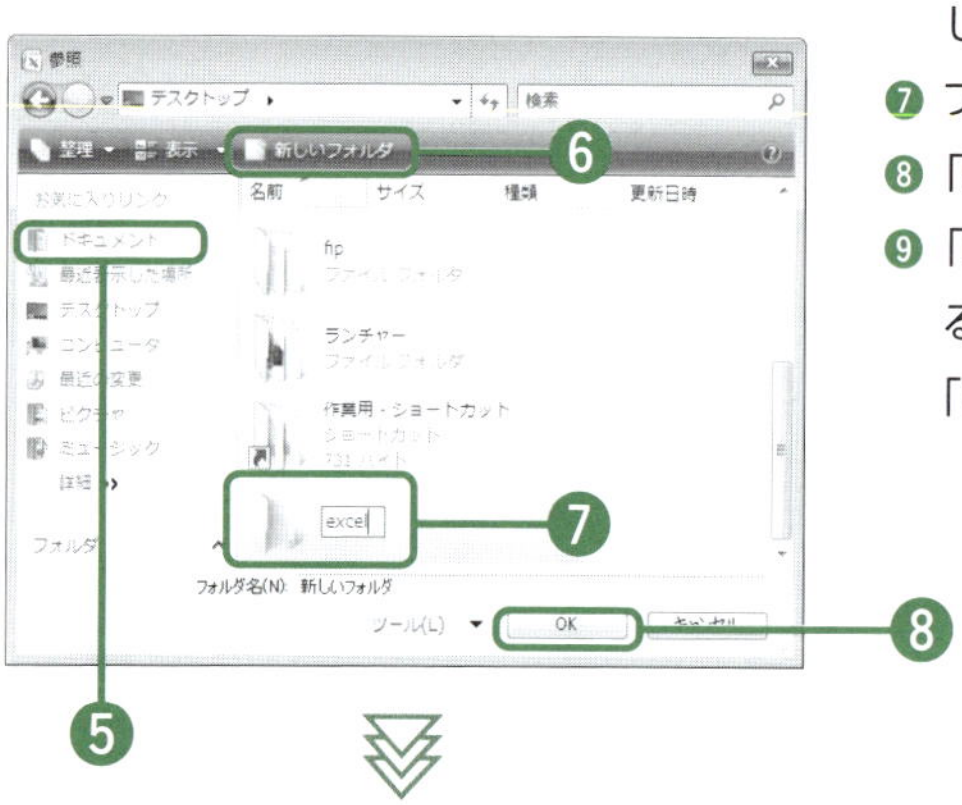

❹「Microsoft Officeの信頼できる場所」ダイアログボックスが表示されたら、「参照」ボタンをクリックします。

❺「参照」画面が表示されたら、「ドキュメント」タブをクリックします。

❻「新しいフォルダ」をクリックします。

❼ フォルダに名前を付けます。

❽「OK」ボタンをクリックします。

❾「Microsoft Officeの信頼できる場所」ダイアログボックスの「OK」ボタンをクリックします。

「信用できる場所」を指定・追加できたら、そのフォルダに各フォームを保存します。

Column 起動時のマクロの手続きを省略するには

エクセル2007では、特定のフォルダを「信用できる場所」として指定することが可能です。「信用できるフォルダ」に保存されたエクセルのフォームは読み込み時にマクロの手続きを行わずに実行することができます。

以下の手順では、マイドキュメント内に新しいフォルダを作成し、それを「信頼するフォルダ」にします。

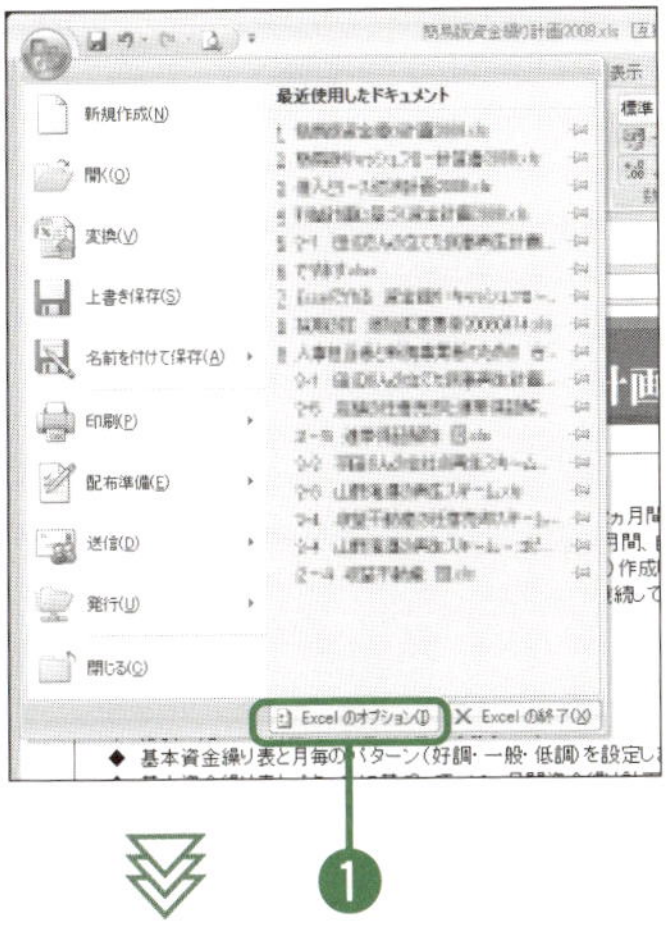

「信用できる場所」の追加例

❶「Microsoft Office」ボタンをクリックし、「Excelのオプション」をクリックします。

❷「Excelのオプション」ダイアログボックスが表示されたら「セキュリティセンター」タブをクリックし、「セキュリティ　センターの設定」ボタンをクリックします。

❸「セキュリティ　センター」ダイアログボックスが表示されたら「新しい場所の追加」ボタンをクリックします。

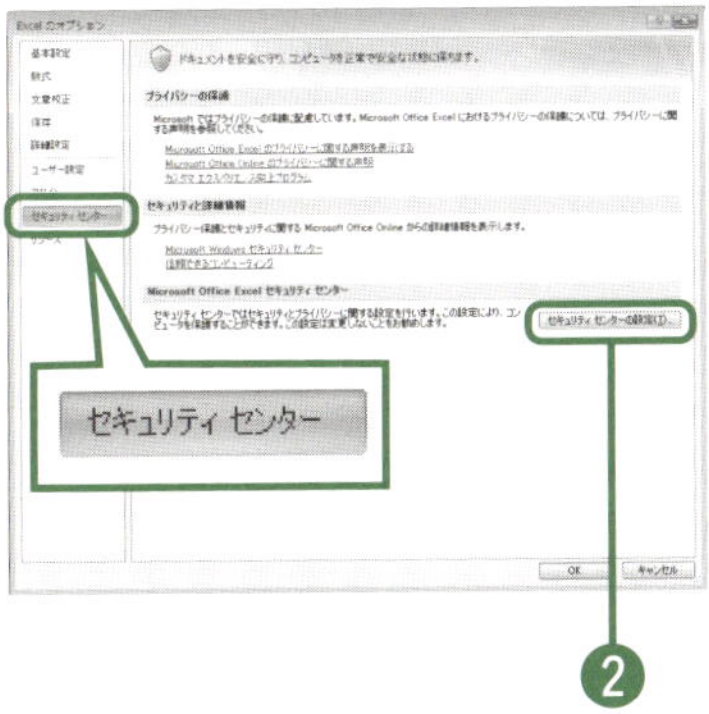

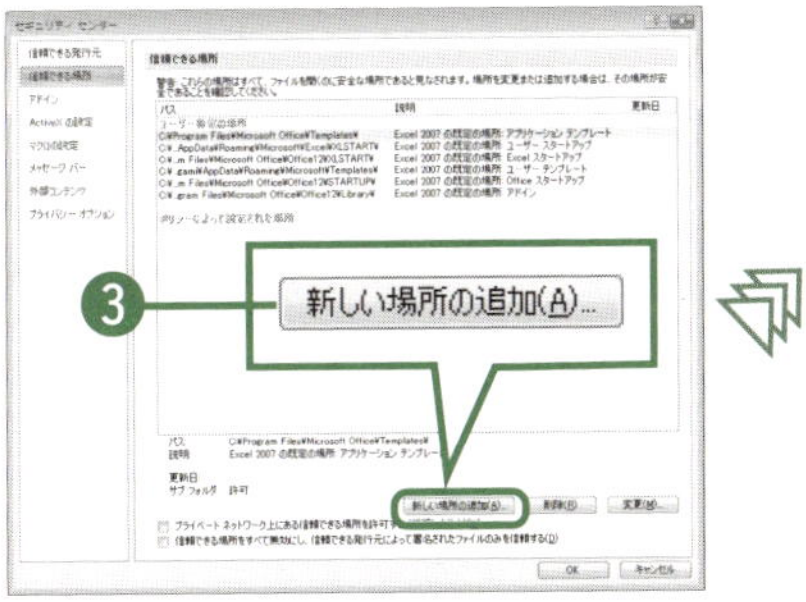

本書のフォームの基本操作

本書のフォームでは、画面切り替えや印刷、サンプルデータの消去などの基本的な操作が、ある程度共通化されています。

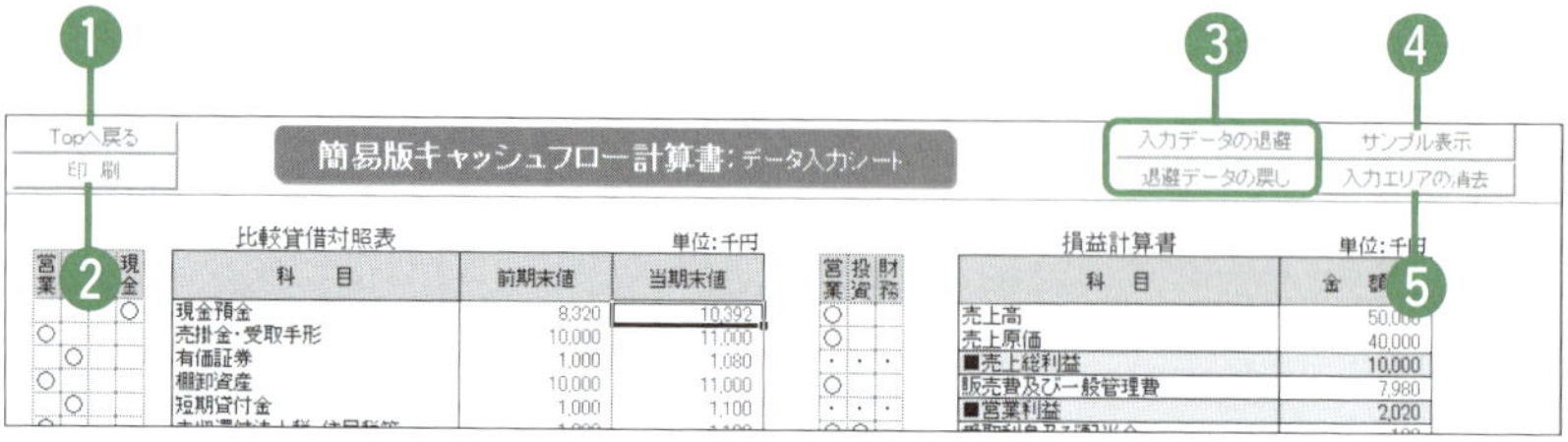

❶「Topへ戻る」ボタン：　メニュー画面に戻ることができます。

❷「印刷」ボタン：　この画面の印刷プレビュー表示を行います。

❸「入力データの退避」ボタン、「退避データの戻し」ボタン：

「入力データの退避」ボタンは入力したデータを一時的に保存します。保存したデータは「退避データの戻し」ボタンで読み込むことができます。

❹「サンプル表示」ボタン：　サンプルデータを復元します。

❺「入力エリアの消去」ボタン：　この画面の入力項目のデータを消去します。

付属CD-ROMに収録したファイルの使用上の注意

1.付属CD-ROMに収録したエクセルフォームの著作権は株式会社エム・エム・プランに帰属します。

2.付属CD-ROMに収録したフォームの実行結果について、株式会社エム・エム・プランならびに株式会社シーアンドアール研究所は、いかなる場合においても責任を負わないものとします。

3.収録したフォームについてのご質問は、下記のメールアドレスまたはFAXにてお寄せください。なお、電話でのお問い合わせには応じられませんので、あしからずご了承ください。

E-mail：mmplan@kaikei-web.co.jp

FAX：03-5367-1668

株式会社エム・エム・プラン　「30分で作る！キャッシュフロー&資金繰り表」係

CONTENTS

目次

第1章 資金繰りを「計画」するメリット

第2章 10日単位での資金繰り計画

第3章 月次単位の利益計画と資金繰り計画

第4章 借入交渉に役立つ借入返済とリース支払の管理表

第5章

簡易版キャッシュフロー計算書

第6章

資金繰り改善のためのヒント

付録

本書は、「簡単！ Excelで作る 資金繰り・キャッシュフロー」（九天社刊）を改訂したものです。

第1章

資金繰りを「計画」するメリット

Section 01

資金繰りを「計画」するメリット

資金繰り計画が資金調達に時間的な余裕をもたらす

前向きな資金繰り、それが資金繰り計画

「資金繰り」という言葉には、経営上の「厳しさ」、「辛さ」などのイメージが付きまといます。その理由は、資金繰りが、資金不足という経営上大変リアルな問題を解決する手段として、使われる事例が多いことに起因しています。現実問題としても、資金不足が長く続く場合では、ほとんどの企業が破綻せざるをえません。

資金不足は、仕入や給与の支払が遅延したり、借入金の返済が止まったりするため、本来経営を支援してくれている関係者の信用失墜を招きます。支援者の信用失墜は、仕入ができないことで品揃え不足、社員の離脱や志気の低下、金融機関の貸し渋りや貸し剥がしという事態を起こす要因になるのです。仮にこのような事態を起こさなくても、現在の厳しい日本の経営環境下では、とても

資金不足と管理の関係

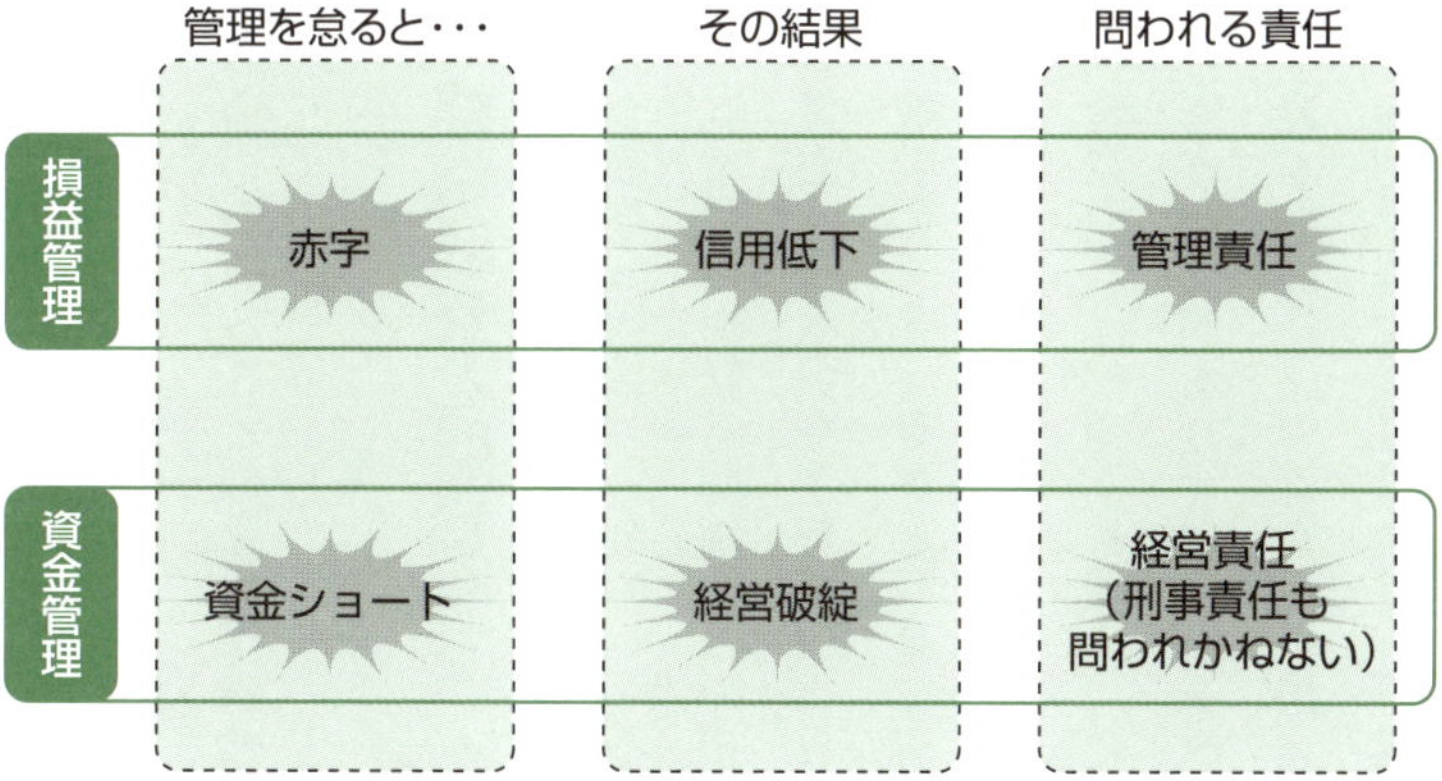

経営を維持できるものではありません。

経営を破綻させることは、経営者にとって最大の悪行になります。ゆえにほとんどの経営者が、経営を維持するために「資金繰り」と真剣に向き合っているはずです。

それでも、資金不足が起こることがあります。そんな時によく使われる言葉が「資金繰りに走る」です。資金繰りという言葉に、辛いというイメージが重なる理由は、こんなところから来ているのかもしれません。

資金繰りと資金繰り計画

資金繰りという言葉が、目前の経営問題の解決手段として使われるイメージに対して、資金繰り計画は、やや長期的で余裕のあるイメージです。資金繰りは資金不足を解決する手段であるのに対して、資金繰り計画は資金不足を起こさないための手段であり、手法であるといえます。

資金繰り計画は資金不足を起こさないための手法と説明

しましたが、資金繰り計画を行うと、資金不足が起こらないというわけではありません。計画を立てることで、事前に資金不足が起きうる時期を予測できるため、時間的余裕を持って資金調達を行うことが可能になります。一度でも、時間的余裕のない資金繰りを体験した方には、資金調達に時間的余裕のあることの意義は痛感できるはずです。

経常収支と財務収支

資金繰り計画は、資金の「入り」と「出」を計ります。仮にすべての経営取引が現金決済の場合は、利益計画や経営計画などの損益計画と資金繰り計画は一致するのです。しかし、日本の大多数の企業が、掛取引や手形取引、カード決済などの信用取引を採用しています。信用取引がある場合は、取引のタイミングと資金（現金・預金）移動のタイミングにズレが生じます。このズレを考慮し、資金の「入り」と「出」を予測もしくは計画するものが資金繰り計画です。

経常取引には、売上や仕入、経費の支払などの営業取引と、借入や借入返済、設備投資などの財務・資本取引があります。資金繰り計画では、営業取引に関する資金の出入りを「経常収支」、財務・資本取引に関する資金の出入りを「財務収支」と通常は表現します。

一般的な資金繰り計画は、経常収支から始めます。経常収支は、売掛金や手形などの入金時期を予測し、経常収入欄に集計します。経常支出は、買掛金や経費、人件費などの支払時期を計画し、

経常収支と財務収支

経常収支 営業取引に関する資金の出入り	＝	経常収入 現金売上、売掛入金、手形期日到来など	－	経常支出 現金仕入、買掛金支払、支払手形期日到来、経費支払、人件費支払
財務収支 財務・資本取引に関する資金の出入り	＝	財務収入 資金の借入、手形割引など	－	財務支出 借入返済、固定制預金預入、固定資産購入など
総合収支 対象月全体の収支状況	＝	経常収支	－	財務収支
資金有り高 対象月末の資金の残高	＝	資金有り高の前残	－	総合収支

経常支出欄に集計します。経常収入から経常支出を引いた値を、経常収支と呼びます。経常収支から定期的な借入返済を引いた値が、マイナスの場合は手元資金が減ることになります。この値に手元資金有り高の前残を足してもマイナスの場合は、当月に資金不足が起こるため、売掛入金の早期回収など、資金繰り計画の見直しが必要なのです。それでもマイナスになる場合は、その前月までに新たな借入などの資金調達が必要になります。

資金繰り計画上で資金調達が必要となっても、突然の資金不足ではないため、打つ手はいくつもあり、時間的な余裕もあるのです。この対策や時間の余裕を作ることができる点が資金繰り計画を行う最大のメリットといえます。

Section 02

本書のフォームでできること

資金繰りを「計画」するメリット

資金繰り計画とキャッシュフロー計算書

資金繰り計画には「短期的な資金のやりくり」という実務的な機能と、「中長期的な資金の調達と運用」という戦略的な機能の2つの側面があります。ここで取り上げる資金繰り計画にはこの他に、経営分析の機能も付加されています。

通常、財務レポートは、貸借対照表（BS）と損益計算書（PL）から構成されます。これに資金繰り実績表を加えることで、BSとPLからだけでは容易に明らかとならない、資金移動の実態を知ることができるのです（資金繰り実績表を財務レポートに加えることに対しては、過去の資金繰りを見て何がわかるのかという批判的な意見もある）。また、会計ビックバンの会計の国際化（「米国化」という人もいる）の影響もあり、第3の財務レポートとして、近年はキャッシュフロー計算書が資金繰り実績表に取って代わっています。

キャッシュフロー計算書は、現金・預金（現金および現金同等物）の増減を経営目的別に集計する面では、資金繰り実績表よりも優れています。キャッシュフロー計算書に関しては、第5章で解説を行っているため、そちらを参照してください。

中小企業は、運転資金が潤沢でないケースが多いようです。このような中小企業では、借入金の返済と新規の借入が、資金繰りの大きなウエイトを占めています。また、損益計算書では利益を出し、売上債権の回収に一定の成果を上げている場合でも、資金繰りが楽でないという会社は、借入返済の金額が過多になっていると考えられます。このような会社は、資金繰り計画に借入返済計画を加える必要があるのです。資金繰り計画を緻密に行うことで、予定外の資金不足を回避し、余裕を持った資金調達を行うことが可能になります。

本書で取り扱うフォームについて

本書では、資金繰り関連の4つのフォームを紹介しています。前項で紹介したとおり、資金繰りには経営管理に関するさまざまな機能と側面があります。それぞれの経営課題に合わせて活用してください。

(1) 簡易版資金繰り計画表

資金の入りと出を計り、「短期的な資金のやりくり」を管理します。ノートや手書きフォームで行っている資金繰り計画をエクセルの計算機能やマクロ機能で支援する、極めてシンプルなフォームです。このフォームの特徴は、時間とともに当月実績となり、やがて過去のものとなってしまう「計画」を、1か月分繰り越すことで、同じフォームを継続して利用できる点にあります。このように書くとわかりにくいのですが、1か月単位で計画値をシフトすることで、常にこれから1年間（12か月）の資金繰り計画を立てることができます。

(2) 利益計画に基づく資金計画

経営理念や長期の経営方針を頂点とした、企業の経営計画体系の一環として活用できる資金繰り計画表です。単年度の利益計画に、売上債権の回収条件や買入債務の支払条件を加えて資金計画を作成します。

(3) 借入とリース返済計画シミュレーション

借入金額や借入年率、返済開始日などの借入条件に基づいて、借入返済予定表を自動作成します。借入件数は最大6件で、これを月毎に集計し、借入合計の月別返済額や残高の推移を管理することができます。一定期間の返済実績をグラフで示せるため、運転資金を新たに借入する際の金融機関に対する自社の返済余力を示す説明資料として活用できます。また、借入金だけでなく、リースも金融債務と捉え、借入金と同様の管理（5件まで）ができる計画としています。

(4) 簡易版キャッシュフロー計算書

2期分の貸借対照表と1期分の損益計算書からキャッシュフロー計算書を作成します。

キャッシュフロー計算書は、1998年に大蔵省企業会計審議会が公表した「連結キャッシュフロー計算書などの作成基準」に基づき、公認会計士監査対象企業が採用し始めました。公表された指針では、連結キャッシュフロー計算書の適用は、連結財務諸表ばかりでなく、個別財務諸表も対象とされ、中間財務諸表（連結・個別双方）にも適用されるとしています。また適用時期を、連結キャッシュフロー計算書は1999年4月1日以後開始する事業年度（2000年3月決算）から措置するよう提言し、連結財務諸表を作成しない会社の場合は、2000年4月1日以後開始する中間会計期間から適用するよう提言しています。

わが国のキャッシュフロー計算書導入の経緯は以上のとおりですが、中小企業に関するキャッシュフロー計算書の効用は、現金・預金（現金および現金同等物）の増減を経営目的別に集計しているため、従来の貸借対照表と損益計算書だけでは把握し難かった企業の経営実態を明らかにできる点にあります。

第2章

10日単位での資金繰り計画

10日単位での資金繰り計画

Section 03

「簡易版資金繰り計画表」の特長

「資金繰り表」と「資金繰り計画表」の違い

どんなに小さな企業でも「資金繰り」を行っているはずです。業況の悪化している企業では、経営者が資金繰りのためだけに奔走しなければならないでしょう。本来業務に注力したいと思いながらも、なぜそんな事態になるのでしょうか。

多くの企業が「資金繰り表」を作ります。それがないと、手形取引の企業の場合、不渡りを出してしまうかもしれません。しかし、それも最終の受取手形（支払手形）の期日まで、あるいは売掛金、買掛金の決済日までの計画で終わっているケースが多いようです。これは「過去」の取引で発生した入出金の予定、つまり「入出金管理」であり、「資金繰り計画表」ではありません。入金、出金が確定している分だけを追っていると目先の危機はわかりますが、その先は出たとこ勝負になっ

資金繰り表と資金繰り計画表の違い

項目	資金繰り表（入出金管理）	資金繰り計画表
現金売上	売上実績	売上計画
売掛回収	売上実績に基づく現金回収	実績と計画に基づく現金回収
手形入金	売上実績に基づく手形入金	実績と計画に基づく手形入金
現金仕入	仕入実績	仕入計画
買掛支払	仕入実績に基づく現金支払	実績と計画に基づく現金支払
手形決済	仕入実績に基づく手形決済	実績と計画に基づく手形決済

※資金繰り計画表の計画部分は少なくても6か月、通常12か月程度の計画を立てます。

てしまい、結局いつも資金繰りに走り回る羽目になります。

「資金繰り計画表」は、過去の業績の傾向を参考にしながら、これから発生する売上、回収、仕入、支払、借入、返済などのすべての資金の動きを予測し、早い段階で資金ショートの危険を察知して、余裕をもってその対策を講じるための計画表です。予測と実績に乖離がある場合は、その原因を究明して次の資金繰り計画表に活かしていくことが重要です。

「簡易版資金繰り計画表」では、12か月分の資金繰り予定を立てることができます。初めのうちは入出金の入力に漏れがあり、実績と合わないことも多いかもしれませんが、毎月の更新を習慣付けることで、その精度は徐々に高まってくるはずです。

「簡易版資金繰り計画表」の対象

実績をベースにした資金繰り表は、売上、売掛金、受取手形、仕入、買掛金、支払手形などの実績値がある場合に作成できますが、資金繰り計画表は、資金繰りに必要となる諸条件に関する予測を行わなければばならない、という問題があります。

利益計画を作成している企業の場合は、利益計画の計画値を使えばこの問題は解決します。しかし、利益計画の作成は、非常に手間と時間がかかる作業であり、マンパワーに余裕のない中小企業にとって、そう簡単に作成することはできません。そのような理由がある場合でも、利益計画を策定していない企業が資金繰り計画を行わなくてもよいことにはならないのです。

「簡易版資金繰り計画表」は、利益計画を策定せずに資金繰り計画を簡単に行うためのフォームです。売上や仕入などの経常収支の予測値は、最初に月単位の経常収支のパターンを「通常月」「好調月」「低調月」の3種類作成し、その企業ごとの季節要因の売上変動や、売上計画の増減を考慮して、12か月にそれぞれのパターンを割り当てることで求めます。なお、パターンの割り当てだけで不十分な部分は修正値を直接入力します。

》》》資金繰り計画表の作成の流れ

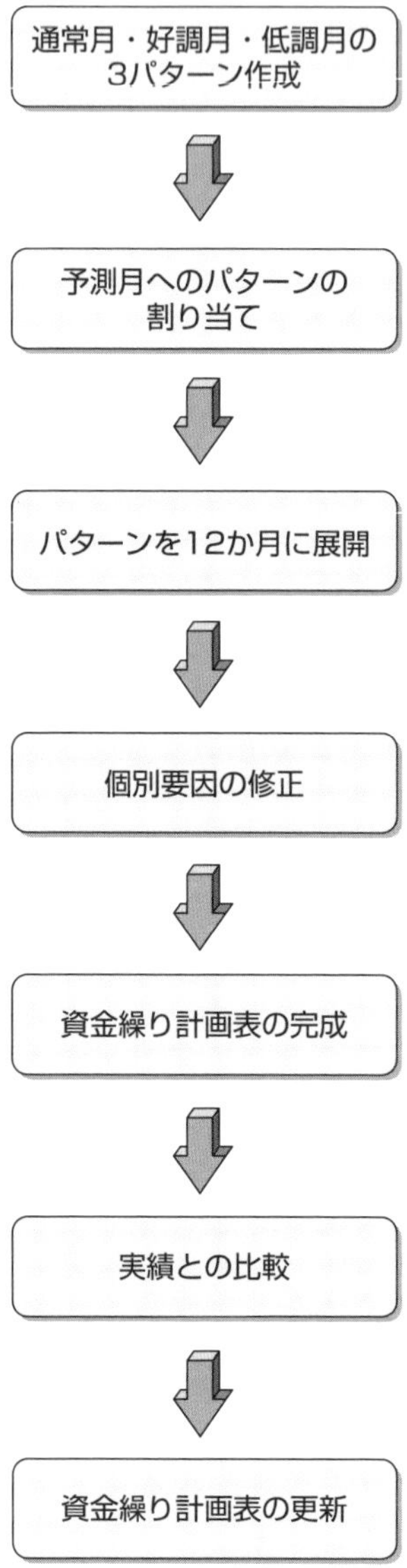

でき上がった経常収支の予測値に基づいて、資金調達、返済、仕入、回収、設備投資などのタイミングを計り、資金繰り計画表を作成します。

システムの特長

本フォームは、利益計画を作成していない企業が資金繰り計画表を作成するためのツールです。なるべく簡単に、しかも長く使い続けられる目的で作られています。これらの特長をまとめると、次のようになります。

(1) 1年間分の資金繰り予測を10日単位で行える

このフォームでは、1年分の資金繰り計画表を作成できます。予測は10日単位で行います。このため、10日締めや20日締めといったケースにも柔軟に対応します。

(2) 年間の経常収支予測を簡単に行える

月単位の経常収支と財務収支の予測値として、あらかじめ3種類のパターン（「通常月」「好調月」「低調月」）を作成し、そのパターンを月ごとに割り当てることで、12か月の経常収支の予測を行います（次ページ下図参照）。パターン化できない部分は予測値を直接上書きして修正します。

(3) 企業ごとの管理科目に合わせて、資金繰り項目名（科目名）が変更できる

資金繰り計画表で使用する勘定科目名を修正できるため、その企業で使い慣れた名称を使った帳票を作成することができます。

(4) 期日到来分の予定を更新して、継続して使用できる

資金繰り予測を行った月が過ぎた時点で、次月への繰り越し処理が行えます。

予測値の部分を確定した数値に置き換えた後、繰り越しの処理を行うことで、向こう1年間の資金繰り計画表を常に最新の状態に保つことができます。

(5) グラフ表示で経常収支と資金残高の推移をビジュアルで表示できる

一般的な資金繰り計画表以外にも、経常収

》月ごとのパターン例

普通月	
売上	経費
100	70

好調月	
売上	経費
120	90

低調月	
売上	経費
80	60

3つのパターンを作成し

1か月目	2か月目	3か月目	4か月目	5か月目	6か月目	7か月目	8か月目	9か月目	10か月目	11か月目	12か月目
好調月	低調月	普通月	普通月	好調月	好調月	普通月	低調月	普通月	低調月	好調月	好調月

月ごとにパターンを当てはめる

年間	
売上	経費
1,240	910

年間の業績を求める

支と資金残高の推移を表したグラフが用意されています。グラフでは、資金残高がマイナスになる場合でも、全体の傾向をビジュアルでわかりやすく表示できます。

資金繰り予測の仕組み

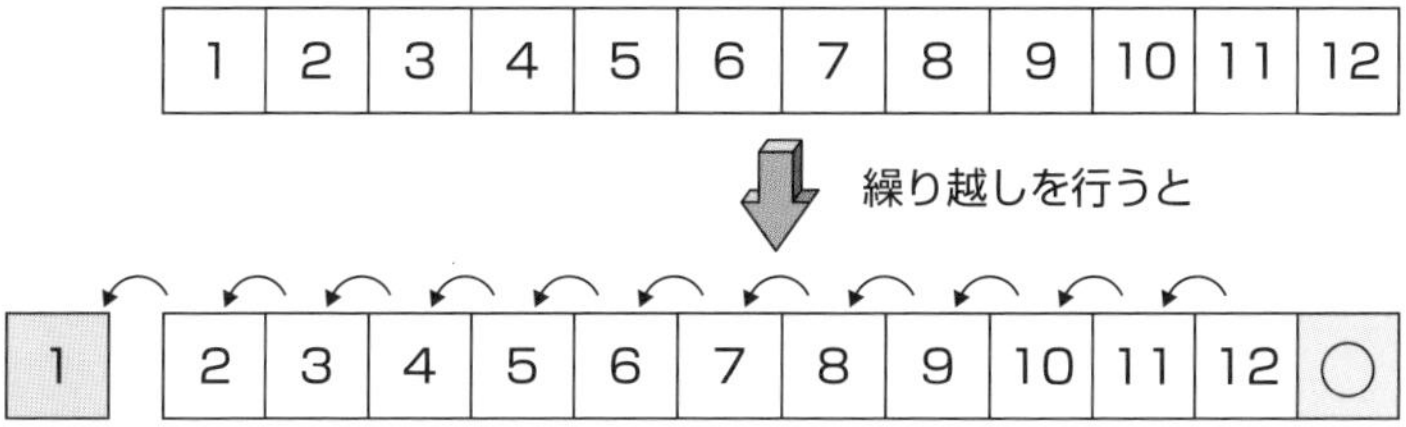

1か月ずつシフトしていき、12か月目に新しい予測値を入力できる

Section 04

入力の準備と基礎情報の入力

入力に必要な書類

入力を始める前に、入力に必要な帳簿などを揃え、下準備をします。

まずは、今後12か月間の売上予定（計画）、仕入予定（計画）です。作成していない場合は、これを機に作成しましょう。計画がないと実績との比較もできません。作成する場合は、過去3年分の売上実績を月別に洗い出して、季節的な売上の変動傾向を考えながら作成するとよいでしょう。

手形取引のある場合は、受取（支払）手形期日管理帳、割引手形期日管理帳などが必要です。

その他の入出金では、販売管理費に属する支払（受取）利息、支払（受取）配当、社会保険料・税金の支払、資産の購入などの予定を洗い出します。なお、販売管理費の中の減価償却費は実際の資金の動きがないため、除いておきます。

財務収支面では、借入金の返済予定表、貸付金の回収予定表を用意します。

なお、返済予定表は、銀行のプロパー融資、保証協会、国民生活金融公庫、中小企業金融公庫など、形式もまちまちであり、かつ長期・短期が入り乱れて収拾のつかない企業も見受けられます。資金繰り計画表にとって借入金の返済は重要な部分であり、一覧表にして毎月の返済額や借入条件、完済時期などが一目でわかる状態にしておくことをお勧めします（第4章参照）。

フォームの読み込み

フォームを画面に表示するには、付属CD―ROMに収録された「簡易版資金繰り計画2008・xls」をエクセルで読み込みます。なお、このフォームではアドイン関数が使われているため、フォームを使用する際には、あらかじめアドイン関数の組み込みを行う必要があります。ア

入力に必要な資料

必要な書類・データ	解説
売上予定（計画表）	過去の売上実績を参考に12か月分を作成する
仕入予定（計画表）	過去の仕入実績を参考に12か月分を作成する
過去3年分の月別売上実績	季節要因などの月別の変化を読み取る
受取（支払）手形期日管理帳	期日入金（期日落ち）の現金の動きを把握する
割引手形期日管理帳	割引の入金と割引残高を把握する
販売管理費の予定表	過去の実績を参考に作成する
資産の購入計画	不動産、車両、機械設備、保証金、出資金など
借入金の返済予定表	さまざまなフォームの結果をひとつの表にまとめる
貸付金の回収予定表	取引先や役員・従業員に対する貸付金の回収予定

※過去の実績に基づいて、入出金のデータを取って概算の資金繰り計画表を作成する時は、必ずしも上記の資料すべてを揃える必要はありません。

ドイン関数の組み込みかたに関しては10ページの「フォームの使い方」を参照してください。

なお、フォームが読み込まれると下図のようなメニュー画面が表示されます。画面上のボタンをクリックすることで、必要な画面に切り替えることができます。

基礎情報の入力

「資金繰り項目の設定画面」では、フォームを利用する時に必要となる基礎的な情報を入力します。画面を表示するには、メニュー画面の「基礎情報入力」ボタンをクリックします。

「資金繰り項目の設定画面」が表示されたら、会社名、事務所名、担当者名、作成日を入力します。金額の単位は「円」と「千円」から選択できますが、金融機関に提出する場合などは、比較的千円単位が

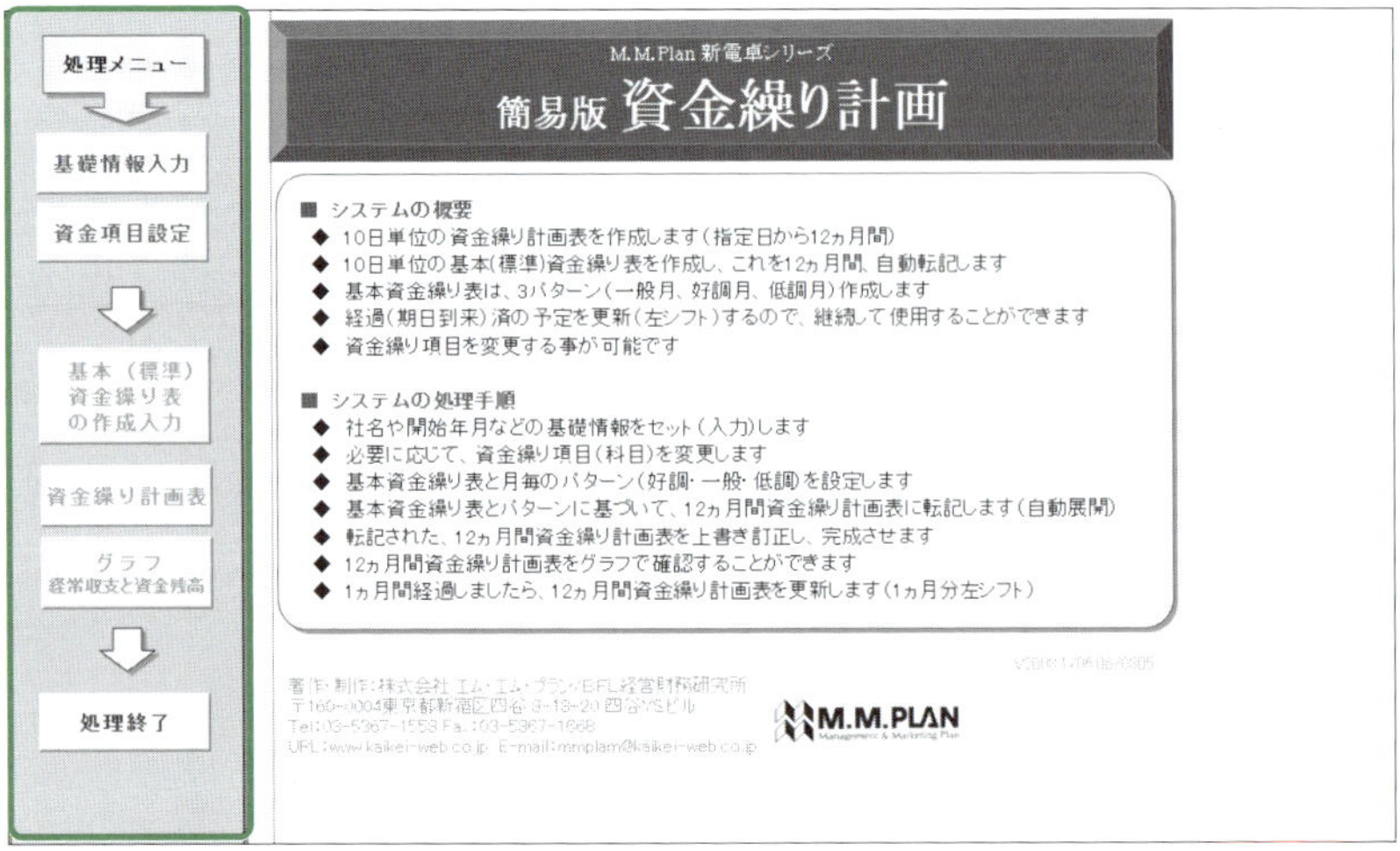

フォームを読み込むと自動的にメニュー画面が表示される。

資金繰り項目の設定画面

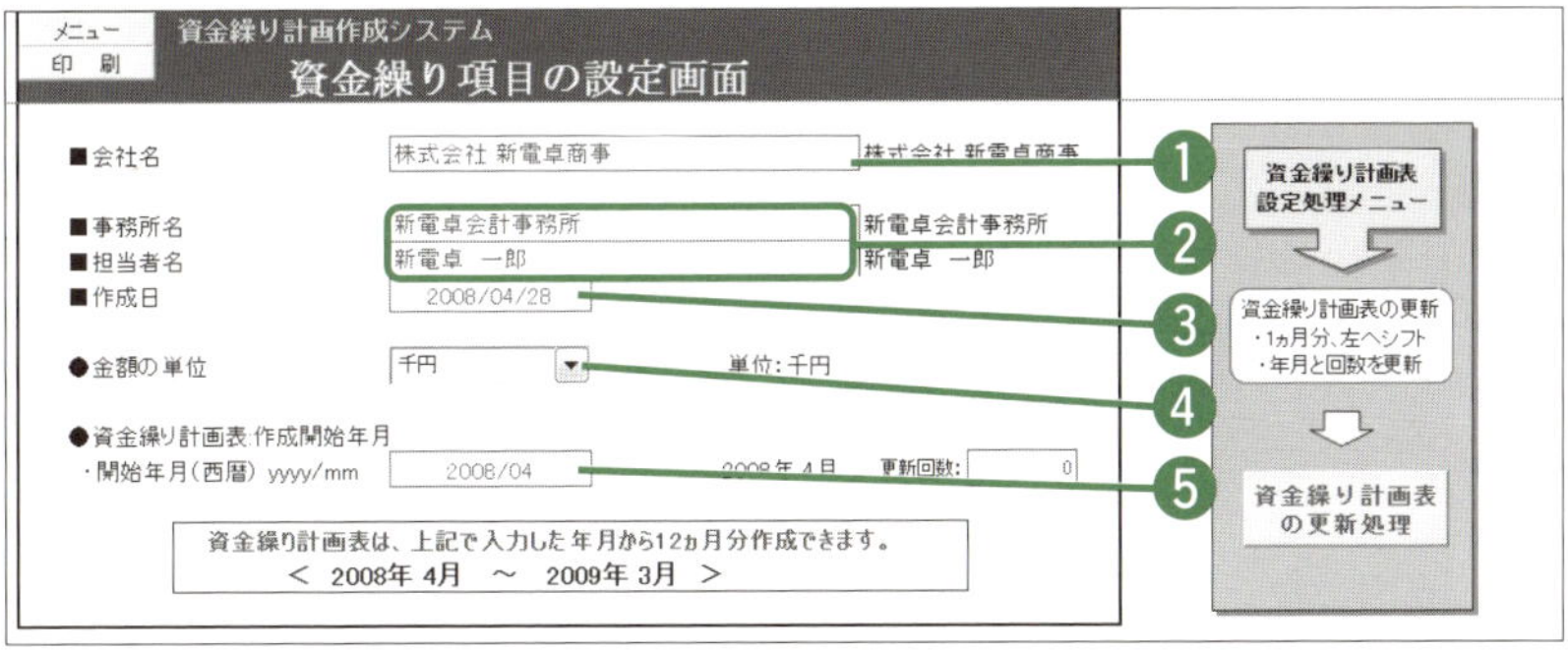

❶ 会社名

資金繰り計画表を作成する会社の名前を入力します。

❷ 会計事務所名、担当者名

会計事務所などがこのフォームを利用する場合に入力すると、帳票に印刷されます。

❸ 作成日

資金繰り計画表を作成する日付を西暦で入力します。帳票に印刷されます。

❹ 金額の単位

金額の入力・表示の単位を選択します。

❺ 資金繰り計画表　作成開始年月

資金繰り計画表の作成を開始する年月を西暦で入力します。

好まれるようです。

作成開始年月に前月以降の年月を入力すると、下段にその月から12か月の期間を設定したことが表示されます。

なお、更新回数の箇所は実績が確定し、更新した時にカウントアップされるため、何も入力しないでください。

資金繰り項目名の変更画面

メニュー	資金繰り計画作成システム
印　刷	**資金繰り項目名の変更画面**

※必要に応じて、資金繰り項目名（科目名）を変更してください

	標準項目名	◆変更する項目名◆	コード	設定項目名
経常収入	現金売上		11	現金売上
	売掛回収		12	売掛回収
	手形入金		13	手形入金
	他経常入金		14	他経常入金
財務収入	借入入金		15	借入入金
	貸付回収		16	貸付回収
	資産売却		17	資産売却
	その他入金		18	その他入金
経常支出	現金仕入		51	現金仕入
	買掛支払		52	買掛支払
	手形決済		53	手形決済
	人件費支払		54	人件費支払
	経費支払		55	経費支払
	他経常出金		56	他経常出金
財務支出	借入返済		57	借入返済
	貸付実施		58	貸付実施
	資産購入		59	資産購入
	その他出金		60	その他出金

➊

《 基本資金繰り計画表の名称設定 》
※必要に応じて、好調・低調等の名称をを変更してください

■ 一般月	通常月	→	通常月
■ 好調月		→	好調月
■ 低調月		→	低調月

➋

➊ 資金繰り項目名（科目名）

資金繰り計画表に関わる項目名を変更したい時に入力します。文字を入力すると右側の設定項目名の表示が入力した文字列に置き換えられ、入力画面や帳票にはその文字列が表示されます。

➋ 基本資金繰り表の名称変更

本フォームでは月別の経常収支と財務収支のパターンを3種類設けることができます。初期の設定では「通常月」「好調月」「低調月」となっていますが、この名称を変更したい時は、この欄に名称を入力します。

資金繰り項目名の変更

メニュー画面で「資金項目設定」ボタンをクリックして表示される「資金繰り項目名の変更画面」では、標準で設定されている項目名（科目名）を自社が使用している項目に置き換えることができます。

この時に注意すべきポイントは、使用できるものは実際に資金が移動する項目名に限定されるということです。手形での回収が多いからといって、「手形回収」の項目を設定し、金額を入力しても手形の回収だけでは、実際に資金は動かないいため、資金繰り計画表の予測がはずれてしまいます。ちなみに標準項目名の「手形入金」は、代金取立に回した手形の期日入金分を意味します。

「基本資金繰り表の名称変更」では、3パターンの名称を変更できます。初期の設定は「通常月」「好調月」「低調月」の3つですが、必ずしも3パターン作成する必要はありません。過去の実績から期首、期中、期末で独特の回収、支払パターンなどが出現する場合は、そのような設定でもよく、また毎月同じパターンの場合は、1パターンのみを設定し、名称を「基準月」などとしてもよいでしょう。

パターンの名称は自由に設定できますが、本書では「通常月」「好調月」「低調月」の3パターンで作成することを前提に説明します。

Section 05

基本資金繰り表の概要

パターンを利用した経常収支と財務収支の予測

セクション3でも説明したとおり、このフォームの特長のひとつは、月別の経常収支と財務収支の予測値の設定に、あらかじめ用意した3つのパターン（予測値のひな形）の中から該当するものを割り当てるという方法を取っていることです。そのため、利益計画を基づいたデータよりは精度が劣るものの、資金繰り計画表の作成に必要な年間の経常収支と財務収支の予測を、あまり手をかけずに行うことができます。

メニュー画面の「基本（標準）資金繰り表の作成入力」ボタンをクリックして表示される左ページの「基本資金繰り表作成画面（月別区分の設定）」では、3種類のパターンの設定と予測各月へのパターンの割り当てを行います。

基本資金繰り表作成画面（月別区分の設定）

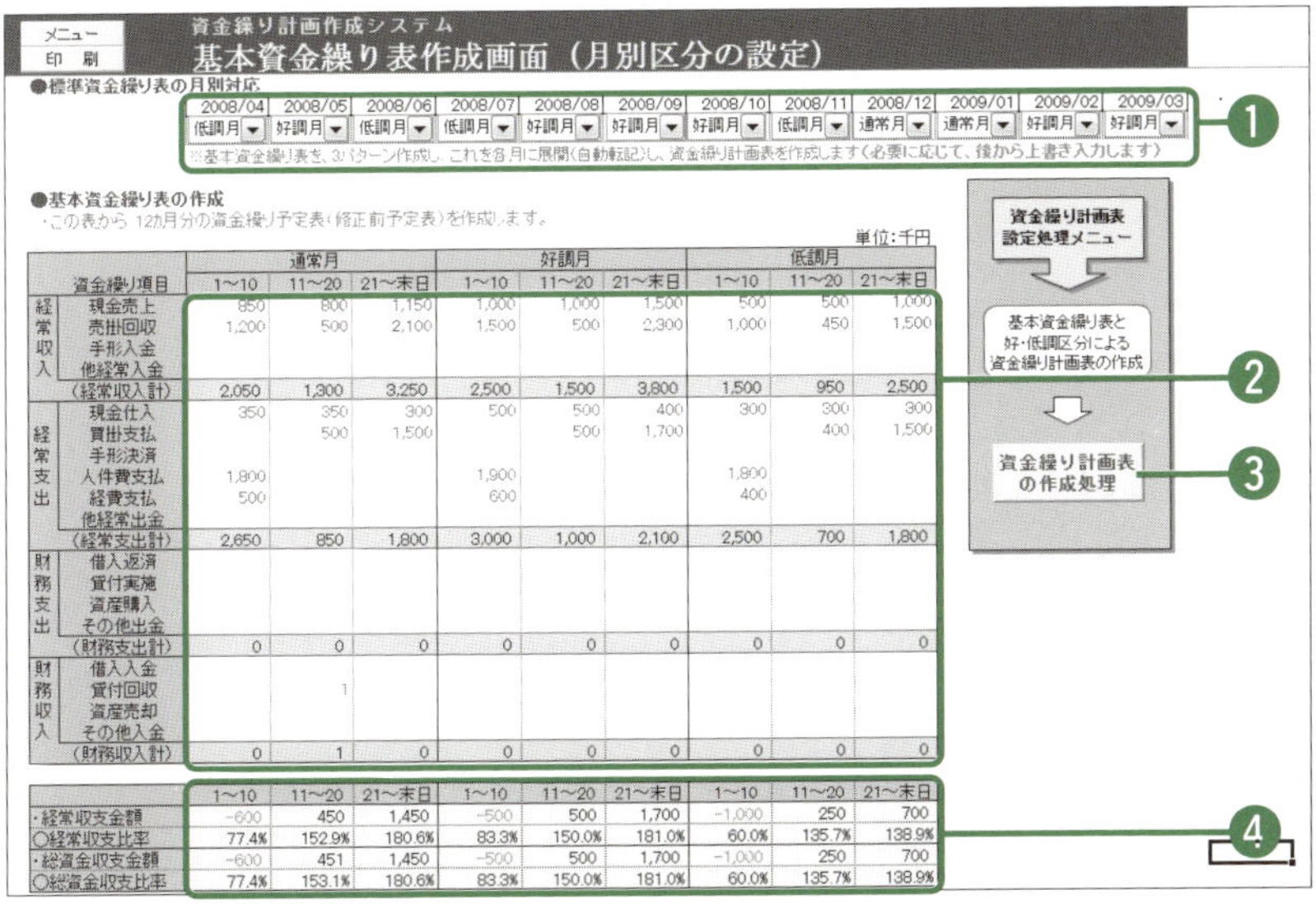

2008/04	2008/05	2008/06	2008/07	2008/08	2008/09	2008/10	2008/11	2008/12	2009/01	2009/02	2009/03
低調月	好調月	低調月	低調月	好調月	好調月	好調月	低調月	通常月	通常月	好調月	好調月

		通常月			好調月			低調月		
	資金繰り項目	1〜10	11〜20	21〜末日	1〜10	11〜20	21〜末日	1〜10	11〜20	21〜末日
経常収入	現金売上	850	800	1,150	1,000	1,000	1,500	500	500	1,000
	売掛回収	1,200	500	2,100	1,500	500	2,300	1,000	450	1,500
	手形入金									
	他経常入金									
	（経常収入計）	2,050	1,300	3,250	2,500	1,500	3,800	1,500	950	2,500
経常支出	現金仕入	350	350	300	500	500	400	300	300	300
	買掛支払		500	1,500		500	1,700		400	1,500
	手形決済									
	人件費支払	1,800			1,900			1,800		
	経費支払	500			600			400		
	他経常出金									
	（経常支出計）	2,650	850	1,800	3,000	1,000	2,100	2,500	700	1,800
財務支出	借入返済									
	貸付実施									
	資産購入									
	その他出金									
	（財務支出計）	0	0	0	0	0	0	0	0	0
財務収入	借入入金									
	貸付回収		1							
	資産売却									
	その他入金									
	（財務収入計）	0	1	0	0	0	0	0	0	0

	1〜10	11〜20	21〜末日	1〜10	11〜20	21〜末日	1〜10	11〜20	21〜末日
・経常収支金額	-600	450	1,450	-500	500	1,700	-1,000	250	700
○経常収支比率	77.4%	152.9%	180.6%	83.3%	150.0%	181.0%	60.0%	135.7%	138.9%
・総資金収支金額	-600	451	1,450	-500	500	1,700	-1,000	250	700
○総資金収支比率	77.4%	153.1%	180.6%	83.3%	150.0%	181.0%	60.0%	135.7%	138.9%

❶ 標準資金繰り表の月別対応

資金繰り予測の対象となる各月ごとに、「通常月」「好調月」「低調月」の中から割り当てるパターンをプルダウンメニューから選択します。

❷ 基本資金繰り表の作成

❶で使用する経常収支（経常収入、経常支出）と財務収支（財務支出、財務収入）の3種類のパターンを登録します。なお、本フォームでは資金繰りの予測を10日単位で行うため、パターン上の経常収支と財務収支も10日単位、つまり1か月を3分割して入力する必要があります。

❸ 「資金繰り計画表の作成処理」ボタン

ボタンをクリックすると❶と❷の内容に基づいて資金繰り計画表を作成します。

❹ 基本資金繰り表の分析

❷の内容に関する経常収支金額と総資金収支金額（経常収支＋財務収支）の結果と経常収支比率（経常収入÷経常支出）、総資金収支比率（（経常収入＋財務収入）÷（経常支出＋財務支出））を表示します。

経常収支と財務収支のパターンの作成

前ページの❷では、資金繰り予測のベースとなる経常収支と財務収支のパターンを登録します。入力項目は上から大きく経常収入、経常支出、財務支出、財務収入の順番に並んでいて、それぞれの項目の予測値を入力します。入力は1か月単位ではなく10日単位に区切った数値で行います。なお、大まかな資金繰りの把握が目的とすると、10日単位に区切った入力ではなく、「21～末日」の欄に月合計の予測値を入力してもかまいません。

予測値を入力する上で注意しておかねばならない点としては、回収（支払）サイトの問題があります。資金繰り項目の中で売掛回収、手形入金、買掛支払、手形決済などは、正確には当該月の何か月か以前の売上高が反映するはずですが、このフォームではこれらの回収（支払）サイトに応じた金額の自動計算を行いません。それらの項目には過去

●基本資金繰り表の作成

・この表から、12カ月分の資金繰り予定表（修正前予定表）を作成します。

単位：千円

	資金繰り項目	通常月			好調月			低調月		
		1～10	11～20	21～末日	1～10	11～20	21～末日	1～10	11～20	21～末日
経常収入	現金売上	850	800	1,150	1,000	1,000	1,500	500	500	1,000
	売掛回収	1,200	500	2,100	1,500	500	2,300	1,000	450	1,500
	手形入金									
	他経常入金									
	（経常収入計）	2,050	1,300	3,250	2,500	1,500	3,800	1,500	950	2,500
経常支出	現金仕入	350	350	300	500	500	400	300	300	300
	買掛支払		500	1,500		500	1,700		400	1,500
	手形決済									
	人件費支払	1,800			1,900			1,800		
	経費支払	500			600			400		
	他経常出金									
	（経常支出計）	2,650	850	1,800	3,000	1,000	2,100	2,500	700	1,800
財務支出	借入返済									
	貸付実施									
	資産購入									
	その他出金									
	（財務支出計）	0	0	0	0	0	0	0	0	0
財務収入	借入入金									
	貸付回収		1							
	資産売却									
	その他入金									
	（財務収入計）	0	1	0	0	0	0	0	0	0

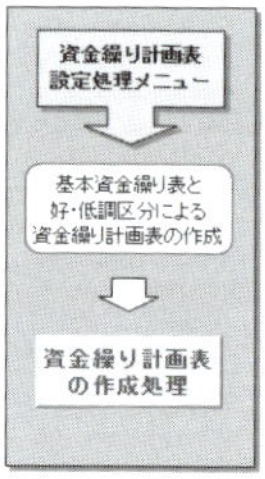

基本資金繰り表の作成では、月次の経常収支と財務収支に関して3種類のパターンを登録する。入力は10日単位（1か月を3分割）して行う。

の実績に基づいた概算を入力します。なお、経常収支と財務収支のデータ入力時の注意点に関しては、次のセクションを参照してください。

月ごとに経常収支と財務収支のパターンを割り当てる

49ページ❶の「標準資金繰り表の月別対応」では、各月の予測値として使用するパターンをプルダウンメニューから選択します。先に説明したように「通常月」「好調月」「低調月」のパターン化はあくまで一例のため、それぞれの企業でパターン化しやすい名称にしてください。

本書では便宜上「通常月」「好調月」「低調月」で説明しますが、何をもって「好調」「低調」とするかはケースごとに違います。ここでは一般的な「売上」を基準とした好・低調と考えてみましょう。現金売上と手形回収分の期日入金では、入金時期がズレてしまい、売上の好・低調と仕入は連動していないケースもありますが、その調整は12か月に展開した後に行うのです（セクション9参照）。

また、最近の資金繰り実績に基づき、その状態が12か月間続くとどのような資金状態になるかをシミュレートする場合は、すべての月を「通常月」と当てはめてもよいでしょう。

Section 06

基本資金繰り表の作成(1)〜経常収支の入力

入力はすべて現金主義で行う

資金繰り計画表に入力すべき数値は、すべて現金主義で捉える必要があります。手形や掛取引はすべてその決済時期に、つまり現金が動いた時に入力してください。

ただ、この例では「好調月」「低調月」など、パターン化することを基本にしているため、必ずしも現金化の時期を厳密に算出する必要はないのです。過去3期分ぐらいの傾向を見て、代表的と思われる月の収支を入力してパターンを作成してもかまいません。

左ページの下表に基本的な項目の考え方を示しますが、過去の実績をもとに入力する場合はその入力基準に従う必要がないため、参考程度に考えて結構です。

経常収入の入力

経常収入の項目は、「現金売上」「売掛回収」「手形入金」「他経常入金」の4つから構成されています。

(1) 現金売上

売上のうち現金回収した項目で、現金振込や小切手で回収したものです。また受注工事などに関する前受金もこの項に含めます。前受金はその他経常収入とする考えもありますが、売上の一部であるという考えと、毎月経常的に発生する性格ではないという考えから、ここでは現金売上に含めています。

(2) 売掛回収

売掛金の現金回収および小切手での回収分です。

(3) 手形入金

手形を預かった時点ではなく、取立に回して期日入

経常収支の入力項目例

経常収支の項目		解説
経常収入	現金売上	現金振込、小切手などでの売上回収や前受金など。
	売掛回収	売掛金だった部分の、現金、小切手での回収。
	手形入金	手形の期日入金分（項目名を手形割引とした場合は、割引実施額）。
	他経常入金	受取利息・配当金、受取地代家賃、雑収入など。
経常支出	現金仕入	現金、小切手での仕入支払分、前渡金など。
	買掛支払	買掛金だった部分の、現金、小切手での支払。
	手形決済	支払手形の期日支払分。
	人件費支払	従業員給与、役員報酬、福利厚生費など。
	経費支払	販売管理費のうち、人件費と減価償却を除いた部分など。
	他経常出金	支払利息割引料、配当金、役員賞与、税金など。

金になった時点で計上します。

割引手形は、経常収入とするか財務収入とするか、考えは分かれますが、ここでは手形の期日入金の前倒しと考え、手形入金とします。もし受取手形をすべて割り引いている場合は、「項目名の変更画面」で「手形入金」の項目を「手形割引」としてもかまいません。

(4) 他経常入金

受取利息や配当金、受取地代家賃、雑収入などです。雑収入は損益計算書上の雑収入と同じではありません。例えば、保険の解約の場合、解約返戻金から資産計上していた保険積立金を差し引いた値が雑収入となりますが、資金繰り計画表の場合は現金主義のため、解約返戻金をそのまま「他経常入金」とします。

経常支出の入力

経常支出の項目は、「現金仕入」「買掛支払」「手形決済」「人件費支払」「経費支払」「他経常出金」の6つから構成されています。

(1) 現金仕入

仕入のうち現金や小切手で支払った項目です。現金売上の場合と同様、受注工事などに関する前渡金なども含めます。なお、前受金、前渡金の項目を設定している資金繰り表もありますが、本フォームでは簡便性を重視し、現金収支として扱います。

(2) 買掛支払

買掛金だった部分の現金支払および小切手での支払分です。

(3) 手形決済

手形入金と同様に、手形を切った時点ではなく、期日落ちになった時点で計上します。

(4) 人件費支払

従業員給与、役員報酬、福利厚生費などの支出分です。

(5) 経費支払

人件費支払以外の販売管理費などの支出分です。ただし、減価償却費は、実際に資金が流出するわけではないため、これを除いた金額を計上します。また、前払費用も当該月のものでなくても、当該月に支払う場合は計上することを忘れないでください。

(6) 他経常出金

支払利息割引料や決算関連の支出です。特に決算関連の支出は計上し忘れるケースが多いため注意を要します。その中には配当金、役員賞与、税金などがあります。支払利息割引料は財務(借入金)に関するものであるため、財務支出に計上すべきとする向きもありますが、計上基準が経常支出か財務支出のいずれかに統一されている場合は、どちらでもかまいません。

Section 07

10日単位での資金繰り計画

基本資金繰り表の作成(2)～財務収支の入力

財務支出の入力

財務支出は、「借入返済」「貸付実施」「資産購入」「その他出金」の4項目から構成されています。

(1) 借入返済

金融機関および役員を含む個人からの借入金に対する返済額や私募債、社債などの償還額などです。利息分を経常支出としない場合は、借入金に関わる支出にすることで、この項に計上しても問題ありません。

また、ほとんどの手形を割り引いていて「手形入金」の項に割引手形の入金を計上した場合や、手形割引を財務収入の「借入入金」に計上した場合では、割引手形が期日落ちとなっても、「借入返済」に計上する必要はありません。これは手形割引は借入の一形態ですが、期日落ちに対して資金移動は発生しないためです。

(2) 貸付実施

関連会社、取引先、役員・従業員個人などに対する貸付に伴う支出です。

(3) 資産購入

流動資産、固定資産を問わず、営業に直接関係のない資産購入に関する支出です。設備、不動産、有価証券などの購入や、保証金や出資金の差入れなどがあります。設備支払手形の場合は、期日落ちの月に計上します。

また、設備などのリース料も支払った月に計上します。そのため前払リース料なども支払の時点で計上します。なお、リース料を経常支出の「経費支払」に計上する場合は、ここで入力する必要はありません。

(4) その他出金

仮払金、預り金の払い出しなどです。また定期積金など

》財務収支の入力項目

財務収支の項目		解説
財務支出	借入返済	借入金の返済額。社債、私募債の償還額など。
	貸付実施	関連会社、取引先、個人などに対する貸付の実行。
	資産購入	設備、不動産、有価証券、保証金、出資金などの支払。
	その他出金	仮払金、預り金など。
財務収入	借入入金	借入金の実行分。社債、私募債などの資金調達。
	貸付回収	関連会社、取引先、個人などに対する貸付金の回収。
	資産売却	設備、不動産、有価証券などの売却。保証金、出資金などの返還。
	その他入金	預かり金、仮受金、増資の資金調達など。

も実質的に解約して資金繰りに使えない状態の場合は、毎月の積立額を支出項目に含むべきでしょう。

財務収入の入力

財務収入は「借入入金」「貸付回収」「資産売却」「その他入金」の4項目から構成されています。

(1) 借入入金

金融機関および役員を含む個人からの借入金の実施分です。私募債が発行した資金調達なども入ります。

手形割引をこの項に含めてもかまいませんが、その場合は経常収入の「手形入金」（あるいは項目変更後の「手形割引」）などに二重計上しないよう注意します。

(2) 貸付回収

関連会社、取引先、役員・従業員個人などに対する貸付の回収分です。

(3) 資産売却

設備、不動産、有価証券などの売却代金、保証金、出資金などの返還などです。含み損や含み益が発生する場合でも、資産計上額との差額ではなく、売却（返還）代金そのものを計上します。

(4) その他入金

預かり金、仮受金、定期預金・定期積金の満期金および解約金、増資などです。ただし、役員借入金などの負債項目の振替で増資を行う場合は、実際に資金が増えるわけではないため、この項目には含めません。

Column 信用収縮の現状

手形取引が激減しています。

東京手形交換所での年間の交換高は、バブル期の1989～1990年には年間4000兆円ありましたが、2002年には500兆円を下回りました。実に約10分の1の取引量に減ったわけです。これは手形帳の価格が急激に上がったことや、印紙代の節約のためということもありますが、取引先が信用できなくなって現金取引に切り替える企業が多くなった影響が一番の原因でしょう。

また、銀行が優良企業の手形しか割引をしなくなったために、手形で受け取っても資金調達ができないということも手形減少に拍車をかけています。

商売の基本は「信用」です。長年日本の経済を動かしてきた「手形」という信用創造のシステムが崩れかけています。この手形の急減を見ると、日本もアメリカのような手形のない社会になる日も、近いのかもしれません。

Section 08

資金繰り計画表の自動作成

3パターンの登録と、各月への割り当てが完了したら、画面の右側の「資金繰り計画表の作成処理」ボタンをクリックします。確認メッセージが表示されて、「はい」ボタンをクリックすると、月ごとに設定したパターンに基づいて、12か月分の資金繰り計画表を作成します。

展開された資金繰り計画表の下段には「資金繰り要約表」が作成されます。「当初資金有り高」(左ページ❶参照)の欄に月初の資金残高を入力すると、資金繰り計画表に基づいて12か月間の資金残高が展開されます。ここで「月初資金有り高」(❷参照)か「月末資金残高」(❸参照)の欄がマイナスになる場合は、何らかの対策が必要です。売掛・買掛、手形サイトなどの入出金のズレや、一時的な入出金の調整は次のセクションで行います。

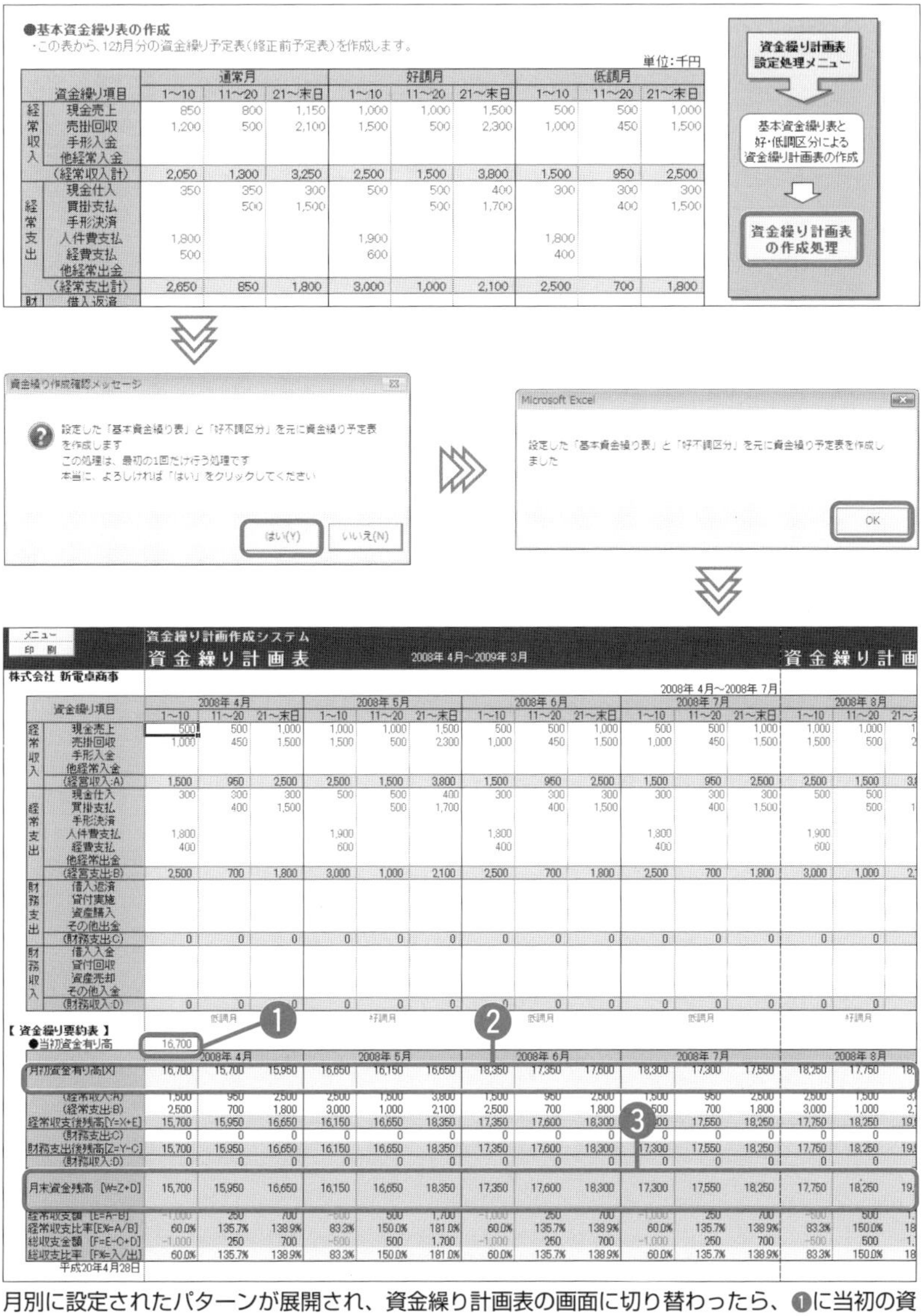

月別に設定されたパターンが展開され、資金繰り計画表の画面に切り替わったら、❶に当初の資金有り高を入力する。なお、展開された値は後から変更することができる（次セクション参照）。

Section 09

資金繰り計画表の修正

資金繰り計画表を修正する

前セクションで自動的に展開された資金繰り計画表の数値は、月ごとに指定したパターンを12か月分展開した値です。これだけでもある程度の概略を把握できますが、その企業の状況に応じて内容を書き換えることで、より精度の高い資金繰り計画表となります。

もちろん、単純に資金繰りの概略をつかむために、基準月だけで12か月の展開をした場合や、過去の実績に基づいて概算を入力した場合は、特に修正を行う必要はありませんが、賞与や退職金などに代表される月例には、発生しない入出金の漏れがないかのチェックは必要です。

なお、メニュー画面から簡易版資金繰り計画表の入力画面を直接表示するには、メニュー画面の「資金繰り計画表」ボタンをクリックします。

経常収支の修正

「現金売上」は、当該月の計上で問題ありませんが、売掛金は何か月後に現金や手形で回収されるため、必ずしも当該月に入金になるわけではありません。そのため、売掛金回収のサイトが「月末締め翌月末現金回収」の場合は、「売掛回収」の数値を1か月後にずらします。サイトが「月末締め翌月末に3か月サイトの手形回収」の場合は、4か月後の「手形入金」に計上します（手形を割り引く場合は、割引月に計上する）。「他経常入金」は現金での入金と考え、当該月の計上で問題ありません。

経常支出の「買掛支払」「手形決済」なども同様で買掛金の支払サイトに応じた修正が必要となります。

「人件費支払」「経費支払」は展開された数字が基本になりますが、賞与や退職金、年払や半年払にしている経費（保険料、中退共掛金、地代家賃、その他）など、月

経常収支の主な修正ポイント

修正項目		解説
経常収入	現金売上	基本的に修正なし。
	売掛回収	売上日から現金回収までのタイムラグを修正。
	手形入金	売上日から手形回収、および手形入金までのタイムラグを修正。
	他経常入金	月例でない入金に注意。
経常支出	現金仕入	基本的に修正なし。
	買掛支払	仕入日から現金支払までのタイムラグを修正。
	手形決済	仕入日から手形支払、および手形支払期日までのタイムラグを修正。
	人件費支払	賞与や退職金などに注意。
	経費支払	年払や半年払の経費支払に注意。
	他経常出金	月例でない出金に注意。

経常収支の修正

2008年 4月～2008年 7月

資金繰り項目		2008年 4月			2008年 5月			2008年 6月			2008年 7月		
		1～10	11～20	21～末日	1～10	11～20	21～末日	1～10	11～20	21～末日	1～10	11～20	21～末日
経常収入	現金売上 ❶	500	500	1,000	500	500	1,000	1,000	1,000	1,500	850	800	1,150
	売掛回収	1,000	450	1,500	1,000	450	1,500	1,500	500	2,300	1,200	500	2,100
	手形入金												
	他経常入金												
	(経営収入 A)	1,500	950	2,500	1,500	950	2,500	2,500	1,500	3,800	2,050	1,300	3,250

2008年 4月～2008年 7月

資金繰り項目		2008年 4月			2008年 5月			2008年 6月			2008年 7月		
		1～10	11～20	21～末日	1～10	11～20	21～末日	1～10	11～20	21～末日	1～10	11～20	21～末日
経常収入	現金売上	500	500	1,000	500	500	1,000	1,000	1,000	1,500	850	800	1,150
	売掛回収	1,000	450	1,500			2,950 ❷						
	手形入金												
	他経常入金												
	(経営収入 A)	1,500	950	2,500	500	500	3,950	1,000	1,000	1,500	850	800	1,150

2008年 4月～2008年 7月

資金繰り項目		2008年 4月			2008年 5月			2008年 6月			2008年 7月		
		1～10	11～20	21～末日	1～10	11～20	21～末日	1～10	11～20	21～末日	1～10	11～20	21～末日
経常収入	現金売上	500	500	1,000	500	500	1,000	1,000	1,000	1,500	850	800	1,150
	売掛回収	1,000	450	1,500			2,950						
	手形入金			2,000									2,000 ❸
	他経常入金												
	(経営収入 A)	1,500	950	4,500	500	500	3,950	1,000	1,000	1,500	850	800	3,150

2008年 4月～2008年 7月

資金繰り項目		2008年 4月			2008年 5月			2008年 6月			2008年 7月		
		1～10	11～20	21～末日	1～10	11～20	21～末日	1～10	11～20	21～末日	1～10	11～20	21～末日
経常収入	現金売上	500	500	1,000	500	500	1,000	1,000	1,000	1,500	850	800	1,150
	売掛回収	1,000	450	1,500			2,950						
	手形入金			2,000									2,000
	他経常入金												
	(経営収入 A)	1,500	950	4,500	500	500	3,950	1,000	1,000	1,500	850	800	3,150
経常支出	現金仕入	300	300	300	300	300	300	500	500	400	350	350	300
	買掛支払 ❹		400	1,500		400	1,500		500	1,700		500	1,500
	手形決済 ❹												
	人件費支払	1,800			1,800			1,900			1,800		
	経費支払	400			400			600			500		
	他経常出金 ❺												
	(経営支出 B)	2,500	700	1,800	2,500	700	1,800	3,000	1,000	2,100	2,650	850	1,800

いずれの数値も、値を変えた後の空欄に新たな予想数値を入力することを忘れないでください。

❶ 現金売上

現金売上は該当月に計上します。

❷ 売掛回収

売掛金が「当月締め翌月末現金回収」の場合は、入金時期を翌月末に変えます。

❸ 手形入金

売掛金が「当月締め翌月末2か月サイトの手形回収」の場合は、入金時期を3か月先の月末に変えます。

❹ 買掛金支払、手形決済

売掛回収、手形入金と同じように、支払時期を調整します。

❺ 他経常出金

月例でない支払（賞与、年払支出、退職金など）の漏れに注意します。

例の支払でない金額を見落としがちなため、注意します。

財務収支の修正

財務収支は、月例の借入返済などを除いて一時的な入出金になる場合が多く、かつ金額が大きくなるため、慎重に予測する必要があります。

「借入返済」が長期借入の場合は毎月同じ金額というケースもありえますが、季節資金や決算賞与資金の借入金を6か月の分割返済などにしている時は、返済終了月がいつかを把握します。その時に借換資金を導入する場合は、その返済額を上乗せすることを忘れないようにしましょう。

「資産購入」で借入が伴う場合、購入金額を「資産購入」欄に計上するとともに「借入入金」に借入金額を、翌月以降（据え置き期間がある場合は、据え置き終了後）からは借入金に対する「借入返済」を計上します。

「借入入金」では借入予定金額を入力しますが、借換資金などで、

財務収支の主な修正ポイント

修正項目		解説
財務収入	借入返済	新規借入、借換時の返済額増加に注意する。
	貸付実施	貸付実施に対応する貸付回収も入力する。
	資産購入	借入金で賄う場合は、借入入金と借入返済の入力漏れに注意する。
財務支出	借入入金	新規借入金に対応する返済額の増加の入力漏れに注意する。
	貸付回収	報酬や賞与との相殺時には入力不要。
	資産売却	売却代金を入力（簿価との調整不要）する。

財務収支の修正

メニュー / 印刷		資金繰り計画作成システム 資金繰り計画表							2008年 4月～2009年 3月				

株式会社 新電卓商事

2008年 4月～2008年

	資金繰り項目	2008年 4月			2008年 5月			2008年 6月			2008年 7月		
		1～10	11～20	21～末日	1～10	11～20	21～末日	1～10	11～20	21～末日	1～10	11～20	21～末
経常収入	現金売上	500	500	1,000	1,000	1,000	1,500	500	500	1,000	500	500	1,(
	売掛回収	1,000	450	1,500	1,500	500	2,300	1,000	450	1,500	1,000	450	1,5
	手形入金												
	他経常入金												
	(経営収入:A)	1,500	950	2,500	2,500	1,500	3,800	1,500	950	2,500	1,500	950	2,5
経常支出	現金仕入	300	300	300	500	500	400	300	300	300	300	300	3
	買掛支払		400	1,500		500	1,700		400	1,500		400	1,5
	手形決済												
	人件費支払	1,800			1,900			1,800			1,800		
	経費支払	400			600			400			400		
	他経常出金												
	(経営支出:B)	2,500	700	1,800	3,000	1,000	2,100	2,500	700	1,800	2,500	700	1,8
財務支出	❶ 借入返済												
	貸付実施												
	❷ 資産購入												
	その他出金												
	(財務支出:C)	0	0	0	0	0	0	0	0	0	0	0	
財務収入	❸ 借入入金												
	❹ 貸付回収												
	❺ 資産売却												
	その他入金												
	(財務収入:D)	0	0	0	0	0	0	0	0	0	0	0	
		低調月			好調月			低調月			低調月		

【 資金繰り要約表 】

●当初資金有り高 16,700

	2008年 4月			2008年 5月			2008年 6月			2008年 7月		
月初資金有り高[X]	16,700	15,700	15,950	16,650	16,150	16,650	18,350	17,350	17,600	18,300	17,300	17,5
(経常収入:A)	1,500	950	2,500	2,500	1,500	3,800	1,500	950	2,500	1,500	950	2,5
(経常支出:B)	2,500	700	1,800	3,000	1,000	2,100	2,500	700	1,800	2,500	700	1,8
経常収支後残高[Y=X+E]	15,700	15,950	16,650	16,150	16,650	18,350	17,350	17,600	18,300	17,300	17,550	18,2
(財務支出:C)	0	0	0	0	0	0	0	0	0	0	0	
財務支出後残高[Z=Y-C]	15,700	15,950	16,650	16,150	16,650	18,350	17,350	17,600	18,300	17,300	17,550	18,2
(財務収入:D)	0	0	0	0	0	0	0	0	0	0	0	
月末資金残高 [W=Z+D]	15,700	15,950	16,650	16,150	16,650	18,350	17,350	17,600	18,300	17,300	17,550	18,2
経常収支額 [E=A-B]	-1,000	250	700	-500	500	1,700	-1,000	250	700	-1,000	250	7
経常収支比率[E%=A/B]	60.0%	135.7%	138.9%	83.3%	150.0%	181.0%	60.0%	135.7%	138.9%	60.0%	135.7%	138
総収支金額 [F=E-C+D]	-1,000	250	700	-500	500	1,700	-1,000	250	700	-1,000	250	7
総収支比率 [F%=入/出]	60.0%	135.7%	138.9%	83.3%	150.0%	181.0%	60.0%	135.7%	138.9%	60.0%	135.7%	138

❶ **借入返済**

短期借入の返済時期に注意します。

❷ **資産購入**

借入を伴う時は、借入入金の計上も忘れずに行います。

❸ **借入入金**

新規借入の返済増額分を「借入返済」に計上することを忘れないようにします。

❹ **貸付回収**

報酬、賞与と相殺する時は入力する必要はありません。

❺ **資産売却**

売却代金を入力します。

既存借入の残債の一部返済を条件に付けられている時などは、借入金額から返済額を引いたものを計上します。

「貸付回収」は金融機関のものと違い、月例で約定返済されるケースが少ないと思われるため、入力漏れに注意します。また、役員貸付金を役員賞与と相殺する場合などは、現金が移動しないためこの欄には計上しません。この場合、「その他出金」では役員賞与支払の計上も行わない計算になります。

「資産売却」も売却代金ベースで計上します。簿価との差額調整をする必要はありません。

Section 10

資金繰り計画表の印刷

「簡易版資金繰り計画表」では、資金繰り計画表とグラフを1種類印刷することができます。どちらの帳票もA4横サイズで印刷可能です。簡易版資金繰り計画表は、4か月分を1枚の用紙に印刷するため、年間の資金繰り計画表は3枚にわたって印刷されます。

簡易版資金繰り計画表を印刷するには、前セクションまでの資金繰り計画表の入力画面の左上にある「印刷」ボタンをクリックします。

グラフは経常収支と資金残高を時系列に並べたもので、メニュー画面から「グラフ 経常収支と資金残高」ボタンをクリックすると画面にグラフが表示されます。左上の「印刷」ボタンをクリックすると印刷されます。

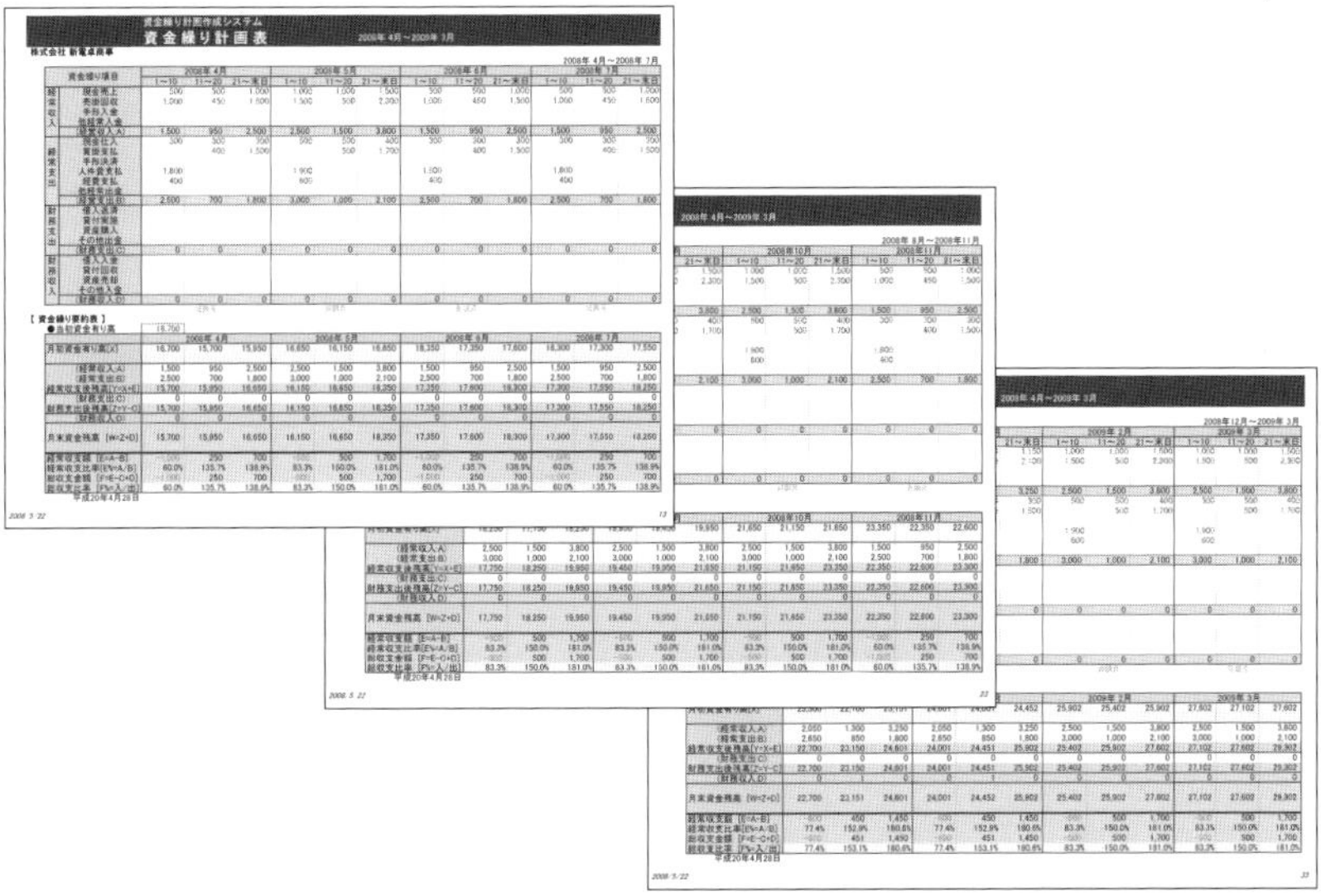

資金繰り計画表は3枚で1組となっており、１枚に4か月分の資金繰り計画表が印刷される。

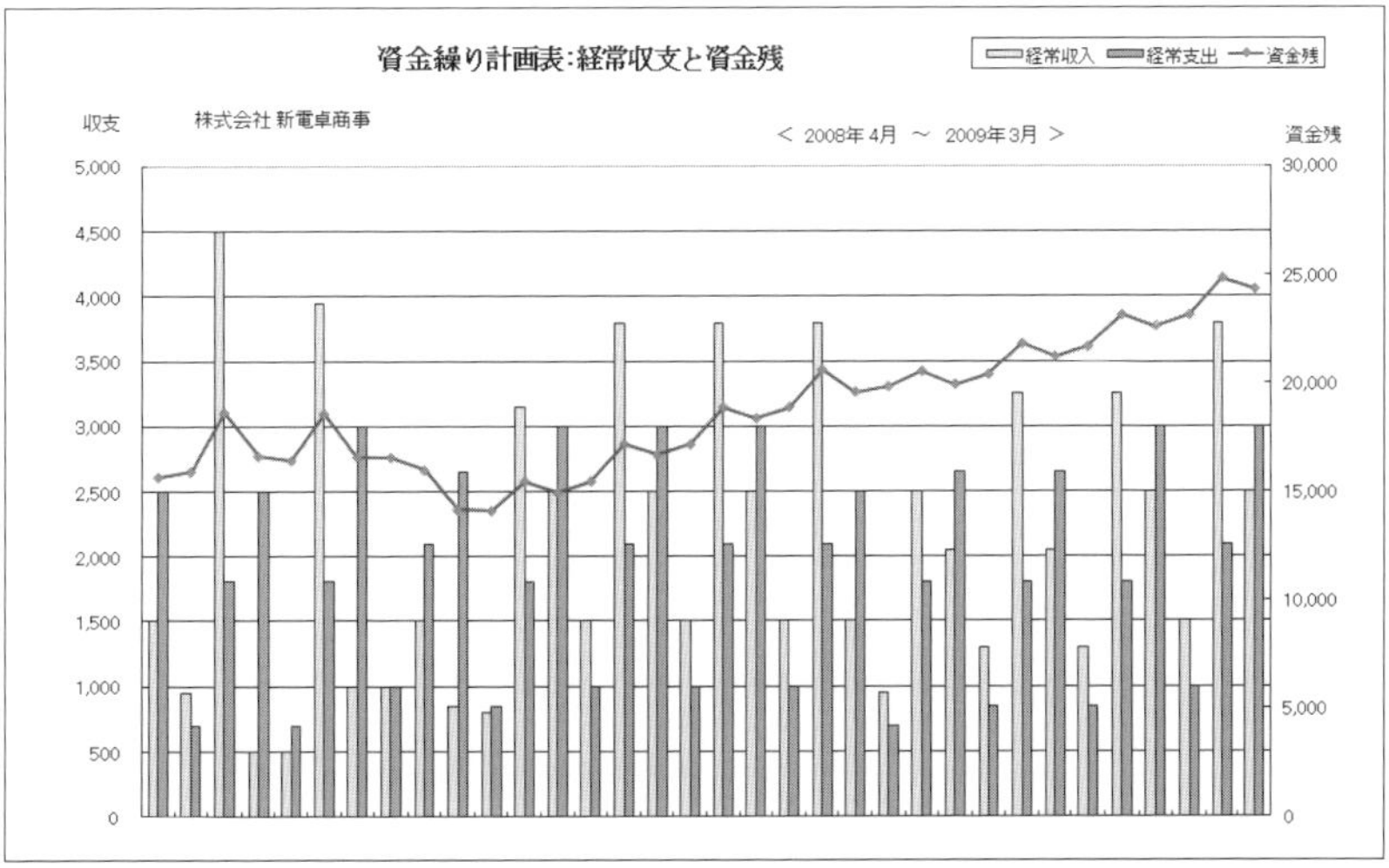

「資金繰り計画表：経常収支と資金残」のグラフでは、経常収入と経常支出が棒グラフで、資金残が折れ線グラフで表示される。

2008年 4月～2009年 3月

2008年 4月～2008年 7月

	2008年 6月			2008年 7月		
21～末日	1～10	11～20	21～末日	1～10	11～20	21～末日
1,500	500	500	1,000	500	500	1,000
2,300	1,000	450	1,500	1,000	450	1,500
3,800	1,500	950	2,500	1,500	950	2,500
400	300	300	300	300	300	300
1,700		400	1,500		400	1,500
	1,800			1,800		
	400			400		
2,100	2,500	700	1,800	2,500	700	1,800
0	0	0	0	0	0	0
0	0	0	0	0	0	0
		低調月			低調月	

	2008年 6月			2008年 7月		
16,650	18,350	17,350	17,600	18,300	17,300	17,550
3,800	1,500	950	2,500	1,500	950	2,500
2,100	2,500	700	1,800	2,500	700	1,800
18,350	17,350	17,600	18,300	17,300	17,550	18,250
0	0	0	0	0	0	0
18,350	17,350	17,600	18,300	17,300	17,550	18,250
0	0	0	0	0	0	0
18,350	17,350	17,600	18,300	17,300	17,550	18,250
1,700	−1,000	250	700	−1,000	250	700
181.0%	60.0%	135.7%	138.9%	60.0%	135.7%	138.9%
1,700	−1,000	250	700	−1,000	250	700
181.0%	60.0%	135.7%	138.9%	60.0%	135.7%	138.9%

13

》資金繰り計画表

資金繰り計画作成システム

資 金 繰 り 計 画 表

株式会社 新電卓商事

資金繰り項目		2008年 4月			2008年 5月	
		1～10	11～20	21～末日	1～10	11～20
経常収入	現金売上	500	500	1,000	1,000	1,000
	売掛回収	1,000	450	1,500	1,500	500
	手形入金					
	他経常入金					
	(経営収入:A)	1,500	950	2,500	2,500	1,500
経常支出	現金仕入	300	300	300	500	500
	買掛支払		400	1,500		500
	手形決済					
	人件費支払	1,800			1,900	
	経費支払	400			600	
	他経常出金					
	(経営支出:B)	2,500	700	1,800	3,000	1,000
財務支出	借入返済					
	貸付実施					
	資産購入					
	その他出金					
	(財務支出:C)	0	0	0	0	0
財務収入	借入入金					
	貸付回収					
	資産売却					
	その他入金					
	(財務収入:D)	0	0	0	0	0
			低調月			好調月

【 資金繰り要約表 】

●当初資金有り高 16,700

	2008年 4月			2008年 5月	
月初資金有り高[X]	16,700	15,700	15,950	16,650	16,150
(経常収入:A)	1,500	950	2,500	2,500	1,500
(経常支出:B)	2,500	700	1,800	3,000	1,000
経常収支後残高[Y=X+E]	15,700	15,950	16,650	16,150	16,650
(財務支出:C)	0	0	0	0	0
財務支出後残高[Z=Y−C]	15,700	15,950	16,650	16,150	16,650
(財務収入:D)	0	0	0	0	0
月末資金残高 [W=Z+D]	15,700	15,950	16,650	16,150	16,650
経常収支額 [E=A−B]	−1,000	250	700	−500	500
経常収支比率[E%=A/B]	60.0%	135.7%	138.9%	83.3%	150.0%
総収支金額 [F=E−C+D]	−1,000	250	700	−500	500
総収支比率 [F%=入/出]	60.0%	135.7%	138.9%	83.3%	150.0%

平成20年4月28日

2008/5/22

4か月分が1ページに印刷され、計3ページで構成される。

10日単位での資金繰り計画

Section 11

資金の流れの確認と調整

黒字倒産はばかばかしい

ＰＬ（損益計算書）上では利益を上げていても、資金繰りが厳しく、経営トップが資金調達に大きな労力をかけている、という企業は多いようです。経営者に取扱い商品やサービスの話をしてもらうと、立て板に水でその優位性や将来性を熱く語ってくれます。しかし、こと資金繰りの話になると、金融情勢の悪化や金融機関との交渉の煩わしさに、つい弱音が漏れてしまう場面も多いのではないでしょうか。

資金繰り計画表を作る理由は、あらかじめ資金繰りが厳しくなる時期を明確にして、事前にその対策を二重、三重にも打っておくためです。「今月末の決済資金が危ない！」となってからでは、心理的な余裕はなくなり、その場しのぎの資金調達となり、金融機関にも足元を見られて借入の条件を厳しくされかねません。さらには、その月を資金繰りのためにトップが奔走してしまえば、翌月以降の売上にも響いてきて、悪循環が続く事態になります。

「決算書上の利益＝現金」ではなくて、利益は売掛金、受取手形、在庫などの形で隠れていて、現金化するまでの資金繰りいかんでは黒字倒産も十分ありえることを念頭に、早めの対応を心がけましょう。

資金繰り計画表の検算

前セクションでは経常収支と財務収支の数値の修正を行いましたが、その修正に問題がないかをチェックしましょう。

一番重要なポイントは売上と仕入のバランスです。展開した12か月分の「現金売上」「売掛回収」「手形入金」の合計と、「現金仕入」「買掛支払」「手形決済」の合計を比較します。前者より後者が大きいことはありえない

数値のチェック法

1　原価率

12か月分の合計（・現金仕入 ・買掛支払 ・手形決済）÷ 12か月分の合計（・現金売上 ・売掛回収 ・手形入金）× 100 ＝ 原価率（%）

2　人件費支払など

人件費支払　⇒　12か月分の合計

経費支払　⇒　12か月分の合計

前期実績と比較して妥当性があるかをチェック

3　借入返済

返済明細表と付き合わせるか、何本もある返済明細表を一表にまとめておく

資金繰り計画表の検算

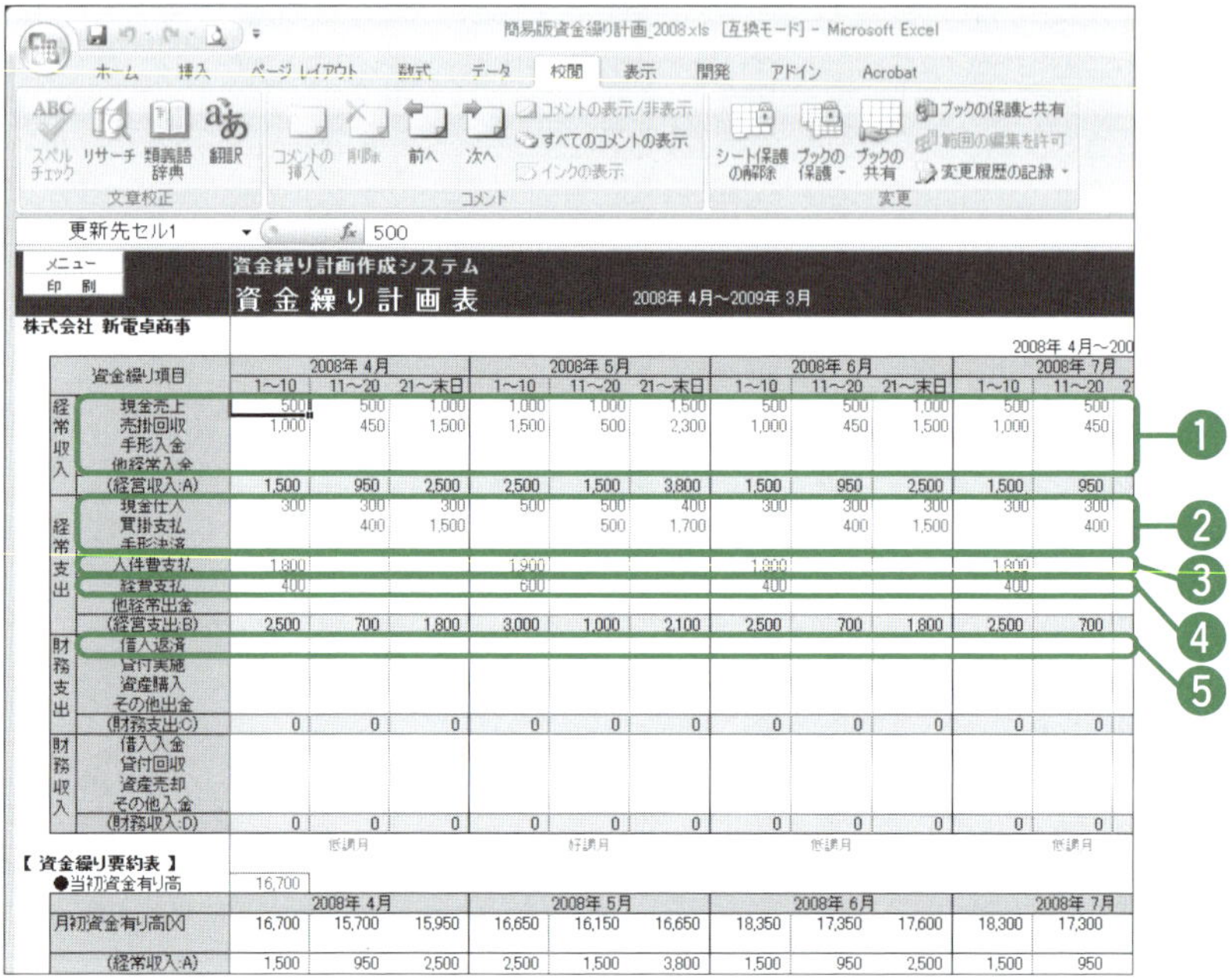

資金繰り項目	2008年 4月 1～10	11～20	21～末日	2008年 5月 1～10	11～20	21～末日	2008年 6月 1～10	11～20	21～末日	2008年 7月 1～10	11～20
経常収入 現金売上	500	500	1,000	1,000	1,000	1,500	500	500	1,000	500	500
売掛回収	1,000	450	1,500	1,500	500	2,300	1,000	450	1,500	1,000	450
手形入金											
他経常入金											
(経営収入:A)	1,500	950	2,500	2,500	1,500	3,800	1,500	950	2,500	1,500	950
経常支出 現金仕入	300	300	300	500	500	400	300	300	300	300	300
買掛支払		400	1,500		500	1,700		400	1,500		400
手形決済											
人件費支払	1,800			1,900			1,800			1,800	
経費支払	400			600			400			400	
他経常出金											
(経営支出:B)	2,500	700	1,800	3,000	1,000	2,100	2,500	700	1,800	2,500	700
財務支出 借入返済											
貸付実施											
資産購入											
その他出金											
(財務支出:C)	0	0	0	0	0	0	0	0	0	0	0
財務収入 借入入金											
貸付回収											
資産売却											
その他入金											
(財務収入:D)	0	0	0	0	0	0	0	0	0	0	0
		低調月			好調月			低調月			低調月

【 資金繰り要約表 】
●当初資金有り高 16,700

	2008年 4月			2008年 5月			2008年 6月			2008年 7月	
月初資金有り高[X]	16,700	15,700	15,950	16,650	16,150	16,650	18,350	17,350	17,600	18,300	17,300
(経常収入:A)	1,500	950	2,500	2,500	1,500	3,800	1,500	950	2,500	1,500	950

- **原価率の比較**

  ❷の合計÷❶の合計×100の値が例年の決算書上の原価率（売上原価÷売上高）とほぼ同じかを確認します。

- **人件費支払と経費支払の確認**

  人件費支払（❸）と経費支払（❹）のそれぞれの年計と例年実績とに大きな差がないかを確認します。

- **借入返済（❺）の確認**

  返済明細表と付き合わせて確認します。

その他の項目も、12か月分を合計して必要である場合は修正を行います。

上、もし現実にそうだとしたら粗利益も出ないという事態になり、早々に会社をたたんだ方がよいという状況になります。

仕入高を売上高で割ったもの（原価率）が、前期の損益計算書上の原価率とほぼ同じ場合は、売上と仕入のバランスに問題はないでしょう。もし大幅に違う場合は、資金繰り計画表の売上項目か仕入項目を上書き修正します。

次に、「人件費支払」「経費支払」も12か月分を合計して、前期の実績と大幅な乖離がないかを検証します（もちろん、新規雇用などがある場合はその分を考慮する）。問題がある場合はこれも上書き修正します。

「借入返済」は前年実績との比較はあまり意味がないため、借入返済明細と付き合わせて、漏れがないかをチェックします。中小企業でも銀行融資、保証協会付融資、国民生活金融公庫、中小企業金融公庫など、十本以上もの借入があることも珍しくありません。資金繰り表を作成するためだけでなく、これらを一表にまとめておくと、借換の時期や保証協会の枠がどれぐらい空いてきたかなどがすぐにわかる状態になり、借入をする時に慌てなくて済みます。

その他の項目も、12か月分を合計し、前年実績などと比較して、調整が必要と思われる場合は上書き修正をします。

Section 12

10日単位での資金繰り計画

資金ショートを防ぐには

経常収支比率とは

入力と修正が済んだら、資金繰り計画表の下段「資金繰り要約表」をチェックします。「月初資金有り高」か「月末資金残高」がマイナスになっている部分や、経験上の手持ち資金としては不安を感じてしまう残高の部分には、対策が必要となります。

その対策として真っ先に思い浮かぶ手法は借入ですが、他にも売掛金の早期回収や手形割引（借入の一形態ではありますが）、経費支払の後寄せ、資産購入時期の見直し、貸付金回収や有価証券の売却など、方法はいろいろあります。新規の借入が困難な状況の場合は既存借入金のリスケジューリング（返済額の減額や、元金返済の据え置きなど）を考えなければならないかもしれません。借入金には必ず金利がかかります。すぐに借入に走らずに、金利のかからない他の方法を考えて資金繰り計画表上でシミュレートし、資金ショートを防ぐバックネットを幾重にも張ることが大切です。切羽詰ってからでは選択肢が少なくなって取引条件が悪化する事態が常です。事前に危険を察知し、心理的に余裕のある状態で対策を練っておきましょう。

また、新規借入を行った場合は、翌月からの「借入返済」を約定に従って増やすことを忘れないでください。新規借入をするとそれまでよりも毎月の返済負担が多くなります。借入ができてホッと一安心と思っていても、思った以上に早く資金繰りはきつくなるはずです。やはり借入は少ないに越したことはありません。

メニュー　印刷

資金繰り計画作成システム

資金繰り計画表　2008年 4月〜2009年 3月

株式会社 新電卓商事

	資金繰り項目	2008年 4月			2008年 5月			2008年 6月			20
		1〜10	11〜20	21〜末日	1〜10	11〜20	21〜末日	1〜10	11〜20	21〜末日	1〜10
経常収入	現金売上	1,000	1,000	1,500	850	800	1,150	1,000	1,000	1,500	500
	売掛回収	1,500	500	2,300	1,200	500	2,100	1,500	500	2,300	1,000
	手形入金										
	他経常入金										
	(経営収入:A)	2,500	1,500	3,800	2,050	1,300	3,250	2,500	1,500	3,800	1,500
経常支出	現金仕入	500	500	1,400	350	400	1,300	500	500	400	300
	買掛支払		500	2,600		500	1,500		500	1,700	
	手形決済										
	人件費支払	1,900			1,800			1,900			1,800
	経費支払	600			500			600			400
	他経常出金										
	(経営支出:B)	3,000	1,000	4,000	2,650	900	2,800	3,000	1,000	2,100	2,500
財務支出	借入返済		1,450			1,450			1,450		
	貸付実施										
	資産購入						1,800				
	その他出金										
	(財務支出:C)	0	1,450	0	0	1,450	1,800	0	1,450	0	0
財務収入	借入入金										
	貸付回収										
	資産売却										
	その他入金										
	(財務収入:D)	0	0	0	0	0	0	0	0	0	0
			低調月			低調月			好調月		

【 資金繰り要約表 】

●当初資金有り高　5,100

	2008年 4月			2008年 5月			2008年 6月			
月初資金有り高[X]	5,100	4,600	3,650	3,450	,850	1,800	450	-50	-1,000	700
(経常収入:A)	2,500	1,500	3,800	2,050	,300	3,250	2,500	1,500	3,800	1,500
(経常支出:B)	3,000	1,000	4,000	2,650	900	2,800	3,000	1,000	2,100	2,500
経常収支後残高[Y=X+E]	4,600	5,100	3,450	2,850	,250	2,250	-50	450	700	-300
(財務支出:C)	0	1,450	0	0	,450	1,800	0	1,450	0	0
財務支出後残高[Z=Y-C]	4,600	3,650	3,450	2,850	,800	450	-50	-1,000	700	-300
(財務収入:D)	0	0	0	0	0	0	0	0	0	0
月末資金残高 [W=Z+D]	4,600	3,650	3,450	2,850	1,800	450	-50	-1,000	700	-300
経常収支額 [E=A-B]	-500	500	-200	-600	400	450	-500	500	1,700	-1,000
経常収支比率[E%=A/B]	83.3%	150.0%	95.0%	77.4%	144.4%	116.1%	83.3%	150.0%	181.0%	60.0%
総収支金額 [F=E-C+D]	-500	-950	-200	-600	-1,050	-1,350	-500	-950	1,700	-1,000
総収支比率 [F%=入/出]	83.3%	61.2%	95.0%	77.4%	55.3%	70.7%	83.3%	61.2%	181.0%	60.0%

平成20年4月28日

ここで資金が不足しているため

何らかの対策が必要

※月初資金有り高か月末資金残高がマイナスになると資金ショートを起こす。それ以前に余裕を持って対策を打つ。

※借入金で資金ショートを回避する場合は、借入返済額の増額を忘れないよう注意。

借入は資金繰りにあらず

先に説明したように「資金繰りマイナス＝即借入れ」というワンパターンな方程式だけは危険です。急な借入申込は金融機関に怪しまれ、次の融資が困難となります。6か月程度の融資期間では、毎月の返済額が多く、すぐに借換資金が必要となるはずです。最初の申込で「とりあえず融資してもらえばありがたい」と適当な資金繰り計画表を提出してしまえば、借換の申込時には最初の資金繰り計画表と、まったくつじつまが合わなくなり、融資を断られてしまう事態になります。資金繰り計画表から借入時期を見極める場合でも、借入条件を想定しておかないと、ますます資金繰りに追われる羽目になりかねません。

なぜ借入金が膨らむ一方なのかというと、返済すべき原資がない状況で借入を行うからです。つまり、借入をして、既存の借入の返済をしている状況になります。

長期借入の返済原資は

税引後利益＋減価償却費

です。これが一般的な資金繰りの原則です。税引後利益500万円、減価償却費100万円（返済原資600万円）の企業が、毎年1000万円の（長期借入金分の）返済額があったら、売上が何十億円あろうと返済額が多すぎるということになります。これは年収600万円のサラリーマンが生活費300万円を差し引いた残り300万円で、毎年500万円のローン返済をしているようなものです。

本来の資金計画は返済原資となる「利益計画」があり、その後に「借入計画」「返済計画」が続くという体系なのです。その意味でも、本フォームで資金繰り計画表の考え方に慣れた後には、第3章の「利益計画に基づく資金計画の作成」に挑戦していただきたいと思います。

Section 13

経常収支比率と総収支比率

経常収支比率とは

経常収支比率（左ページ図の①）は経常収入を経常支出で割った比率で、営業活動のキャッシュフローのバランスを示します。この比率が100％未満で何期も連続すると、危険水域に入ったといえます（一時的に100％未満になるケースはよくあるが、慢性的に100％未満だと問題となる）。中長期的に100％未満というケースは、粗利益から販売管理費を引いた「営業利益」がマイナスである状況とほぼ同義で、借入元金の返済はおろか、利息さえ払えない状態ということです。

この場合は売上を上げるか、仕入原価、経費を下げるかしかありません。それができない場合は事業を継続しても資産を食い潰すだけのため、業態転換や営業譲渡、あるいは会社をたたむことも考えなければいけない事態になります。

総収支比率とは

一方、総収支比率は経常収支に、借入金や資産の動きを加味したキャッシュフローのバランスを見る表です（下図の❷）。

売上増加で増加運転資金として借入金が増える場合や、設備投資などの借入金の増加はある程度やむをえませんが、それがないにも関わらず長期的に経常収支がマイナス（経常収支比率が100%未満）で、かつ借入金の残高が増え続ける場合は要注意です。

これは、もはや運転資金としての借入金ではなく、「赤字埋め合わせ」のための借入金ということになります。つまり本業では従業員に給料を払いきれておらず、借入金で給与を払っているということです。この状態が長期間続くと

経営収支比率と総収支比率

【 資金繰り要約表 】
●当初資金有り高 5,100

	2008年 4月			2008年 5月			2008年 6月		
月初資金有り高[X]	5,100	4,600	3,650	3,450	2,850	1,800	450	-50	-1,000
(経常収入:A)	2,500	1,500	3,800	2,050	1,300	3,250	2,500	1,500	3,800
(経常支出:B)	3,000	1,000	4,000	2,650	900	2,800	3,000	1,000	2,100
経常収支後残高[Y=X+E]	4,600	5,100	3,450	2,850	3,250	2,250	-50	450	700
(財務支出:C)	0	1,450	0	0	1,450	1,800	0	1,450	0
財務支出後残高[Z=Y-C]	4,600	3,650	3,450	2,850	1,800	450	-50	-1,000	700
(財務収入:D)	0	0	0	0	0	0	0	0	0
月末資金残高 [W=Z+D]	4,600	3,650	3,450	2,850	1,800	450	-50	-1,000	700
経常収支額 [E=A-B]	-500	500	-200	-600	400	450	-500	500	1,700
経常収支比率[E%=A/B] ❶	83.3%	150.0%	95.0%	77.4%	144.4%	116.1%	83.3%	150.0%	181.0%
総収支額 [F=E-C+D]	-500	-950	-200	-600	-1,050	-1,350	-500	-950	1,700
総収支比率 [F%=入/出] ❷	83.3%	61.2%	95.0%	77.4%	55.3%	70.7%	83.3%	61.2%	181.0%

平成20年4月28日

❶ 経常収支比率

中長期的に100%未満だと事業継続に疑問も。

❷ 総収支比率

中長期的に100%未満で借入金の残高も増加傾向の場合は、倒産は時間の問題。

どうなるかは明白です。

両比率とも一時的な１００％割れはかまいませんが、１年単位で見た時にそれが続く場合は、抜本的な対策が必要となってきます。

第3章

月次単位の利益計画と資金繰り計画

Section 14

月次単位の利益計画と資金繰り計画

利益計画＋資金計画のメリット

平和な時こそ危機管理が大切

「厳しい経営環境下ながら前年並みの売上を維持している会社が、ある日突然に資金不足という経営課題に直面する」というケースはありがちな話ですが、経営者としては絶対に犯してはならないミスのひとつです。突然の資金不足、つまり予測していない資金不足は、売上の減少や利益の赤字化よりも緊急性の高い経営問題であり、経営上の「有事」に相当します。なぜならば、資金不足は「不渡り」「仕入ストップ」「給与不払」など、企業倒産の直接的な引き金になりかねないからです。

資金が減少する要因は、売上の減少や原価の増大、経費の増大、売掛金の増加、在庫の増加などさまざまです。これらの資金減少要因が複合的に絡み合いながら、やがて資金不足を起こします。資金不足を事前に予測できる場合は、多様な対策を用いることができますが、例えば3日後とか今

利益計画と資金計画の関連性

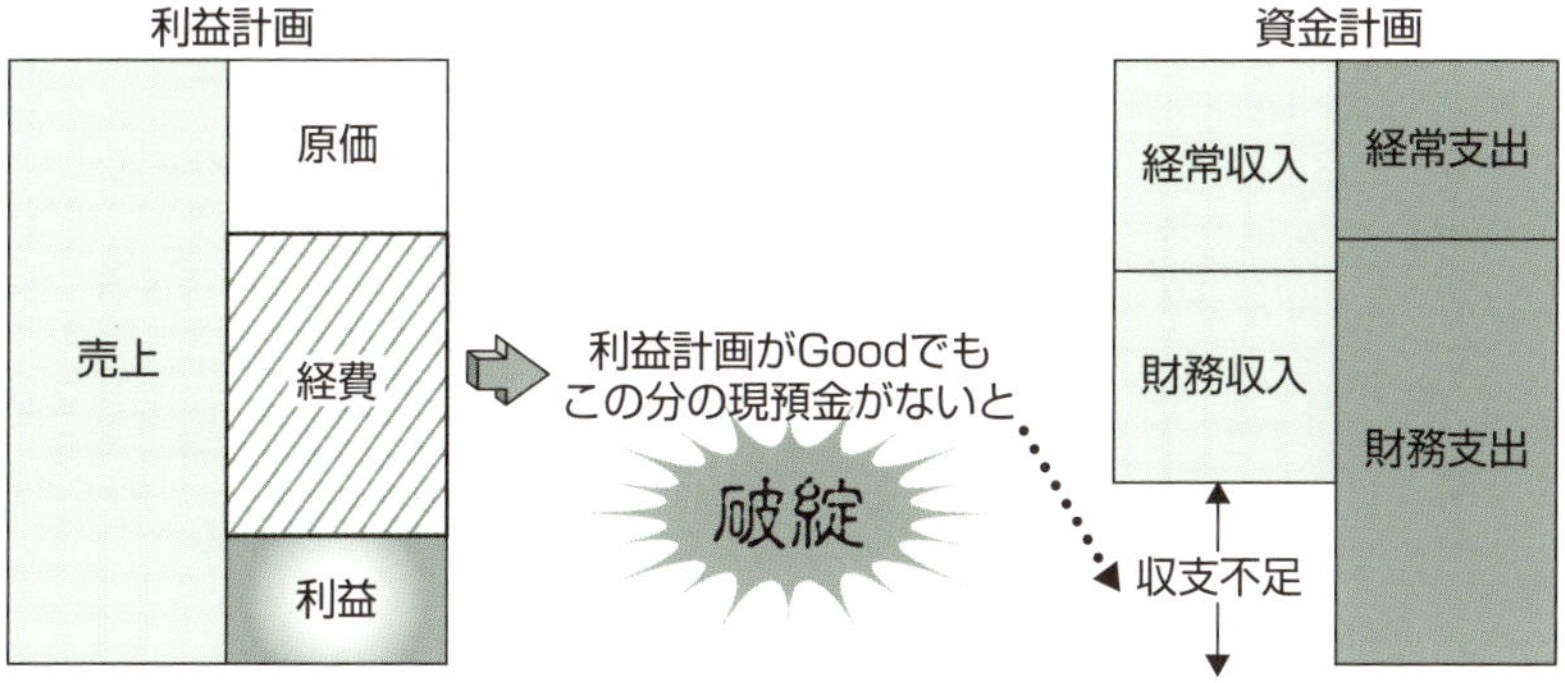

月末とか極めて短い時間の場合では、打てる手段がかぎられてきます。その結果として、高い金利の金融に頼ったり、決済見込みのない手形を発したりすると企業は転落への道を走り始めたことになります。

資金計画の目的は、日々変化する資金残高（キャッシュ）の管理です。資金計画策定の一般的な手順は、まず経営の内外部要因や経営資源、経営機会などを勘案した「利益計画」を作成し、この利益計画に基づいて未来の資金繰りを予測します。

次に、予測資金繰りに基づいて、新たな借入や設備投資などの財務計画を加えて、資金計画を作成します。企業は資金計画を作成することで、未来の資金不足や資金需要をあらかじめ知ることができ、余裕を持った財務対策が可能になります。

なぜ利益計画だけではダメなのか

私たちが通常使用する損益計算書は、発生主義で作成されています。発生主義とは、取引の行われた時点、つまり発生時点で仕訳を起こすことを指します。具体例で示すと、1月に掛で売上が発生した場合は、その入金が3月になる場合でも1月に売上を計上します。一方これを、現金主義（現金が動いた時点で仕訳を起こすやりかた）とすると、3月に売上を計上することになります。この例のとおり、発生主義では、帳簿上の損益と現金や預金（キャッシュ）の動きにズレが生じます。そのため、発生主義で作成した損益計算書だけで経営管理をすると、予定外の資金不足を起こしかねません。

また、経営の目標管理の面でも資金計画を作らないと、お金の問題がいつ発生するかわかりません。「利益を出せる計画を作り、それをキチンと実行したにも関わらず、急な借入が必要になった」などの経営問題を起こさないためにも、資金計画は必要です。

資金計画（資金繰り計画表）の作成は簡単ではない

多くの経営者は、頭の中で月間の損益計算を行うことができるはずです。損益計算などというと大げさですが「売上がいくらで、粗利益がいくらで、経費を引いたら儲けはいくら」などとやっています。しかし、資金繰りとなるとそう簡単ではありません。今月や来月の帳尻は計算できても、3か月後、半年後となると難しいはずです。その理由は、売掛金や買掛金、手形といった信用取引、借入や返済などの財務取引が絡むためです。仮に現金商売の会社でも、仕入や設備の支払が掛取引だと予定が計算できず、思わぬ資金ショートを起こすことがあります。

利益計画と資金繰り計画の考え方

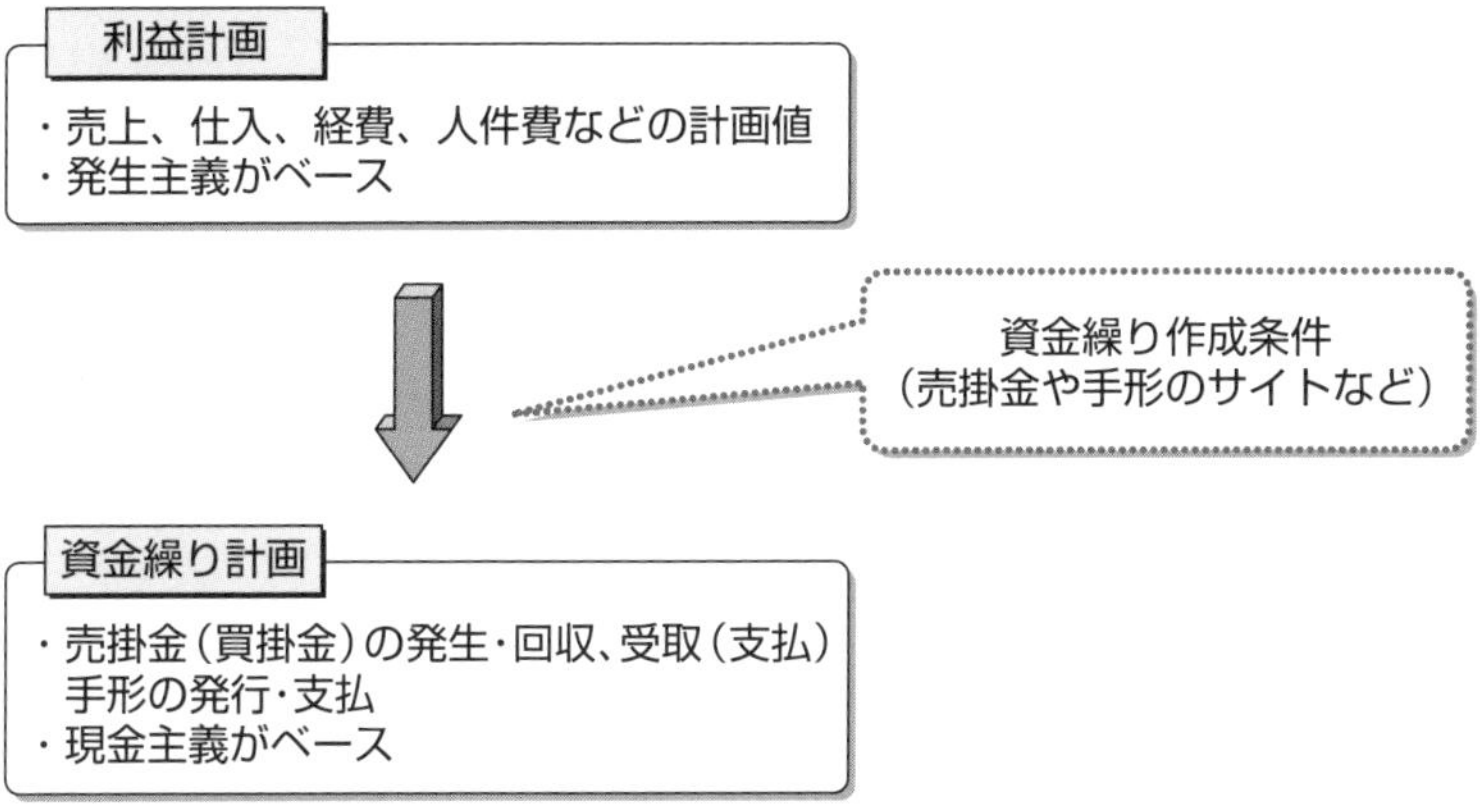

利益計画
・売上、仕入、経費、人件費などの計画値
・発生主義がベース
資金繰り作成条件
（売掛金や手形のサイトなど）
資金繰り計画
・売掛金（買掛金）の発生・回収、受取（支払）
手形の発行・支払
・現金主義がベース

利益計画に回収・支払サイトなどの資金繰り作成条件を与えて資金繰り計画を作成する。

資金計画を作るためには、利益計画を作る情報に加えて、売掛金や買掛金、手形といった信用取引に関する情報や、計画前残高（当期の決済予測など）が必要です。資金計画の作成はこれらの条件を組み合わせて資金の流れを算出する必要があるため、暗算や電卓では時間がかかり過ぎて現実的ではありません。

しかし、当フォームでは、利益計画に資金繰り作成条件を与えることで、自動的に「資金繰り計画表」を作成します。この「資金繰り計画表」は、日常の営業取引を対象とした、経常収支の予測になります。これに、設備投資や借入などの財務収支を加えて、資金計画表を完成させます。このフォームでは、最も複雑な経常収支の予測を自動的に計算することができるため、比較的容易に資金計画を作ることができます。

Section 15

利益計画と資金計画の関連

経営目標の管理体系と資金計画

長く続いた経済の成長期は終焉しました。以降の経済は国際化と相まって経済システムの構造改革が進んでいます。経済の構造改革は、経営の改革も同時に要求しているようです。企業は今、市場そのものが拡大した成長期モデルから、生き残り競争があたり前の競争期モデルに、変革を迫られています。競争期の企業経営には、経営目標の設定とその管理体系の強化が必要です。

経営目標の管理体系は、経営理念や事業ビジョンといった「長期・上位」の計画や方針に基づいて、「中長期経営計画、単年度事業目標」などを作成し、その上で「単年度の利益計画や部門計画」を作成するという手順が一般的であり、多くの企業が採用している方法です。このように書くと、難しく思われがちですが、多くの企業は、新しい事業年度を迎える時に、目標の売上高や利益を上

経営戦略体系図

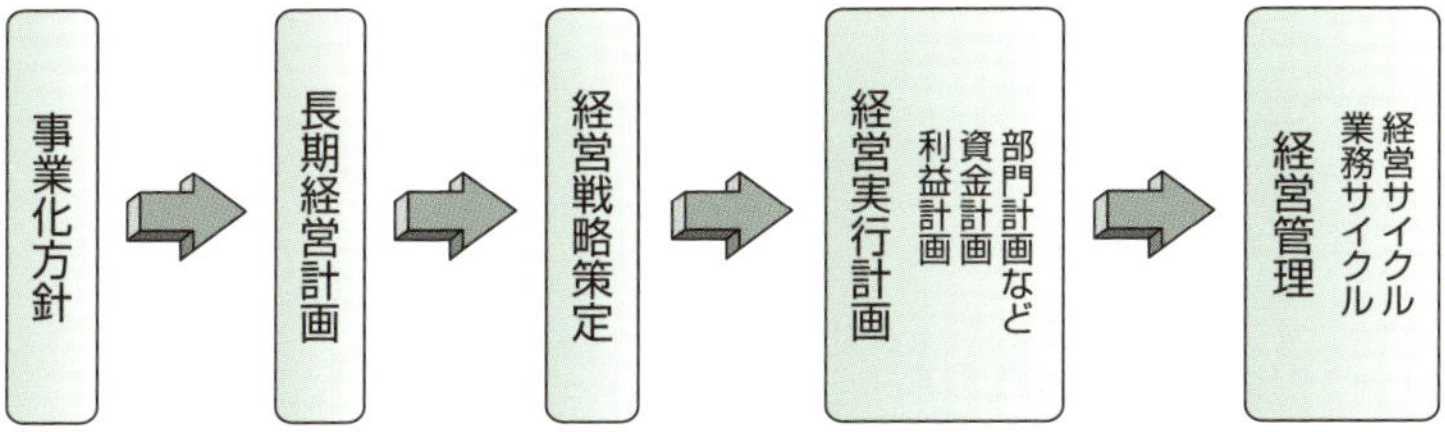

げているはずです。この新年度の目標を一定の書式化したものが、利益計画です。書式を問わないとすると、企業のほとんどは利益計画を作成している、といって過言ではありません。

これに対して、資金計画を作る企業は少ないケースが現状です。その原因のひとつは、資金計画の作成のためには多くの変数を用いた計算を繰り返す必要があることにあります。また、資金計画を作るためには、設備投資計画や財務計画、資本計画といった戦略要素を考慮する必要もあります。

しかし、難しいからとか大変だからといって、資金計画を経営目標の管理体系から除外してよいわけではありません。むしろ今日的な経営環境の厳しさを考慮すると、資金計画こそ最も必要な経営目標管理ツールのひとつといえます。

資金計画表の構造

資金繰り表や資金計画表は、管理会計帳票と呼ばれ、貸借対照表や損益計算書などの制度会計帳票と異なり、定められた書式がありません。

一般的な資金繰り表の構造に関しては第1章でも触れていますが、ここでもう一度簡単にまとめてみます。

経常収支は、日常の営業に対する収支を算出します。常にプラスであることが望まれます。実績に対して、3か月以上連続してマイナスとなる場合は、あらかじめ計画（コントロール）されたものでないかぎり、原因の究明と早急な問題解決が必要です。計画も同様に、3か月以上連続してマイナスの場合は、戦略的なものでないかぎり、計画の見直しを必要とします。

財務収支は、借入金残高のある一般的な企業の場合は、通常月はマイナスになります。このマイナスが、経常収支のプラスの範囲内の場合であれば問題ありませんが、継続して経常収支のプラスを超える場合は、新規の借入などの事前準備（処置）が必要です。

売掛債権と買掛債務の資金繰りロジック

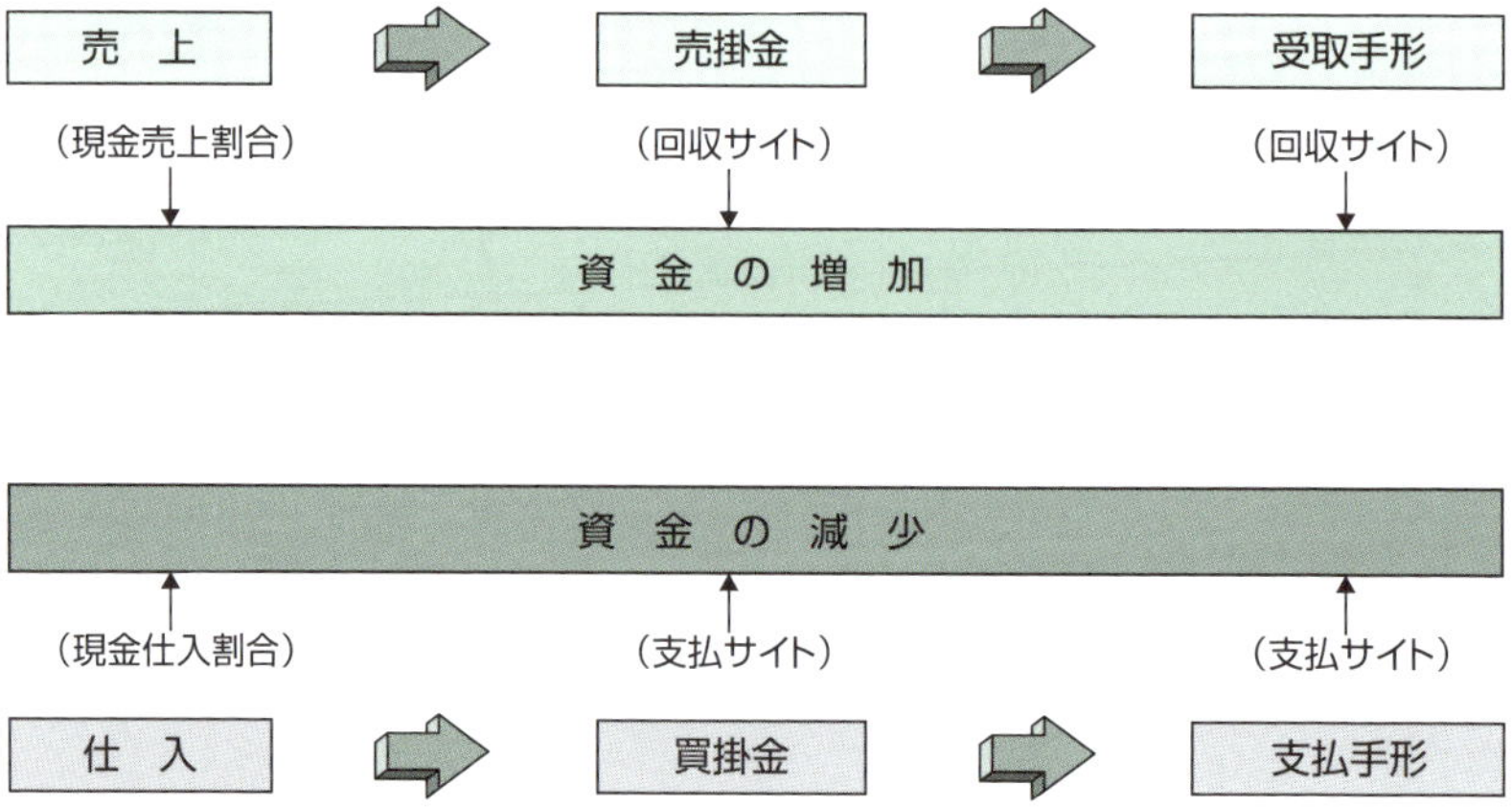

システムの債権・債務に関する資金計算をフローにすると上のようになる。

利益計画から資金繰りを予測する

利益計画は、発生主義で作成するため、帳簿上の損益を計画したことになります。資金計画を作るためには、これを「お金の流れ」に変換する必要があります。すでに説明したとおり、お金の流れには、「経常収支」と「財務収支」のふたつがあります。

財務収支は、借入金などの財務計画や固定資産購入などの投資計画、増資などの資本計画などと直接的な関係にあるため比較的簡単に作成できます。しかし、経常収支は日常の営業取引の資金移動を含めた計画となるため予測計算が複雑です。このフォームでは、この予測計算をロジック化することで、自動計算しています。

売上の資金移動ロジックを例にすると、下表のようになります。この選択肢の項目を比率化することで、売上が何時の時点で現金化（資金化）されるかを算出するのです。

売上高の資金移動のロジック

	対象項目	指定内容	選択肢
1	売上の回収	売上が現金で回収される割合と、売掛金に計上される割合を指定。	現金
			売掛金
2	売掛金の回収（時期）	売掛金が回収される時期を割合で指定。	当月回収
			翌月回収
			翌々月回収
			3か月超回収
3	売掛金の回収（方法）	売掛金の回収時に現金で回収される割合と、受取手形で回収される割合を指定。	現金
			受取手形
4	受取手形の回収	受取手形が入金される手形のサイトを指定。	手形サイト

ただし、手形の割引は、その性質上（実質的な借入）、経営の状況に応じて経営者が意思決定する事項であるため、自動計算からは除外しています。

また、売掛金回収の実際は、得意先ごとや個々の取引ごとに違いますが、このフォームでは、これまでの実績や今後の営業方針に基づいて一定の回収条件を設定するものとしています。

Column 提出用の資金計画書を作成する

新規融資の際に利益計画や資金計画の提出が求められます。このフォームでは資金計画書としての表紙が用意されていて、必要な帳票と組み合わせるだけで、そのまま金融機関へ提出することができます。

商号：新電卓株式会社 様

【利益計画に基づく】
資金計画表

2008年04月 ～ 2009年03月

目 次

1) 利益計画表
2) 資金繰り計画表
3) 利益計画グラフ
4) 資金計画グラフ
5) 資金計画総合グラフ
6) 付属資料
・資金繰り作成条件表
・開始残高（期首債権・債務）の回収・支払内訳
・資金繰り詳細表（売上債権）
・資金繰り詳細表（買入債務）

提供：新電卓会計事務所

平成20年05月14日作成

Section 16

操作の流れと算出のロジック

システムの大まかな流れ

「利益計画に基づく資金計画」では、次の手順で利益計画から資金計画表までを作成します。なお、資金計画策定を目的としない場合は、利益計画作成ソフトとして利用することも可能です。

(1) 回収・支払のサイトなどの資金繰り作成条件を入力します。
(2) 資金繰り（経常収支）に関連する勘定科目の開始（前期）残高を登録します。
(3) 利益計画（月次で1年間分）を入力します。
(4) (2)で登録した科目残高の入金・出金の状況を資金繰り計画表に反映させます。
(5) 資金繰り計画表に財務収支を入力し、資金計画表を完成させます。

≫ 資金計画表作成の流れ

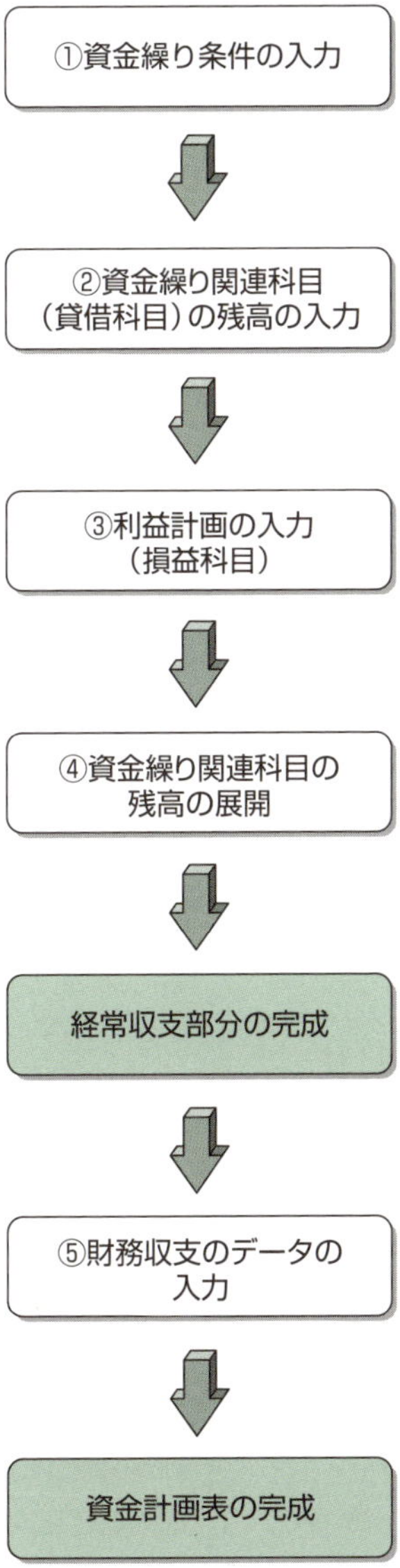

資金繰り計画表作成に関する諸条件

当システムでは、単年度の利益計画より資金繰り計画表への展開を行いますが、その時の諸条件の扱いに関してここでまとめておきます。

（1）回収（支払）条件の取り扱い

利益計画の売上高から資金繰り計画表に展開するために、次ページの表のような条件を設定します。本フォームでは、これらの条件に基づき、各月の売上高を資金展開します。

また、買入債務の支払に関しても売掛債権と同様のロジックを用いて、資金展開を行います。

(2) 資金繰りに関わる前期末残の取り扱い

資金繰りに関係する貸借科目(現金、売掛債権、買入債務)の計画前月(前期末)残高を、利益計画の値とは個別に入力します。そして資金繰り計画表では登録した残高がどのように回収(支払)されるかを月別に入力します。これを使って、資金関連科目(売掛金、未収金、受取手形、買掛金、未払金、支払手形)の開始残高の資金移動を確定させます(セクション19参照)。

(3) 財務など支出、収入の取り扱い

利益計画は、将来の売上や経費などの損益を計画するものであり、会計レポート(財務諸表)の損益計算書に相当し、財産状態を表す貸借対照表は対象としていません。つまり、借入や設備投資などの収支を扱う財務収支は、利益計画に組み

資金繰り計画表の自動計算のための必要項目(売掛債権の場合)

回収条件	解説
現金売り割合	各月の売上予測額の内、当該月に現金入金される金額の割合を指定する。各月の売上予測額から現金売りの額を引いた残りが売掛金となる。
サイト別の回収割合	サイト別の回収割合を条件として指定することで、各月の売掛金回収額が算出される。
手形回収割合	売掛回収に占める手形の割合を指定する。
手形回収サイト	回収した手形のサイトを指定する。

込むことができません。そのため、これらの項目は資金繰り計画書の「財務収入」「財務支出」欄に、数値を直接入力します。

(4) 手形割引の取り扱い

手形割引は、資金繰り計画書に直接入力します。なお、資金繰り計画書では、割引手形を財務収支欄と経常収支欄のどちらに表示するか選択することができます。

(5) 消費税の取り扱い

消費税は自動計算を行っていません。売上などの金額の入力時には税込み金額で入力し、消費税の支払額は入力します。なお、資金繰り計画表では、消費税の支払を経常収支欄と財務収支欄のどちらに表示するか選択することができます。

売上債権、買入債務の資金繰り月別展開明細の活用

当システムでは売上債権および買入債務が、指定した資金繰り作成条件に基づいてどのように資金化されるかを付属資料に出力しています。ロジックを確認する資料として利用できる他に、利益計画や資金繰り作成条件の見直しの際にも活用することができます。

Section 17

基本情報と資金繰り条件の入力

フォームの読み込み

「利益計画に基づく資金計画」のフォームを使用する時は、付属CD－ROMに収録されている「利益計画に基づく資金計画２００８・ｘｌｓ」をエクセルで読み込みます。フォームを読み込むと左ページ上図のようなメニュー画面が表示されます。

メニュー画面の左側には、画面を切り替えるためのボタンが用意されていて、ここでデータを入力する画面や帳票の印刷などを行う画面に切り替えることができます。

メニュー画面の「基本情報の入力」ボタンをクリックして表示される画面では、利益計画の策定と資金繰り計画に必要となる基本的な前提条件の設定を行います。入力画面は左ページ下表のように大きく４つのブロックで構成されています。

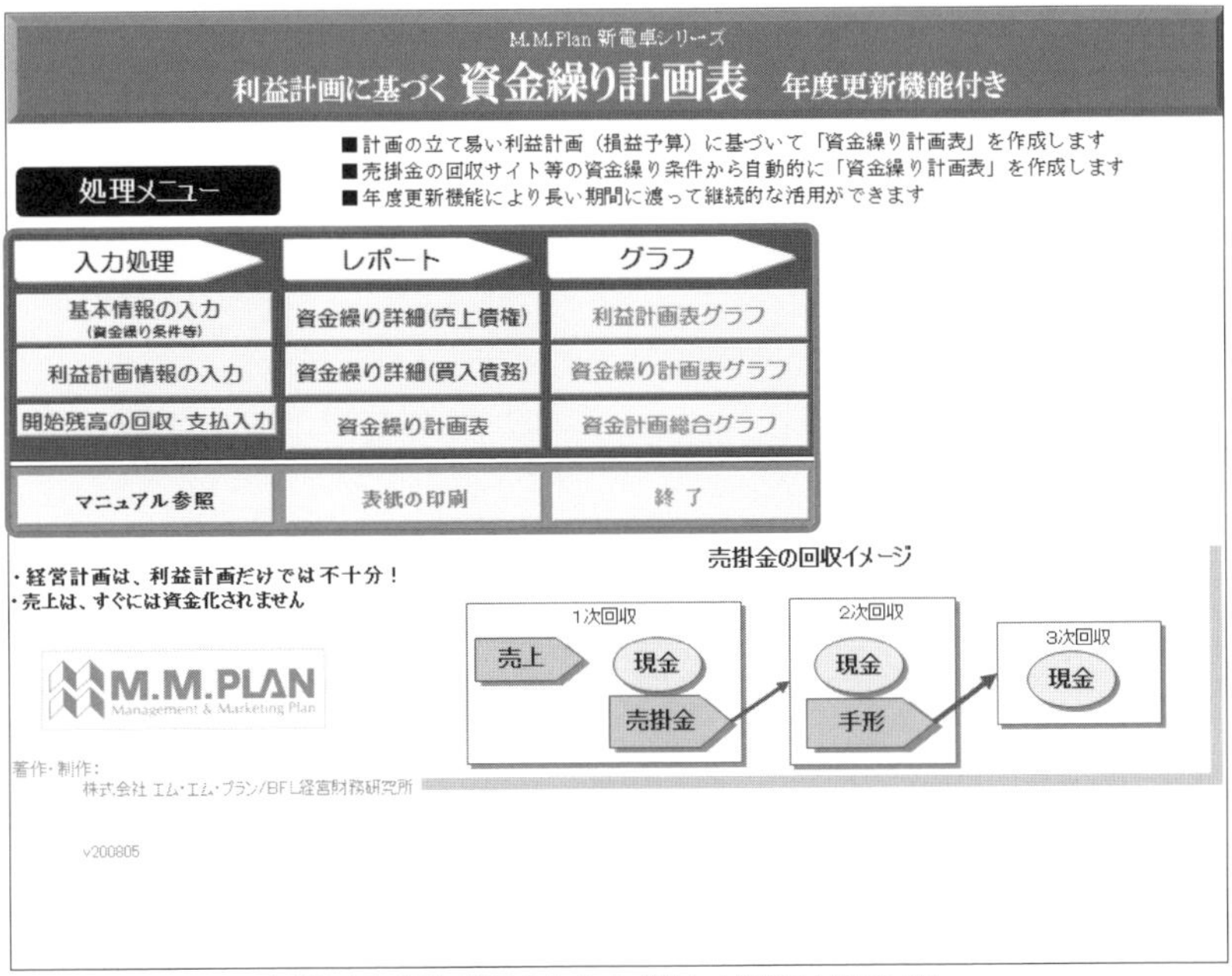

メニュー画面では、左側に画面切り替えのためのボタンが配置されている。

基本情報入力の画面の構成要素

入力エリア名	入力する内容
基本事項の設定	会社名、計画期間、金額の表示単位など、全般にわたる基本的な項目を入力する。
資金繰り作成条件	資金繰り計画表の作成のもととなる、現金売上と掛売上の割合、回収条件、仕入と買掛金の支払予定などを入力する。
開始残高の設定	資金繰りに関連する科目（売掛金、買掛金、受取手形、支払手形など）の開始残高を入力する。
科目名の設定	利益計画表と資金計画表で使用する勘定科目名を入力する。

基本情報の設定（1）～基本事項の設定

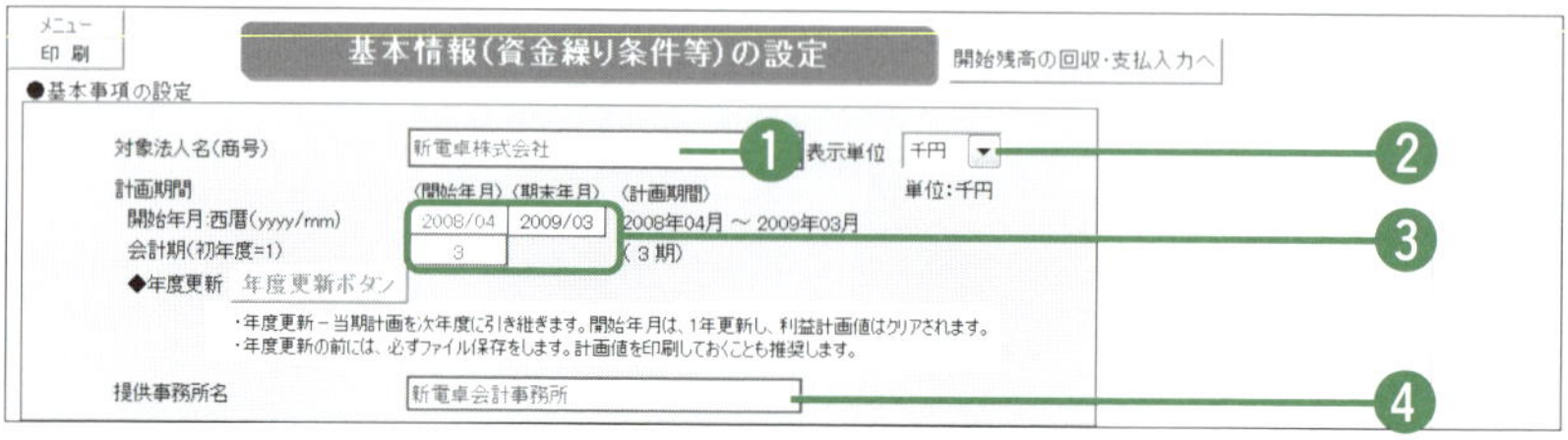

❶ **対象法人名（商号）**

会社名や屋号を入力します。

❷ **表示単位**

金額の表示単位を円、千円、万円、百万円から選択します。

❸ **計画期間**

「開始年月：西暦」には計画の開始年月を西暦で入力します。「会計期」には期数を入力します。

❹ **提供事務所名**

会計事務所などが計画を作成する場合、名称などを入力します。

一番目のブロックである「基本事項の設定」では、資金計画を作成する会社の名称、作成する計画の開始時年月、金額の入力・表示の単位などを設定します。なお、直接企業がこのフォームを利用する場合は、「提供事務所名」の部分は空欄のままでも問題はありません。

資金繰り作成条件の設定

利益計画表に基づいて資金計画を展開するため、売上入金と仕入支払に関する資金化の条件を設定します。ここでは売上に関する項目を取り上げて解説しますが、仕入に関しても同様の考え方で入力を行うことができます。

基本情報の設定（2）〜資金繰り作成条件

				累計	（決定比率）
■現金売上割合…		30 %			30.0%
掛売り割合		70 %			70.0%
■売掛金回収予定…	回収期間割合				
当月回収（割合）		40 %		40.0 %	40.0%
翌月回収（割合）		30 %		70.0 %	30.0%
翌々月回収（割合）		20 %		90.0 %	20.0%
3ヵ月超回収（割合）		10 %		100.0 %	10.0%
■売掛金回収の内…					
手形回収の割合		40 %			40.0%
■手形の回収期間(6ヵ月以内)	3	ヵ月			3
■現金仕入割合（未払金を含む）…		50 %			50.0%
掛仕入割合		50 %			50.0%
■買掛・未払金支払予定…	支払期間割合			累計	（決定比率）
当月支払（割合）		10 %		10.0	10.0%
翌月支払（割合）		70 %		80.0	70.0%
翌々月支払（割合）		10 %		90.0	10.0%
3ヵ月超支払（割合）		10 %		100.0	10.0%
■買掛金支払の内…					
手形支払の割合		50 %			50.0%
■手形の支払サイト(6ヵ月以内)	3	ヵ月			3

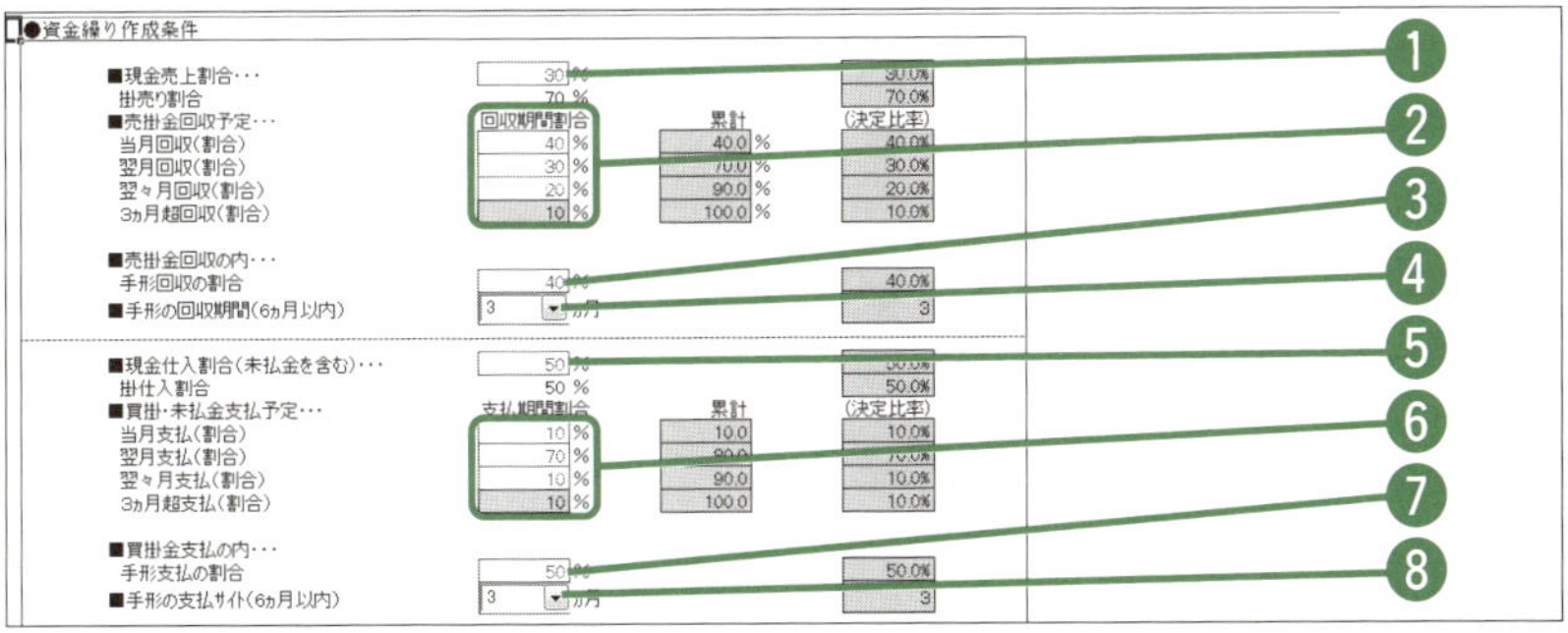

❶ 現金売上割合

現金売上の割合をパーセントで入力します。残りが掛売上として扱われます。

❷ 売掛金回収予定

当月、翌月、翌々月の回収サイトごとに、売掛金の回収の割合をパーセントで入力します。入力した割合の合計が100％に満たない場合は、残りが自動的に3か月超の回収として扱われます。

❸ 手形回収の割合

売掛金の回収のうち、手形回収の割合をパーセントで入力します。

❹ 手形の回収期間

受取手形の回収サイトを1か月〜6か月で選択します。

❺ 現金仕入割合（未払金を含む）

現金仕入の割合をパーセントで入力します。残りが掛仕入として扱われます。

❻ 買掛・未払金支払予定

当月、翌月、翌々月の支払サイトごとに、買掛金の支払の割合をパーセントで入力します。入力した割合合計が100％に満たない場合は、残りが自動的に3か月超の支払として扱われます。

❼ 手形支払の場合

買掛金の支払のうち、手形支払の割合をパーセントで入力します。

❽ 手形の支払サイト

支払手形の支払サイトを1か月〜6か月で選択します。

(1) 現金売上割合

売上高全体に占める現金売上の割合をパーセントで設定します。必要があれば、小数点以下の値も指定できます。１００％から現金売上割合を引いた値が掛売上の割合となります。現金売上割合は、全社で通期の指定となります。売上科目別や季節別の指定はできません。そのため、現金売上割合の設定は、年間の平均値を指定してください。

(2) 売掛金回収予定割合

売掛金の回収サイト（期間）を月別に回収割合を設定します。月別回収割合は、「当月回収」「翌月回収」「翌々月回収」「3か月超回収」の4分類で、3か月を越える回収サイトは、3か月超回収に含めます。必要があれば、小数点以下の値も指定できます。

(3) 売掛金回収の内、手形回収の割合

売掛金の回収に含まれる手形の割合をパーセントで設定します。必要があれば、小数点以下の値も指定できます。１００％から手形回収割合を引いた値を現金回収割合とします。売掛金回収のすべてが現金や口座振込、口座振替の場合は、手形回収割合を０％とします。

(4) 手形の回収期間

受取手形の回収期間を月数で指定します。月数の指定は、1か月から6か月のプルダウンメニューから選択してください。回収期間の指定は、手形ごとにはできないため、過去の平均実績値か計画値を指定します。

▶ 基本情報の設定（3）～開始残高の設定と科目名の設定

●開始残高の設定（資金繰りに関する科目）　1）売掛金、買掛金以外の項目は"期中"現金取引とみなします
　　　　　　　　　　　　　　　　　　　　　2）手形の発生割合（即収、発行）は、資金繰り条件に準じます

開始資金有り高	10,000 千円 ❶
開始売掛金残高	20,000 千円
開始受取手形残高	5,000 千円 ❷
他の未収金等残高	500 千円
■開始債権合計・・・・・・・・	25,500 千円
開始買掛金残高	25,000 千円
開始支払手形残高	1,000 千円 ❸
他の未払金等残高	500 千円
■開始債務合計・・・・・・・・	26,500 千円

●科目名の設定（標準科目で良い項目は、入力を省略してください）

	（標準科目）	（変更科目）	（決定科目）
売上高	売上 A		売上 A
	売上 B		売上 B
	売上 C		売上 C
仕入高	仕入 A		仕入 A
	仕入 B		仕入 B
	仕入 C		仕入 C
	棚卸増減		棚卸増減
販売管理費	役員報酬		役員報酬
	給与賃金		給与賃金
	賞与		賞与
	販売促進費		販売促進費
	荷造運賃		荷造運賃
	交通費		交通費
	家賃		家賃
	リース代		リース代
	他の販管費		他の販管費
	減価償却費		減価償却費
営業外収益	受取利息		受取利息
	雑収入		雑収入
	他の外収益		他の外収益
営業外費用	支払利息		支払利息
	雑損失		雑損失
	他の外費用		他の外費用
特別利益	固資売却益		固資売却益
	他の特別益		他の特別益
特別損失	固資除売損		固資除売損
	他の特別損		他の特別損
消費税支払の表示場所・・・・・・	経常支出		❺
手形割引の表示場所・・・・・・	経常収入		❻

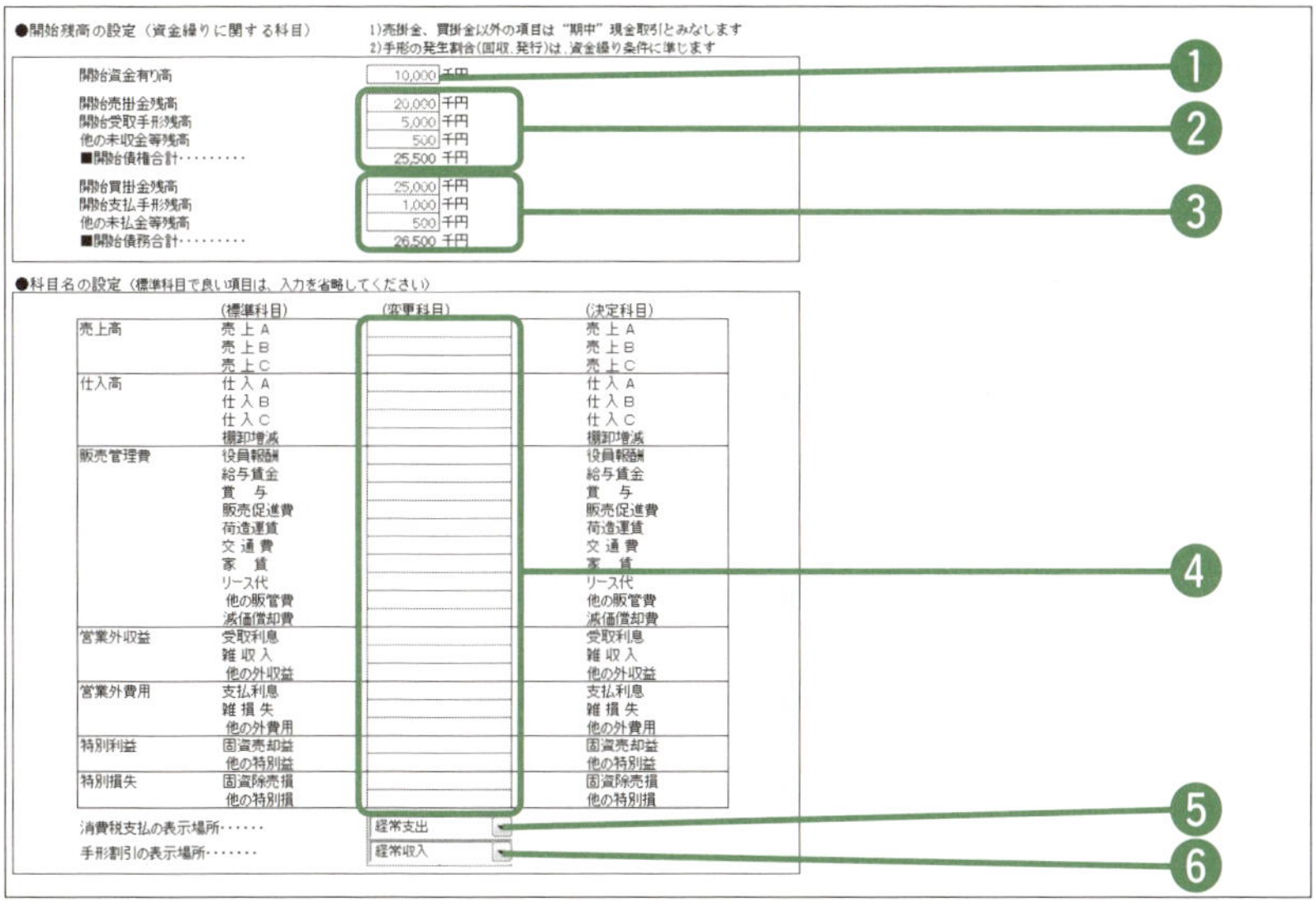

❶ 開始資金有り高の入力

利益計画の開始時点の現金と流動性預金（普通・当座）の合計額を入力します。

❷ 開始債権の入力

利益計画の開始時の資金繰りに関係する売上債権の残高を入力します。入力項目は「開始売掛金残高」「開始受取手形残高」「他の未収金等残高」の3つです。

❸ 開始債務の入力

利益計画の開始時の資金繰りに関係する買入債務の残高を入力します。入力項目は「開始買掛金残高」「開始支払手形残高」「他の未払金等残高」の3つです。

❹ 科目名の変更

利益計画表、資金計画表に表示する勘定科目を変更する場合に入力します。

❺ 消費税支払の表示場所

消費税の支払を「経常支出」と「財務等支出」のどちらに表示するかを選択します。

❻ 手形割引の表示場所

手形割引を「経常収入」と「財務収入」のどちらに表示するかを選択します。

開始残高の設定

資金繰りに関する科目（売掛金、受取手形、買掛金、支払手形など）の開始残高を登録します。入力金額は、通常の利用では利益計画の会計年度の期首の金額を入力しますが、会計期間をまたぐ利用の場合は計画開始前月末値を入力してください。

開始資金有り高は、現金と流動性預金（定期預金などの固定性預金を除く預金）を入力します。入力された金額に基づいて資金計画表の月末資金有り高を算出します。

科目名の設定

利益計画の標準科目名を変更したい時は、変更科目欄に科目名を入力します。消費税支払の表示場所と手形割引の表示場所は、それぞれ財務収支欄に表示するか、経常収支欄に表示するかをプルダウンメニューで指定してください。

Column 売上があるのに運転資金が不足する理由

多くの経営者は売上増を望んでいるはずです。しかし、売上が増えれば増えるほど、資金不足を起こすことがある現状を、知っているでしょうか？

モデル事例（月間の値）で紹介します。

■資金繰り条件

・売掛回収サイト2か月

・買掛支払サイト1か月

・経費 当月支払

利益計画

	1か月目	2か月目	3か月目	4か月目	5か月目
売上高	100	200	300	400	500
仕入高	60	120	180	240	300
経費	60	60	100	100	140
利益	▲20	20	20	60	60

資金繰り表

	1か月目	2か月目	3か月目	4か月目	5か月目
収入（売掛回収）	不明	不明	100	200	300
支出（買掛支払）	不明	60	120	180	240
支出（経費）	60	60	100	100	140
経常収支	不明	不明	▲120	▲80	▲80
収支累計	不明	不明	▲120	▲200	▲280

売上はどんどん伸びていて、利益も充分に出ているが、運転資金はますます不足しています。モデル値は大げさなようですが、現実にも充分ありえるケースです。

Section 18

利益計画書の入力

利益計画の策定

いよいよ利益計画の入力です。メニュー画面で「利益計画情報の入力」ボタンをクリックし、左ページのような「利益計画表」画面が表示されたら、単年度の利益計画の数値を入力します。この画面では個々の勘定科目を、毎月の計画値を基本事項の設定（100ページ参照）で指定した金額の単位で入力してください。

利益計画入力時の注意点

年間の利益計画書を設定した勘定科目に従い月別に入力します。売上と仕入は、それぞれ最大3

メニュー　式会社
印刷　データ消去

利益計画表　（3期)2008年04月 ～ 2009年03月　単位：千円

【利益計画表】	年間合計	2008年 04月	05月	06月	07月	08月	09月	10月	11月	12月	2009年 01月	02月	03月
売上A	318,900	25,600	32,500	23,600	33,200	18,000	29,000	26,000	18,000	35,000	25,000	20,000	33,000
売上B	0												
売上C	0												
(季節指数)	1,200	96	122	89	125	68	109	98	68	132	94	75	124
売上高計	318,900	25,600	32,500	23,600	33,200	18,000	29,000	26,000	18,000	35,000	25,000	20,000	33,000
仕入A	212,000	21,000	17,000	20,000	26,000	12,000	23,000	19,000	11,500	15,000	15,000	12,000	20,500
仕入B	0												
仕入C	0												
仕入高計	212,000	21,000	17,000	20,000	26,000	12,000	23,000	19,000	11,500	15,000	15,000	12,000	20,500
棚卸増減	-10					-10							
(売上総利益率)	33.5%	18.0%	47.7%	15.3%	21.7%	33.3%	20.7%	26.9%	36.1%	57.1%	40.0%	40.0%	37.9%
売上総利益	106,890	4,600	15,500	3,600	7,200	5,990	6,000	7,000	6,500	20,000	10,000	8,000	12,500
役員報酬	12,000	1,000	1,000	1,000	1,000	1,000	1,000	1,000	1,000	1,000	1,000	1,000	1,000
給与賃金	49,400	4,000	4,000	4,000	4,000	4,000	4,200	4,200	4,200	4,200	4,200	4,200	4,200
賞与	16,400						8,000				8,400		
販売促進費	6,000	500	500	500	500	500	500	500	500	500	500	500	500
荷造運賃	1,200	100	100	100	100	100	100	100	100	100	100	100	100
交通費	3,000	250	250	250	250	250	250	250	250	250	250	250	250
家賃	7,200	600	600	600	600	600	600	600	600	600	600	600	600
リース代	960	80	80	80	80	80	80	80	80	80	80	80	80
他の販管費	6,000	500	500	500	500	500	500	500	500	500	500	500	500
減価償却費	1,080	90	90	90	90	90	90	90	90	90	90	90	90
販売費・管理費計	103,240	7,120	7,120	7,120	7,120	7,120	15,320	7,320	7,320	7,320	15,720	7,320	7,320
(営業利益率)	1.1%	-9.8%	25.8%	-14.9%	0.2%	-6.3%	-32.1%	-1.2%	-4.6%	36.2%	-22.9%	3.4%	15.7%
営業利益	3,650	-2,520	8,380	-3,520	80	-1,130	-9,320	-320	-820	12,680	-5,720	680	5,180
受取利息	80							80					
雑収入	2,100	200	50	100	150	200	200	200	200	200	200	200	200
他の外収益	0												
営業外収益計	2,180	200	50	100	150	200	200	280	200	200	200	200	200
支払利息	960	80	80	80	80	80	80	80	80	80	80	80	80
雑損失	0												
他の外費用	0												
営業外費用計	960	80	80	80	80	80	80	80	80	80	80	80	80
(経常利益率)	1.5%	-9.4%	25.7%	-14.8%	0.5%	-5.6%	-31.7%	-0.5%	-3.9%	36.6%	-22.4%	4.0%	16.1%
経常利益	4,870	-2,400	8,350	-3,500	150	-1,010	-9,200	-120	-700	12,800	-5,600	800	5,300
固資売却益	0												
他の特別益	0												
特別利益計	0	0	0	0	0	0	0	0	0	0	0	0	0
固資除売損	0												
他の特別損	0												
特別損失計	0	0	0	0	0	0	0	0	0	0	0	0	0
(税前利益率)	1.5%	-9.4%	25.7%	-14.8%	0.5%	-5.6%	-31.7%	-0.5%	-3.9%	36.6%	-22.4%	4.0%	16.1%
税引前当期利益	4,870	-2,400	8,350	-3,500	150	-1,010	-9,200	-120	-700	12,800	-5,600	800	5,300

利益計画の入力画面

区分できます。これは、利益計画を有意義にするための区分で、資金計画では合計値に基づいて資金展開するため区分の意味はありません。

仕入合計の下には棚卸増減欄を設けてあります（次ページの❸）。これは当フォームが仕入と在庫、売上の関係を自動調整していないための特別処理科目として設定した欄です。一般的な営業活動の仕入と売上の関係は次のとおりです。

(1) 売上を見込んで仕入れる
(2) 一旦在庫になる（仕入増）
(3) 目論見どおりに売れる（在庫減少）

在庫は現金が商品や仕掛品に変化したものと考えられ、資金計画上の重要項目です。

メニュー	式会社					利益計画表	
印刷	データ消去						

【利益計画表】	年間合計	2008年 04月	05月	06月	07月	08月	
売上A	318,900	25,600	32,500	23,600	33,200	18,000	
売上B	0						❶
売上C	0						
(季節指数)	1,200	96	122	89	125	68	
売上高計	318,900	25,600	32,500	23,600	33,200	18,000	
仕入A	212,000	21,000	17,000	20,000	26,000	12,000	
仕入B	0						❷
仕入C	0						
仕入高計	212,000	21,000	17,000	20,000	26,000	12,000	
棚卸増減	-10					-10	❸
(売上総利益率)	33.5%	18.0%	47.7%	15.3%	21.7%	33.3%	
売上総利益	106,890	4,600	15,500	3,600	7,200	5,990	
役員報酬	12,000	1,000	1,000	1,000	1,000	1,000	
給与賃金	49,400	4,000	4,000	4,000	4,000	4,000	
賞与	16,400						
販売促進費	6,000	500	500	500	500	500	
荷造運賃	1,200	100	100	100	100	100	❹
交通費	3,000	250	250	250	250	250	
家賃	7,200	600	600	600	600	600	
リース代	960	80	80	80	80	80	
他の販管費	6,000	500	500	500	500	500	
減価償却費	1,080	90	90	90	90	90	
販売費・管理費計	103,240	7,120	7,120	7,120	7,120	7,120	
(営業利益率)	1.1%	-9.8%	25.8%	-14.9%	0.2%	-6.3%	
営業利益	3,650	-2,520	8,380	-3,520	80	-1,130	
受取利息	80						
雑収入	2,100	200	50	100	150	200	❺
他の外収益	0						
営業外収益計	2,180	200	50	100	150	200	
支払利息	960	80	80	80	80	80	
雑損失	0						❻
他の外費用	0						
営業外費用計	960	80	80	80	80	80	
(経常利益率)	1.5%	-9.4%	25.7%	-14.8%	0.5%	-5.6%	
経常利益	4,870	-2,400	8,350	-3,500	150	-1,010	
固資売却益	0						❼
他の特別益	0						
特別利益計	0	0	0	0	0	0	
固資除売損	0						❽
他の特別損	0						
特別損失計	0	0	0	0	0	0	
(税前利益率)	1.5%	-9.4%	25.7%	-14.8%	0.5%	-5.6%	
税引前当期利益	4,870	-2,400	8,350	-3,500	150	-1,010	

利益計画表では、単年度の利益計画を入力する。利益計画表には「営業利益」「経常利益」「税引前当期利益」の3つの利益が表示され、それぞれの利益額の上には利益を売上額で割った利益率が表示される。

利益計画表を入力する

❶ 売上高

売上高は3つに分類して入力することができます。季節指数欄には売上高の月計の平均値を100とした場合の各月の売上高の割合が自動的に表示されます。

❷ 仕入高

仕入高も売上高と同様に3つに分類して入力することができます。

❸ 棚卸増減

棚卸の増減額が発生した場合に入力します。

❹ 販売費・管理費

左端の勘定科目名に従って販売費・管理費を入力します。

❺ 営業外収益

営業外収益を入力します。科目欄は3つ用意されています。

❻ 営業外費用

営業外費用を入力します。科目欄は3つ用意されています。

❼ 特別利益

特別利益を入力します。科目欄は2つ用意されています。

❽ 特別損失

特別損失を入力します。科目欄は2つ用意されています。

棚卸増減科目では在庫増減の管理を行います。在庫増はプラス、在庫減はマイナスで入力します。売上高が季節的に増減する場合や、イベントなど戦略的な販売を計画する場合に活用するのです。例えば、売上高を大きくする月の前月に棚卸増減科目で在庫を増やすとよいでしょう。

売上欄の季節指数は、売上計画値の妥当性を確認する参考値として、月平均を100とした値を表記しています。

製造原価は、仕入科目欄を利用します。この際の減価償却費は、資金計画に反映させないため、販売費・管理費項目の減価償却費に合算し、入力してください。

利益計画は経営のロードマップ

もし、社長ひとりで（従業員なし）で事業を経営している場合は、利益計画は必要ないかもしれません。なぜなら、行き先を自分ひとりで決め、ひとりで旅をし、結果責任もひとりで負うため、いわば気楽なひとり旅です。しかし、従業員がひとりでもいる場合は、気ままなひとり旅ではないため、利益計画が必要となります。利益計画の作り方はさまざまです。利益計画策定の考え方をいくつか簡単に紹介します。

(1) 目標利益型

必要経費と目標利益から目標必要売上高を導く方法です。

(2) 市場開拓型

自社の商品力に基づいて市場を分析して、販売可能額を算出します。この販売量に対応する経費を計上する方法です。

(3) 継続予算型

前払もしくは、過去数年の実績値をベースに景気予測や市場動向などを勘案し、売上や経費を決める方法です。

(4) 単年度計画型

中長期の利益計画を先に策定し、その中の何期目となるかを重視する方法です。中長期計画は、経営方針や事業ドメインなどに基づき、精緻に作成されていることが前提になります。

Section 19

資金繰り調整表の考え方・使い方

資金関連科目の開始残高の資金化の予定を入力する

基本情報入力の画面では、資金繰り計画表を作成するために必要な売掛金などの資金関連科目の開始残高を入力していますす。しかし、残高だけでは、それらが来期にどのように資金化されるかを自動的に判断して、毎月の入金・支払額を計算することは困難です。例えば、売掛金残高のすべてが前月に発生した場合は、資金繰り作成条件の回収サイトを用いて完全に回収するまでを自動的に計算することができます。しかし、実際の売掛金残高の内訳は、前月の売上だけで構成されているわけではありません。前々月に発生した売掛金、もしくはもっと以前に発生した売掛金が含まれていて、それらの内訳は残高だけでは把握することができないのです。

メニュー画面から「開始残高の回収・支払入力」ボタンをクリックして表示される画面では、開

メニュー　会社
印刷　データ消去

開始残高（期首債権・債務）の回収・支払内訳

（3期）2008年04月 ～ 2009年03月　単位：千円

	期首債権の回収内訳	開始残高:S 計(合計額)	2008年 04月	05月	06月	07月	08月	09月	10月	11月	12月	2009年 01月	02月	03月	残高 繰越額
	A 開始売掛金→現金	20,000	10,000	5,000	4,000										300
	B 開始売掛金→受手	計(700)	300	400											–
	C 他の未収金→現金	500	60												440
	売掛等の回収A+B+C	計(19,760)	10,360	5,400	4,000	0	0	0	0	0	0	0	0	0	–
N1	内、現金回収A+C	計(19,060)	10,060	5,000	4,000	0	0	0	0	0	0	0	0	0	–
	開始売掛金回収残	残(300)	9,700	4,300	300	300	300	300	300	300	300	300	300	300	300
N2	開始受手残→現金	5,000	1,000	2,000	1,000	1,000	0	0							0
	期首債務の支払内訳														
	E 開始買掛金→現金	25,000	4,000	4,000	3,000	2,000									11,000
	F 開始買掛金→支手	計(1,000)	1,000												–
	G 他の未払金→現金	500	50	70											380
	買掛等の決済E+F+G	25,500	5,050	4,070	3,000	2,000	0	0	0	0	0	0	0	0	–
S1	内、現金支払E+G	計(13,120)	4,050	4,070	3,000	2,000	0	0	0	0	0	0	0	0	–
	買掛支払残SE-(E+F)	残(11,000)	20,000	16,000	13,000	11,000	11,000	11,000	11,000	11,000	11,000	11,000	11,000	11,000	11,000
S2	開始支手→現金	1,000		300	500	200	0	0							0

※受手回収分(B)及び支手決済分(F)は[資金繰り詳細表]で、当期の手形として管理します。

■ Bは、開始売掛金の内、手形回収 が予測される金額を入力します。その金額合計が、カッコ内に表記されています。

■ Fは、開始買掛金の内、手形決済 を予定している金額を入力します。その合計が、カッコ内に表記されています。

■ N1, N2, S1, S2は、[資金繰り 詳細表]，[資金繰り計画表]に転記されます。

◆参考資料・・・開始時の売掛金等が上記入力の結果、当期末にまでどうなったかを下表に示しています

【開始債権の推移】

・開始売掛金	20,000
（現金回収）	19,300
（手形回収）	700
（売掛金残）	300
・開始受取手形	5,000
（現金回収）	5,000
（受手残）	0

【開始債務の推移】

・開始買掛金	25,000
（現金支払）	24,000
（手形支払）	1,000
（買掛金残）	11,000
・開始支払手形	1,000
（現金支払）	1,000
（支手残）	0

資金繰り調整表の入力画面

始債権残高と開始債務残高の回収と支払の計画を入力することができます。

売上債権の資金繰り調整

開始残高の資金繰り調整表の画面は、大きく開始債権の処理と開始債務の処理に分けることができます。それぞれの部分で入力項目が4つ、自動計算の項目が3つとなっています。

(1) A：開始売掛金→現金（入力項目）

売掛金の開始残高のうち、現金や普通預金で回収される金額を月別に入力します。手形での回収が予測される金額は、この欄に含めず、その1行下の「開始売掛金→受手」に入力します。

表の右端にある残高・繰越欄には、開始残高

▶ 開始残高の資金繰り調整表を入力する

メニュー　合計
印 刷　データ消去

開始残高(期首債権・債務)の回収・支

	期首債権の回収内訳	開始残高:S 計(合計額)	2008年 04月	05月	06月	07月	08月	09月	10月	
	A 開始売掛金→現金	20,000	10,000	5,000	4,000					❶
	B 開始売掛金→受手	計(700)	300	400						
	C 他の未収金→現金	500	60							
N1	売掛等の回収A+B+C	計(19,760)	10,360	5,400	4,000	0	0	0	0	
	内、現金回収A+C	計(19,060)	10,060	5,000	4,000	0	0	0	0	
	開始売掛金回収残	残(300)	9,700	4,300	300	300	300	300	300	
N2	開始受手残→現金	5,000	1,000	2,000	1,000	1,000	0	0		❷
	期首債務の支払内訳									
	E 開始買掛金→現金	25,000	4,000	4,000	3,000	2,000				❸
	F 開始買掛金→支手	計(1,000)	1,000							
	G 他の未払金→現金	500	50	70						
S1	買掛等の決済E+F+G	25,500	5,050	4,070	3,000	2,000	0	0	0	
	内、現金支払E+G	計(13,120)	4,050	4,070	3,000	2,000	0	0	0	
	買掛支払残SE-(E+F)	残(11,000)	20,000	16,000	13,000	11,000	11,000	11,000	11,000	
S2	開始支手→現金	1,000		300	500	200	0	0		❹

❶ 開始債権残高の回収計画

開始債権残高の毎月の回収金額を千円単位で入力します。入力項目は次の3つがあります。

開始売掛金→現金　　売掛金を現金で回収する時の金額を入力します。

開始売掛金→受手　　売掛金を受取手形で回収する時の金額を入力します。

他の未収金→現金　　売掛金以外の未収金を現金で回収する時の金額を入力します。

❷ 開始受取手形残高の回収計画

開始受取手形残高の毎月の回収金額を千円単位で入力します。

❸ 開始債務残高の支払計画

開始債務残高の毎月の支払額を千円単位で入力します。入力項目は次の3つがあります。

開始買掛金→現金　　買掛金を現金で支払う時の金額を入力します。

開始買掛金→支手　　買掛金を支払手形で支払う時の金額を入力します。

他の未払金→現金　　買掛金以外の未払金を現金で支払う時の金額を入力します。

❹ 開始支払手形残高の支払計画

開始支払手形残高の毎月の支払額を千円単位で入力します。

欄から現金回収と1行下の「開始売掛金→受手」の合計を引いた金額が表示されます。

もし、入力を終えた後に残高が残る場合は、売掛金の中に不良債権が含まれているという状況になります。

(2) B：開始売掛金→受手（入力項目）

売掛金の開始残高のうち、手形で回収される金額を月別に入力します。入力欄左側にある「計（○○○）」には、この行の合計額が表示されます。ここで入力された手形回収額は、資金繰り予定に反映し、資金繰り作成条件で指定した条件に基づいて資金展開します。原則として(1)の現金回収と当該手形回収の合計が開始売掛金の回収額になります。

(3) C：他の未収金→現金（入力項目）

売掛金以外の未収金の現金・預金での回収予定を入力します。現金・預金以外での回収を入力することはできません。

(4) 売掛などの回収A＋B＋C

売掛金と未収金の月別回収の（A～C）合計額を表示します。

》資金繰り調整の流れ

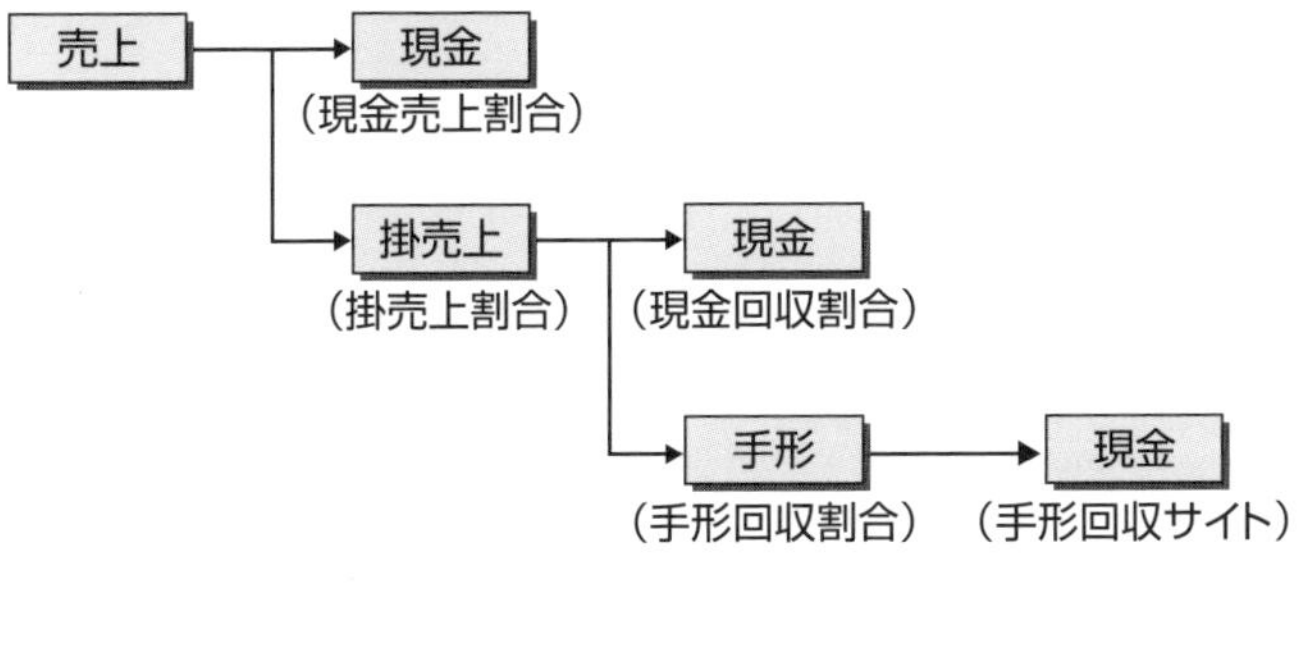

(5) 内、現金回収A＋C

売掛金と未集金の月別回収額のうち、現金・預金で回収される金額を表示します。

(6) 開始売掛金回収残

開始売掛金の残高推移を表示します。マイナスになる場合は、入力ミスが考えられるため、入力欄をチェックしてください。

(7) 開始受手残↓現金

受取手形の期日入金予定を入力します。手形割引を行う場合はこの画面ではなく、資金繰り計画表の「今回割引手形」欄に入力してください。

買入債務の開始残高

売上債権の資金繰り調整は、債権の資金化（現金・預金化）のため、資金が増加しますが、買入債務の資金繰り調整はこれとは逆に、支払計画のため、資金が減少します。

なお、基本的には、資金が入ってくるか出ていくかの違いだけで、先に説明した開始債権残高に関する考え方と同じです。表の構造も入力項目4つ、自動計算項目3つと、同じになっています。そのため数値の入力方法も、売上債権と同じですが、資金有り高（現金・預金残高）を確認しながら計画する必要があるのです。

開始債権の推移、開始債務の推移

開始残高の資金繰り調整表の入力結果を、一覧表示しています。理想的には、各科目とも調整後の残高が0になります。開始債権の残高が残っているというケースは、1年間かけても売掛金（もしくは手形）の回収ができないという状況です。残った額は不良債権として処理した方がよいものかどうかを、もう一度確かめる必要があります。また、開始債務の残高が残っている場合も、回収債権と同様に計画的、戦略的な不払であるかを確認してください。

開始債権、開始債務のいずれも調整後の残高がマイナスになることはありません。もし、マイナスなった場合は、入力ミスが考えられるため、再度チェックをしてください。

資金計画表の印刷

資金計画表の構成

利益計画から自動計算された資金繰りの状況は「資金繰り計画表」に表示されます。「資金繰り計画表」には、資金繰りに関するすべての情報が集約して表示されます。このフォームでは、「資金繰り計画表」「資金繰り詳細表：売上債権の部」「資金繰り詳細表：買入債務の部」の3表（シート）を併せて「資金計画表」と呼んでいます。

「資金繰り詳細表：売上債権の部」と「資金繰り詳細表：買入債務の部」は、利益計画書に基づいた資金繰り作成条件を加えて入金と出金の詳細を表示したものです。これらの帳票は売上債権と買入債務がどのように資金化されるかを追跡することができ、資金繰り改善の資料として役立てることができます。

利益計画に基づく資金計画表で作成できる帳票

帳票名		解説	メニュー画面のボタン名
利益計画表		資金計画表を作成するもととなった単年度の利益計画表で、利益計画の入力画面を印刷したもの	利益計画情報の入力
資金計画表	資金繰り計画表	利益計画表と資金繰り作成条件に基づき作成された単年度の資金繰り計画表	資金繰り計画表
	資金繰り詳細表（売上債権）	資金繰り計画表の売上債権の回収計画表の詳細	資金繰り詳細（売上債権）
	資金繰り詳細表（買入債務）	資金繰り計画表の買入債務の支払計画表の詳細	資金繰り詳細（買入債務）
利益計画グラフ		利益計画の売上高、売上総利益、税引前利益の毎月の状況を棒グラフにしたもの	利益計画表グラフ
資金計画グラフ		利益計画と資金計画表に基づき、経常収支、総合収支、月末資金有り高の毎月の推移を線グラフにしたもの	資金計画表グラフ
資金計画総合グラフ		売上高、仕入高、販管費を棒グラフ、経常利益と月末資金有り高を線グラフで毎月の推移を表したもの	資金計画総合グラフ
資金繰り作成条件表		基礎情報入力の画面を印刷したもの	基礎情報入力
開始残高の資金繰り調整表		開始残高の資金繰り調整表の入力画面を印刷したもの	開始残高の回収・支払入力
表紙		上記の帳票をレポートとして提出する時に付ける表紙	表紙の印刷

帳票はA4横サイズ

利益計画に基づく資金繰り計画では、上の表のように10種類の帳票を出力することができ、すべてA4横サイズに統一されています。

なお、帳票をまとめて印刷するメニューは用意されていないため、個々の帳票を印刷するには、それぞれの画面に切り替えてフォームの左上にある「印刷」ボタンをクリックします。

Section 21

資金繰り詳細表の使い方

資金繰り詳細表：売上債権の部

「資金繰り詳細表：売上債権の部」は、入金に関する資金の状況を計算した帳票です。売上から代金を回収するプロセスを表示します。帳票は左ページのように大きく6つの部分に分かれています。ここでの回収の結果は、次セクションの資金繰り計画表の経常収入の項目に連動しています。

売掛金の回収

売掛金の回収の状況は、左ページの❷「売掛金の月別回収分布」に表示されています。ここでは毎月の売掛金の回収の状況が、資金繰り作成条件の当月、翌月、翌々月、3か月超の回収の割合に

資金繰り詳細表：売上債権の部

メニュー 印刷 式会社

資金繰り詳細表(売上債権の部)

（3 期）2008年04月 ～ 2009年03月　単位:千円

【売上債権の詳細】	開始残高合計額等	2008年 04月	05月	06月	07月	08月	09月	10月	11月	12月	2009年 01月	02月	03月	総額合計額等
【参考値】売上高合計	318,900	25,600	32,500	23,600	33,200	18,000	29,000	26,000	18,000	35,000	25,000	20,000	33,000	–
70.0% (内.売掛対象額)	223,230	17,920	22,750	16,520	23,240	12,600	20,300	18,200	12,600	24,500	17,500	14,000	23,100	–
◆売掛金の月別回収分布◆														↓[回収構成]
04月 当月回収⇒	40.0%	7,168				5,040				9,800				
08月 翌月回収⇒	30.0%		5,376				3,780				7,350			
12月 翌々月回収⇒	20.0%			3,584				2,520				4,900		
内訳 3カ月超回収分⇒	10.0%				1,792				1,260				2,450	
05月 当月回収⇒	40.0%		9,100				8,120				7,000			
09月 翌月回収⇒	30.0%			6,825				6,090				5,250		
01月 翌々月回収⇒	20.0%				4,550				4,060				3,500	
内訳 3カ月超回収分⇒	10.0%					2,275				2,030				1,750
06月 当月回収⇒	40.0%			6,608				7,280				5,600		0
10月 翌月回収⇒	30.0%				4,956				5,460				4,200	0
02月 翌々月回収⇒	20.0%					3,304				3,640				2,800
内訳 3カ月超回収分⇒	10.0%						1,652				1,820			1,400
07月 当月回収⇒	40.0%				9,296				5,040				9,240	0
11月 翌月回収⇒	30.0%					6,972				3,780				6,930
03月 翌々月回収⇒	20.0%						4,648				2,520			4,620
内訳 3カ月超回収分⇒	10.0%							2,324				1,260		2,310
[分布の月計]	[年計]													↓[回収構成]
売掛金回収額	203,420	7,168	14,476	17,017	20,594	17,591	18,200	18,214	15,820	19,250	18,690	17,010	19,390	19,810
(現金回収率)	60.0%													
N3 内.現金回収分	122,052	4,301	8,686	10,210	12,356	10,555	10,920	10,928	9,492	11,550	11,214	10,206	11,634	11,886
(手形回収率)	40.0%													
L 内.手形回収分	81,368	2,867	5,790	6,807	8,238	7,036	7,280	7,286	6,328	7,700	7,476	6,804	7,756	7,924
B 開始売掛→受手	700	300	400	0	0	0	0	0	0	0	0	0	0	0
受手受取額L+B	82,068	3,167	6,190	6,807	8,238	7,036	7,280	7,286	6,328	7,700	7,476	6,804	7,756	7,924
受手回収期間:カ月	3	1	2	3	4	5	6	7	8	9	10	11	12	13
→ 回収サイト=1			3,167	6,190	6,807	8,238	7,036	7,280	7,286	6,328	7,700	7,476	6,804	7,756
回収サイト=2				3,167	6,190	6,807	8,238	7,036	7,280	7,286	6,328	7,700	7,476	14,560
回収サイト=3					3,167	6,190	6,807	8,238	7,036	7,280	7,286	6,328	7,700	22,036
回収サイト=4						3,167	6,190	6,807	8,238	7,036	7,280	7,286	6,328	29,736
回収サイト=5							3,167	6,190	6,807	8,238	7,036	7,280	7,286	36,064
回収サイト=6								3,167	6,190	6,807	8,238	7,036	7,280	43,350
N4 受手受取→現金	60,032	0	0	0	3,167	6,190	6,807	8,238	7,036	7,280	7,286	6,328	7,700	22,036
N2 開始受手→現金	残(5,000)	1,000	2,000	1,000	1,000	0	0	0	0	0	0	0	0	0
TN 手形入金計N4+N2	65,032	1,000	2,000	1,000	4,167	6,190	6,807	8,238	7,036	7,280	7,286	6,328	7,700	–
受取手形 受取手形(増加)		3,167	6,190	6,807	8,238	7,036	7,280	7,286	6,328	7,700	7,476	6,804	7,756	82,068
受取手形(減少)		1,000	2,000	1,000	4,167	6,190	6,807	8,238	7,036	7,280	7,286	6,328	7,700	65,032
手形割引(減少)		0	0	0	0	0	0	0	0	0	0	0	0	0
受取手形残高	5,000	7,167	11,358	17,164	21,235	22,081	22,554	21,602	20,894	21,314	21,504	21,980	22,036	22,036
売掛金 売掛金(増加)		17,920	22,750	16,520	23,240	12,600	20,300	18,200	12,600	24,500	17,500	14,000	23,100	223,230
売掛金(減少)		17,468	19,876	21,017	20,594	17,591	18,200	18,214	15,820	19,250	18,690	17,010	19,390	223,120
売掛金残高	20,000	20,452	23,326	18,829	21,475	16,484	18,584	18,570	15,350	20,600	19,410	16,400	20,110	20,110

❶ 売上高、内売掛対象額

利益計画から求めた売上高とその中の売掛金の額を表示します。

❷ 売掛金の月別回収分布

月ごとに売掛金の回収状況を表示します（124ページ参照）。

❸ 売掛金回収の内訳表示

回収した売掛金の現金回収と手形回収の額を表示します（126ページ参照）。

❹ 受取手形の月別現金回収分布

月ごとに受取手形の現金化の状況を表示します（126ページ参照）。

❺ 受取手形の推移

受取手形の増加、減少、残高の状況を表示します。

❻ 売掛金の推移

売掛金の増加、減少、残高の状況を表示します。

表（売上債権の部）

（3 期）2008年04月 ～ 2009年03月　　単位：千円

09月	10月	11月	12月	2009年 01月	02月	03月	繰越額 合計額等
29,000	26,000	18,000	35,000	25,000	20,000	33,000	—
20,300	18,200	12,600	24,500	17,500	14,000	23,100	—
							↓[回収繰越]
			9,800				
3,780				7,350			
	2,520				4,900		
		1,260				2,450	
8,120				7,000			
	6,090				5,250		
		4,060				3,500	
			2,030				1,750
	7,280				5,600		0
		5,460				4,200	0
			3,640				2,800
1,652				1,820			1,400
		5,040				9,240	0
			3,780				6,930
4,648				2,520			4,620
	2,324				1,260		2,310
							↓[回収繰越]
18,200	18,214	15,820	19,250	18,690	17,010	19,390	19,810
10,920	10,928	9,492	11,550	11,214	10,206	11,634	11,886
7,280	7,286	6,328	7,700	7,476	6,804	7,756	7,924
0	0	0	0	0	0	0	0
7,280	7,286	6,328	7,700	7,476	6,804	7,756	7,924
6	7	8	9	10	11	12	13
7,036	7,280	7,286	6,328	7,700	7,476	6,804	7,756
8,238	7,036	7,280	7,286	6,328	7,700	7,476	14,560
6,807	8,238	7,036	7,280	7,286	6,328	7,700	22,036
6,190	6,807	8,238	7,036	7,280	7,286	6,328	29,736
3,167	6,190	6,807	8,238	7,036	7,280	7,286	36,064
	3,167	6,190	6,807	8,238	7,036	7,280	43,350
6,807	8,238	7,036	7,280	7,286	6,328	7,700	22,036
0	0	0	0	0	0	0	0
6,807	8,238	7,036	7,280	7,286	6,328	7,700	—
7,280	7,286	6,328	7,700	7,476	6,804	7,756	82,068
6,807	8,238	7,036	7,280	7,286	6,328	7,700	65,032
0	0	0	0	0	0	0	0
22,554	21,602	20,894	21,314	21,504	21,980	22,036	22,036
20,300	18,200	12,600	24,500	17,500	14,000	23,100	223,230
18,200	18,214	15,820	19,250	18,690	17,010	19,390	223,120
18,584	18,570	15,350	20,600	19,410	16,400	20,110	20,110

》資金繰り詳細表　売上債権の部

新電卓株式会社

資金繰り詳細表

	【売上債権の詳細】	開始残高 合計額等	2008年 04月	05月	06月	07月	08月
	【参考値】売上高合計	318,900	25,600	32,500	23,600	33,200	18,000
70.0%	(内、売掛対象額)	223,230	17,920	22,750	16,520	23,240	12,600
	◆売掛金の月別回収分布◆						
04月	当月回収⇒	40.0%	7,168				5,040
08月	翌月回収⇒	30.0%		5,376			
12月	翌々月回収⇒	20.0%			3,584		
内訳	3ヵ月超回収分⇒	10.0%				1,792	
05月	当月回収⇒	40.0%		9,100			
09月	翌月回収⇒	30.0%			6,825		
01月	翌々月回収⇒	20.0%				4,550	
内訳	3ヵ月超回収分⇒	10.0%					2,275
06月	当月回収⇒	40.0%			6,608		
10月	翌月回収⇒	30.0%				4,956	
02月	翌々月回収⇒	20.0%					3,304
内訳	3ヵ月超回収分⇒	10.0%					
07月	当月回収⇒	40.0%				9,296	
11月	翌月回収⇒	30.0%					6,972
03月	翌々月回収⇒	20.0%					
内訳	3ヵ月超回収分⇒	10.0%					
	[分布の月計]	[年計]					
	売掛金回収額	203,420	7,168	14,476	17,017	20,594	17,591
	(現金回収率)	60.0%					
N3	内、現金回収分	122,052	4,301	8,686	10,210	12,356	10,555
	(手形回収率)	40.0%					
L	内、手形回収分	81,368	2,867	5,790	6,807	8,238	7,036
B	開始売掛→受手	700	300	400	0	0	0
	受手受取額 L+B	82,068	3,167	6,190	6,807	8,238	7,036
	受手回収期間:カ月	3	1	2	3	4	5
	→	回収サイト=1		3,167	6,190	6,807	8,238
		回収サイト=2			3,167	6,190	6,807
		回収サイト=3				3,167	6,190
		回収サイト=4					3,167
		回収サイト=5					
		回収サイト=6					
N4	受手受取→現金	60,032	0	0	0	3,167	6,190
N2	開始受手→現金	残(5,000)	1,000	2,000	1,000	1,000	0
TN	手形入金計N4+N2	65,032	1,000	2,000	1,000	4,167	6,190
受	受取手形(増加)		3,167	6,190	6,807	8,238	7,036
取	受取手形(減少)		1,000	2,000	1,000	4,167	6,190
手	手形割引(減少)		0	0	0	0	0
形	受取手形残高	5,000	7,167	11,358	17,164	21,235	22,081
売	売掛金(増加)		17,920	22,750	16,520	23,240	12,600
掛	売掛金(減少)		17,468	19,876	21,017	20,594	17,591
金	売掛金残高	20,000	20,452	23,326	18,829	21,475	16,484

売上債権の現金化の詳細を示す。右端の列は次期への繰り越し残高。

▶ 売掛金の月別回収分布

メニュー
印刷
式会社

資金繰り詳細表(売上債権の部)　(3

	【売上債権の詳細】	開始残高合計額等	2008年04月	05月	06月	07月	08月	09月	10月	11月	12月	
	【参考値】売上高合計	318,900	25,600	32,500	23,600	33,200	18,000	29,000	26,000	18,000	35,000	
70.0%	(内、売掛対象額)	223,230	17,920	22,750	16,520	23,240	12,600	20,300	18,200	12,600	24,500	
	◆売掛金の月別回収分布◆											
04月	当月回収⇒	40.0%	7,168				5,040				9,800	
08月	翌月回収⇒	30.0%		5,376				3,780				❶
12月	翌々月回収⇒	20.0%			3,584				2,520			
内訳	3カ月超回収分⇒	10.0%				1,792				1,260		
05月	当月回収⇒	40.0%		9,100				8,120				
09月	翌月回収⇒	30.0%			6,825				6,090			❷
01月	翌々月回収⇒	20.0%				4,550				4,060		
内訳	3カ月超回収分⇒	10.0%					2,275				2,030	
06月	当月回収⇒	40.0%			6,608				7,280			
10月	翌月回収⇒	30.0%				4,956				5,460		❸
02月	翌々月回収⇒	20.0%					3,304				3,640	
内訳	3カ月超回収分⇒	10.0%						1,652				
07月	当月回収⇒	40.0%				9,296				5,040		
11月	翌月回収⇒	30.0%					6,972				3,780	❹
03月	翌々月回収⇒	20.0%						4,648				
内訳	3カ月超回収分⇒	10.0%							2,324			
	【分布の月計】	【年計】										
	売掛金回収額	203,420	7,168	14,476	17,017	20,594	17,591	18,200	18,214	15,820	19,250	❺

❶ 1か月目発生、5か月目発生、9か月目発生の売掛金の回収状況

資金繰り作成条件で設定した月別の売掛金の回収割合に応じた売掛金の回収額を表示します。項目は次のとおりです。

当月回収	当月の売上の内、回収する金額を表示します。項目名の右隣のパーセント表示が回収割合になります（以下同）。
翌月回収	翌月の回収となる金額を表示します。
翌々月回収	翌々月の回収となる金額を表示します。
3カ月超回収	回収までに3か月以上かかる金額を表示します。なお、3か月超の場合はすべて4か月目に回収となります。

❷ 2か月目発生、6か月目発生、10か月目発生の売掛金の回収状況

2か月目、6か月目、10か月目に発生した売掛金について❶と同様に処理します。

❸ 3か月目発生、7か月目発生、11か月目発生の売掛金の回収状況

3か月目、7か月目、11か月目に発生した売掛金について❶と同様に処理します。

❹ 4か月目発生、8か月目発生、12か月目発生の売掛金の回収状況

4か月目、8か月目、12か月目に発生した売掛金について❶と同様に処理します。

❺ 売掛金回収額

月ごとの売掛金の回収額の合計を表示します。

応じて配分されます。

サンプル（右ページ参照）では、計画第1月目（2008年4月）の売上は2560万円です。売掛金は売上高に掛売り割合（70%）を掛けた1792万円となります。

まず、4月に発生した売掛金は、その40%（1792万円×40%＝716・8万円）が当月に回収されます。続いて翌月の5月には30%（1792万円×30%＝537・6万円）、翌々月の6月には20%（1792万円×20%＝358・4万円）が回収されます。なお、4か月超である7月以降の回収予定はすべて7月に計上され、179・2万円（1792万円×10%）となります。このように発生した売掛金は、4か月の時間を経て順次回収されます。

また、月全体での売掛金回収額は、その月以前に発生した売掛金の該当月回収額の合計になります。6月を例にすると、6月発生分の回収額358・4万円（1792万円×20%）、翌月発生分の回収額682・5万円（2275万円×30%）、当月発生分の回収額660・8万円（1652万円×40%）の合計に、開始残高の資金繰り調整表で入力した現金回収額と手形回収額を加算した結果となります。

受取手形の増加

資金繰り計画作成条件で指定した手形回収割合に基づいた、売掛金の回収額から手形で回収する

売掛金の回収状況

		開始残高 合計額等	2008年 04月	05月	06月	07月	08月
	【売上債権の詳細】						
	【参考値】売上高合計	318,900	25,600	32,500			
内訳	3カ月超回収分⇒	10.0%					
	[分布の月計]	[年計]					
	売掛金回収額	203,420	7,168	14,476	17,017	20,594	17,591
	(現金回収率)	60.0%					
N3	内、現金回収分	122,052	4,301	8,686	10,210	12,356	10,555
	(手形回収率)	40.0%					
L	内、手形回収分	81,368	2,867	5,790	6,807	8,238	7,036
B	開始売掛→受手	700	300	400	0	0	0
	受手受取額 L+B	82,068	3,167	6,190	6,807	8,238	7,036
	受手回収期間:カ月	3	1	2	3	4	5
	→	回収サイト=1		3,167	6,190	6,807	8,238
		回収サイト=2			3,167	6,190	6,807
		回収サイト=3				3,167	6,190
		回収サイト=4					3,167
		回収サイト=5					
		回収サイト=6					
N4	受手受取→現金	60,032	0	0	0	3,167	6,190
N2	開始受手→現金	残(5,000)	1,000	2,000	1,000	1,000	0
TN	手形入金計N4+N2	65,032	1,000	2,000	1,000	4,167	6,190

❶ 売掛金の現金回収額

売掛金の現金での回収額を表示します。

❷ 売掛金の受取手形回収額

売掛金の受取手形での回収額を表示します。

❸ 開始残の受取手形回収額、来期の受取手形額

開始残の受取手形の回収額と、来期へ持ち越しとなる受取手形の額を表示します。

❹ 受取手形の月別現金回収分布

設定した受取手形のサイト（1か月〜6か月）に応じた現金回収額を表示します。このうち、背景が白い行の結果が採用されます。

額を求めます。サンプルの5月では、売掛金の回収額が1447・6万円となり、これに手形回収割合40％をかけた579万円が計画期中の売上分の当月の新規受取手形となります（右ページ❷）。これに開始残高の資金繰り調整表で入力した売掛金の手形回収予定金額（40万円）を加算した結果が、当月の新規受取手形の合計額になります。

受取手形の回収（資金化）

利益計画の中で発生した新規受取手形は、資金繰り計画作成条件で指定した「手形の回収期間」に基づいて資金化します（右ページ❹）。資金繰り詳細表では、回収サイト1（翌月回収）から回収サイト6（6か月後回収）の回収テーブルのうち、該当する回収サイト欄を罫線で囲み表示しています。サンプルでは、回収サイトが3（翌々月回収）のため、4月に得た受取手形の資金化は7月から始まります。各月の受取手形の資金の額は、各月に資金化される受取手形の額に、資金繰り調整表で入力した受取手形の資金化予定額を加算した合計になります。

受取手形残高

受取手形残高は、「開始残高＋受取手形—来期手形期日到来—受取手形割引高」で算出します。

手形割引の入力は、資金繰り計画表（次セクション参照）で行います。入力した値は「資金繰り詳細表：売上債権の部」の「手形割引（減少）」に表示されます（121ページ❺）。

資金繰り詳細表：買入債務の部

「資金繰り詳細表：買入債務の部」（130ページ参照）は、「資金繰り詳細表：売上債権の部」とほぼ同様のロジックで支払が自動計算されます（手形割引が買入債務の部にはない）。

Column 金食い虫（不採算部門）を駆除する方法：会社分割

「不採算部門が金食い虫である」という理論に反対する人はいないと思います。金食い虫は企業にとって、特に資金繰りにとって悪い虫のため駆除するにかぎるわけですが、どうやって駆除するかが問題です。

闇雲に駆除して益虫（採算のよい部門）を巻き添えにしてはならないし、虫が暮らしている樹木そのもの（会社全体）を枯らしてはもとも子もありません。

その答えのひとつに「会社分割」があります。会社分割とは、営業の全部または一部を他の会社に継承させる手法です。2001年4月に施行された「商法の一部を改正する法律」（会社分割法）は、会社が組織の再編成を行うこと（会社分割）を容易にしました。

（1）会社を分割し、採算部門だけを継承会社に移し、不採算部門が残った分割会社を清算する。

（2）会社を分割し、採算部門だけを分割会社に残し、不採算部門だけの継承会社を清算する。

上記のように、採算部門と不採算部門を別会社として分けることで、会社全体から不採算部門を切り離すことが容易になったのです。

表（買入債務の部）

（3 期）2008年04月 ～ 2009年03月　　単位：千円

09月	10月	11月	12月	2009年 01月	02月	03月	繰越額 合計額等
23,000	19,000	11,500	15,000	15,000	12,000	20,500	—
11,500	9,500	5,750	7,500	7,500	6,000	10,250	—
							↓[支払繰越]
			750				
4,200				5,250			
	600				750		
		600				750	
1,150				750			
	8,050				5,250		
		1,150				750	
			1,150				750
	950				600		0
		6,650				4,200	0
			950				600
1,000				950			600
		575				1,025	0
			4,025				7,175
1,300				575			1,025
	1,300				575		1,025
							↓[支払繰越]
7,650	10,900	8,975	6,875	7,525	7,175	6,725	11,175
3,825	5,450	4,488	3,438	3,763	3,588	3,363	5,588
3,825	5,450	4,488	3,438	3,763	3,588	3,363	5,588
0	0	0	0	0	0	0	0
3,825	5,450	4,488	3,438	3,763	3,588	3,363	5,588
6	7	8	9	10	11	12	13
5,775	3,825	5,450	4,488	3,438	3,763	3,588	3,363
5,100	5,775	3,825	5,450	4,488	3,438	3,763	6,950
4,000	5,100	5,775	3,825	5,450	4,488	3,438	10,713
4,100	4,000	5,100	5,775	3,825	5,450	4,488	14,150
1,525	4,100	4,000	5,100	5,775	3,825	5,450	18,638
	1,525	4,100	4,000	5,100	5,775	3,825	24,088
4,000	5,100	5,775	3,825	5,450	4,488	3,438	10,713
0	0	0	0	0	0	0	0
4,000	5,100	5,775	3,825	5,450	4,488	3,438	—
3,825	5,450	4,488	3,438	3,763	3,588	3,363	48,413
4,000	5,100	5,775	3,825	5,450	4,488	3,438	38,700
14,700	15,050	13,763	13,375	11,688	10,788	10,713	10,713
11,500	9,500	5,750	7,500	7,500	6,000	10,250	106,000
7,650	10,900	8,975	6,875	7,525	7,175	6,725	108,825
23,850	22,450	19,225	19,850	19,825	18,650	22,175	22,175

資金繰り詳細表　買入債務の部

新電卓株式会社

資金繰り詳細表

	【買入債務の詳細】	開始残高 合計額等	2008年 04月	05月	06月	07月	08月
	【参考値】仕入高合計	212,000	21,000	17,000	20,000	26,000	12,000
50.0%	（内、買掛対象額）	106,000	10,500	8,500	10,000	13,000	6,000
	◆買掛金の月別回収分布◆						
04月	当月支払⇒	10.0%	1,050				600
08月	翌月支払⇒	70.0%		7,350			
12月	翌々月支払⇒	10.0%			1,050		
内訳	3ヵ月以降支払⇒	10.0%				1,050	
05月	当月支払⇒	10.0%		850			
09月	翌月支払⇒	70.0%			5,950		
01月	翌々月支払⇒	10.0%				850	
内訳	3ヵ月以降支払⇒	10.0%					850
06月	当月支払⇒	10.0%			1,000		
10月	翌月支払⇒	70.0%				7,000	
02月	翌々月支払⇒	10.0%					1,000
内訳	3ヵ月以降支払⇒	10.0%					
07月	当月支払⇒	10.0%				1,300	
11月	翌月支払⇒	70.0%					9,100
03月	翌々月支払⇒	10.0%					
内訳	3ヵ月以降支払⇒	10.0%					
	［分布の月計］						
	買掛金支払額	94,825	1,050	8,200	8,000	10,200	11,550
	（現金支払率）	50.0%					
S3	内、現金支払分	47,413	525	4,100	4,000	5,100	5,775
	（手形決済率）	50.0%					
M	内、支払手形分	47,413	525	4,100	4,000	5,100	5,775
F	開始買掛→支手	1,000	1,000	0	0	0	0
	来期、支手振出M+F	48,413	1,525	4,100	4,000	5,100	5,775
	支手決済期間:ヵ月	3	1	2	3	4	5
		決済サイト=1		1,525	4,100	4,000	5,100
		決済サイト=2			1,525	4,100	4,000
	→	**決済サイト=3**				1,525	4,100
		決済サイト=4					1,525
		決済サイト=5					
		決済サイト=6					
S4	来期支手→現金	37,700	0	0	0	1,525	4,100
S2	開始支手→現金	残（1,000）	0	300	500	200	0
TS	手形支払計S4+S2	38,700	0	300	500	1,725	4,100
支	支払手形（増加）		1,525	4,100	4,000	5,100	5,775
払	支払手形（減少）		0	300	500	1,725	4,100
形	支払手形残高	1,000	2,525	6,325	9,825	13,200	14,875
買	買掛金（増加）		10,500	8,500	10,000	13,000	6,000
掛	買掛金（減少）		6,050	12,200	11,000	12,200	11,550
金	買掛金残高	25,000	29,450	25,750	24,750	25,550	20,000

資金繰り詳細表：買入債務の部では、買掛金、支払手形などに関する計算が行われる。個々の項目の計算方法は、基本的には「資金繰り詳細表：売掛債権」と同じで、買掛金の計算方法は売掛金、支払手形の計算方法は受取手形とほぼ同じとなっている。

Section 22

資金繰り計画表の使い方

資金繰り計画表

計画期間12か月の資金繰り計画で、当システムではメインとなる帳票です。帳票は経常収支、財務収支、資金有り高の3つの部分と「参考データ&特別入力エリア」から構成されています。

経常収支は、「他の経常収入」と「他の経常支出」の項目を除いて、利益計画などから自動算出しています。自動算出で不足する経常収支情報がある場合は、「他の経常収入」と「他の経常支出」に直接データを入力してください。

ただし、これらの項目に値を入力すると、利益計画と資金計画の連動がおかしくなるという弊害を起こします。利益計画書と資金計画書が精緻に連携していることが、このフォームの特徴であり、利益計画書と資金計画書を併用する場合は、他の経常収入や支出欄の使用を、できるだけ避けてく

資金繰り計画表

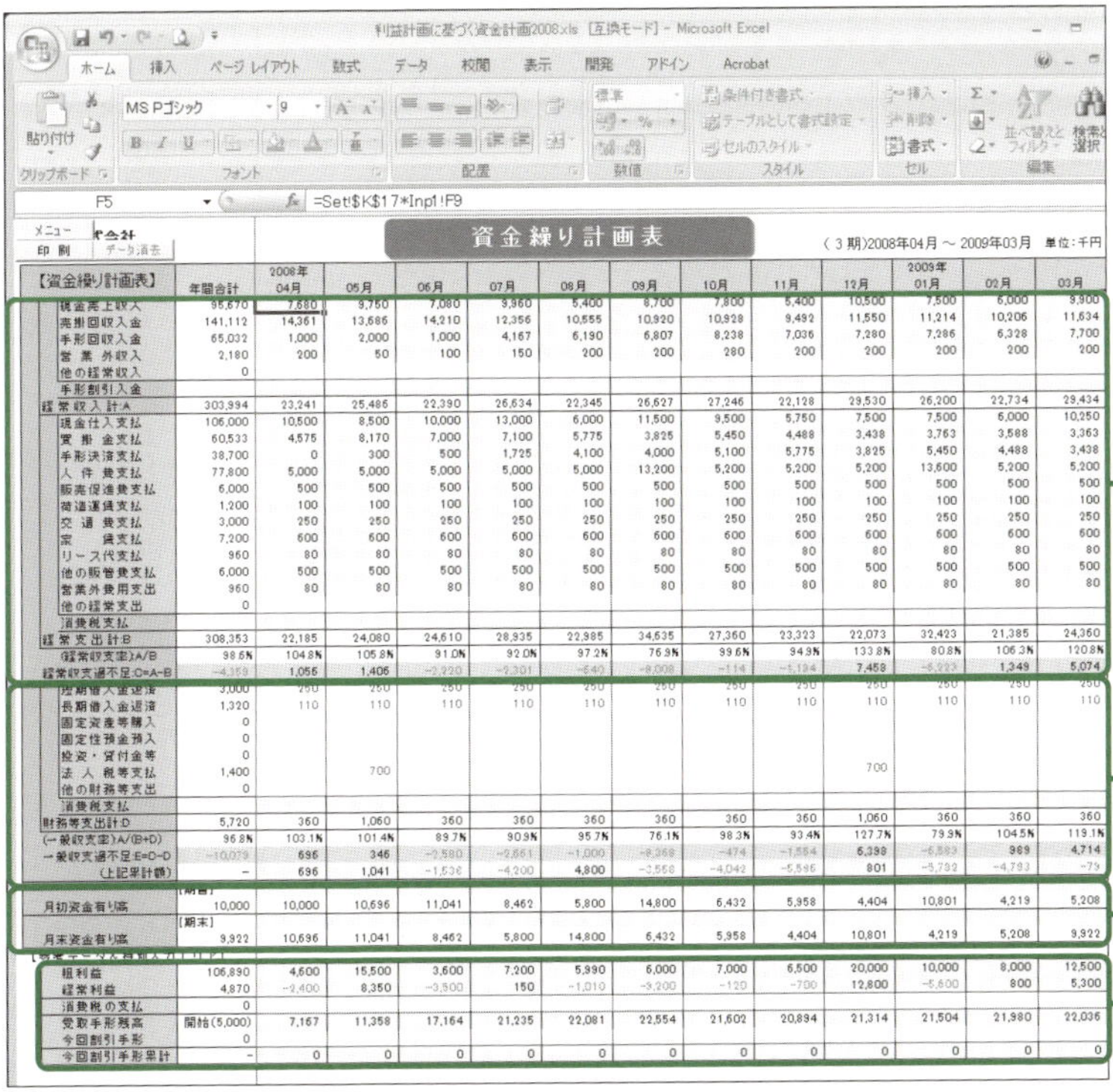

【資金繰り計画表】	年間合計	2008年 04月	05月	06月	07月	08月	09月	10月	11月	12月	2009年 01月	02月	03月
現金売上収入	95,670	7,680	9,750	7,080	9,960	5,400	8,700	7,800	5,400	10,500	7,500	6,000	9,900
売掛回収入金	141,112	14,361	13,686	14,210	12,356	10,555	10,920	10,928	9,492	11,550	11,214	10,206	11,634
手形回収入金	65,032	1,000	2,000	1,000	4,167	6,190	6,807	8,238	7,036	7,280	7,286	6,328	7,700
営業外収入	2,180	200	50	100	150	200	200	280	200	200	200	200	200
他の経常収入	0												
手形割引入金													
経常収入計:A	303,994	23,241	25,486	22,390	26,634	22,345	26,627	27,246	22,128	29,530	26,200	22,734	29,434
現金仕入支払	106,000	10,500	8,500	10,000	13,000	6,000	11,500	9,500	5,750	7,500	7,500	6,000	10,250
買掛金支払	60,533	4,575	8,170	7,000	7,100	5,775	3,825	5,450	4,488	3,438	3,763	3,588	3,363
手形決済支払	38,700	0	300	500	1,725	4,100	4,000	5,100	5,775	3,825	5,450	4,488	3,438
人件費支払	77,800	5,000	5,000	5,000	5,000	5,000	13,200	5,200	5,200	5,200	13,600	5,200	5,200
販売促進費支払	6,000	500	500	500	500	500	500	500	500	500	500	500	500
荷造運賃支払	1,200	100	100	100	100	100	100	100	100	100	100	100	100
交通費支払	3,000	250	250	250	250	250	250	250	250	250	250	250	250
家賃支払	7,200	600	600	600	600	600	600	600	600	600	600	600	600
リース代支払	960	80	80	80	80	80	80	80	80	80	80	80	80
他の販管費支払	6,000	500	500	500	500	500	500	500	500	500	500	500	500
営業外費用支出	960	80	80	80	80	80	80	80	80	80	80	80	80
他の経常支出	0												
消費税支払													
経常支出計:B	308,353	22,185	24,080	24,610	28,935	22,985	34,635	27,360	23,323	22,073	32,423	21,385	24,360
(経常収支率)A/B	98.6%	104.8%	105.8%	91.0%	92.0%	97.2%	76.9%	99.6%	94.9%	133.8%	80.8%	106.3%	120.8%
経常収支過不足:C=A-B	-4,359	1,056	1,406	-2,220	-2,301	-640	-8,008	-114	-1,194	7,458	-6,223	1,349	5,074
短期借入金返済	3,000	250	250	250	250	250	250	250	250	250	250	250	250
長期借入金返済	1,320	110	110	110	110	110	110	110	110	110	110	110	110
固定資産等購入	0												
固定性預金預入	0												
投資・貸付金等	0												
法人税等支払	1,400		700							700			
他の財務等支出	0												
消費税支払													
財務等支出計:D	5,720	360	1,060	360	360	360	360	360	360	1,060	360	360	360
(一般収支率)A/(B+D)	96.8%	103.1%	101.4%	89.7%	90.9%	95.7%	76.1%	98.3%	93.4%	127.7%	79.9%	104.5%	119.1%
一般収支過不足:E=C-D	-10,079	696	346	-2,580	-2,661	-1,000	-8,368	-474	-1,554	6,398	-6,583	989	4,714
(上記累計額)	-	696	1,041	-1,536	-4,200	4,800	-3,558	-4,042	-5,596	801	-5,782	-4,793	-79
月初資金有り高	[期首] 10,000	10,000	10,696	11,041	8,462	5,800	14,800	6,432	5,958	4,404	10,801	4,219	5,208
月末資金有り高	[期末] 9,922	10,696	11,041	8,462	5,800	14,800	6,432	5,958	4,404	10,801	4,219	5,208	9,922
粗利益	106,890	4,600	15,500	3,600	7,200	5,990	6,000	7,000	6,500	20,000	10,000	8,000	12,500
経常利益	4,870	-2,400	8,350	-3,500	150	-1,010	-3,200	-120	-700	12,800	-5,600	800	5,300
消費税の支払	0												
受取手形残高	開始(5,000)	7,167	11,358	17,164	21,235	22,081	22,554	21,602	20,894	21,314	21,504	21,980	22,036
今回割引手形	0												
今回割引手形累計	-	0	0	0	0	0	0	0	0	0	0	0	0

❶ 経常収支

「資金繰り詳細表」から得られた入金と出金の情報を表示します。

❷ 財務収支

借入金の返済予定や固定資産の購入などの投資計画を入力します。

❸ 月初資金有り高、月末資金有り高

月初と月末の資金有り高を表示します。

❹ 参考データ＆特別入力エリア

粗利益や経常利益の表示の他、消費税の支払や割引手形の額を入力します。

繰り計画表

（3 期）2008年04月 ～ 2009年03月　単位：千円

08月	09月	10月	11月	12月	2009年 01月	02月	03月
5,400	8,700	7,800	5,400	10,500	7,500	6,000	9,900
10,555	10,920	10,928	9,492	11,550	11,214	10,206	11,634
6,190	6,807	8,238	7,036	7,280	7,286	6,328	7,700
200	200	280	200	200	200	200	200
22,345	26,627	27,246	22,128	29,530	26,200	22,734	29,434
6,000	11,500	9,500	5,750	7,500	7,500	6,000	10,250
5,775	3,825	5,450	4,488	3,438	3,763	3,588	3,363
4,100	4,000	5,100	5,775	3,825	5,450	4,488	3,438
5,000	13,200	5,200	5,200	5,200	13,600	5,200	5,200
500	500	500	500	500	500	500	500
100	100	100	100	100	100	100	100
250	250	250	250	250	250	250	250
600	600	600	600	600	600	600	600
80	80	80	80	80	80	80	80
500	500	500	500	500	500	500	500
80	80	80	80	80	80	80	80
22,985	34,635	27,360	23,323	22,073	32,423	21,385	24,360
97.2%	76.9%	99.6%	94.9%	133.8%	80.8%	106.3%	120.8%
-640	-8,008	-114	-1,194	7,458	-6,223	1,349	5,074
250	250	250	250	250	250	250	250
110	110	110	110	110	110	110	110
				700			
360	360	360	360	1,060	360	360	360
95.7%	76.1%	98.3%	93.4%	127.7%	79.9%	104.5%	119.1%
-1,000	-8,368	-474	-1,554	6,398	-6,583	989	4,714
-5,200	-13,568	-14,042	-15,596	-9,199	-15,782	-14,793	-10,079
10,000							
10,000	0	0	0	0	0	0	0
9,000	-8,368	-474	-1,554	6,398	-6,583	989	4,714
4,800	-3,568	-4,042	-5,596	801	-5,782	-4,793	-79
5,800	14,800	6,432	5,958	4,404	10,801	4,219	5,208
14,800	6,432	5,958	4,404	10,801	4,219	5,208	9,922
5,990	6,000	7,000	6,500	20,000	10,000	8,000	12,500
-1,010	-9,200	-120	-700	12,800	-5,600	800	5,300
22,081	22,554	21,602	20,894	21,314	21,504	21,980	22,036
0	0	0	0	0	0	0	0

資金繰り計画表

新電卓株式会社　　　　　　　　　　　　**資金**

【資金繰り計画表】	年間合計	2008年 04月	05月	06月	07月
現金売上収入	95,670	7,680	9,750	7,080	9,960
売掛回収入金	141,112	14,361	13,686	14,210	12,356
手形回収入金	65,032	1,000	2,000	1,000	4,167
営 業 外収入	2,180	200	50	100	150
他の経常収入	0				
手形割引入金					
経 常 収 入 計:A	303,994	23,241	25,486	22,390	26,634
現金仕入支払	106,000	10,500	8,500	10,000	13,000
買 掛 金支払	60,533	4,575	8,170	7,000	7,100
手形決済支払	38,700	0	300	500	1,725
人 件 費支払	77,800	5,000	5,000	5,000	5,000
販売促進費支払	6,000	500	500	500	500
荷造運賃支払	1,200	100	100	100	100
交 通 費支払	3,000	250	250	250	250
家 賃支払	7,200	600	600	600	600
リース代支払	960	80	80	80	80
他の販管費支払	6,000	500	500	500	500
営業外費用支出	960	80	80	80	80
他の経常支出	0				
消費税支払					
経 常 支 出 計:B	308,353	22,185	24,080	24,610	28,935
(経常収支率):A/B	98.6%	104.8%	105.8%	91.0%	92.0%
経常収支過不足:C=A−B	−4,359	1,056	1,406	−2,220	−2,301
短期借入金返済	3,000	250	250	250	250
長期借入金返済	1,320	110	110	110	110
固定資産等購入	0				
固定性預金預入	0				
投資・貸付金等	0				
法 人 税等支払	1,400		700		
他の財務等支出	0				
消費税支払					
財務等支出計:D	5,720	360	1,060	360	360
(一般収支率):A/(B+D)	96.8%	103.1%	101.4%	89.7%	90.9%
一般収支過不足:E=C−D	−10,079	696	346	−2,580	−2,661
(上記累計額)	—	696	1,041	−1,538	−4,200
短期借入れ入金	0	0			
長期借入れ入金	10,000	0			
固定資産等売却	0	0			
他の財務等入金	0	0			
手形割引入金					
財務等収入計:F	10,000	0	0	0	0
総合収支過不足:G=E+F	−79	696	346	−2,580	−2,661
(上記累計額)	—	696	1,041	−1,538	−4,200
月初資金有り高	[期首] 10,000	10,000	10,696	11,041	8,462
月末資金有り高	[期末] 9,922	10,696	11,041	8,462	5,800
【参考データ＆特別入力エリア】					
粗利益	106,890	4,600	15,500	3,600	7,200
経常利益	4,870	−2,400	8,350	−3,500	150
消費税の支払	0				
受取手形残高	開始(5,000)	7,167	11,358	17,164	21,235
今回割引手形	0				
今回割引手形累計	−	0	0	0	0

月次単位の資金の状況を示す。例えば上記では8月に1000万円の借入を実施して、10月の資金ショートを回避している。

ださい。

財務収支は、借入金の返済や新規の借入、設備投資などの計画値を当該欄に直接入力します。

経常収支の見方

経常収支の部では、通常の営業活動の収支を集計しています。経常収支のマイナスは、営業活動の資金の減少を意味します。一時的なマイナスや計画的、戦略的なマイナスでないかぎり、3か月以上マイナスが継続する場合は計画を見直す必要があるのです。多くの企業は事業のための借入金があり、その返済を行っているはずです。経常収支がプラスで、なおかつ借入金の返済を補うだけのプラス額でないかぎり、やがて新たな資金需要（新規借入や固定性預金の取り崩し、増資など）が起きてしまいます。

財務収支の入力と見方

財務支出は、経常支出以外の資金減少（支払）を入力します。財務支出の入力では、まず借入金の返済予定を入力してください。次に固定資産の購入などの投資計画や法人税などの支払額を入力します。このフォームでは、経常収支から財務支出を引いた値を「一般収支過不足」と呼んでいます。一般収支過不足は、月次の収支の他に計画期間の累計が表示されます。

一般収支過不足のマイナスが、累計で開始資金有り高を超える場合は資金不足に陥るのです。資金計画は、資金不足が予測される前月までに新規借入などの資金手当てを予定することになります。

ただし、現実的な資金計画とするためには、中小企業に対する貸し渋りや貸し剥がしが日常的な状況の今日では、安易な借入計画を立てるよりも、利益計画の立て直しや資金繰り作成条件の見直し（売掛金回収期間の短縮など）を図るべきでしょう。

総合収支過不足と資金有り高

当システムでは、経常収支と財務収支を合算

資金繰り計画表の流れ

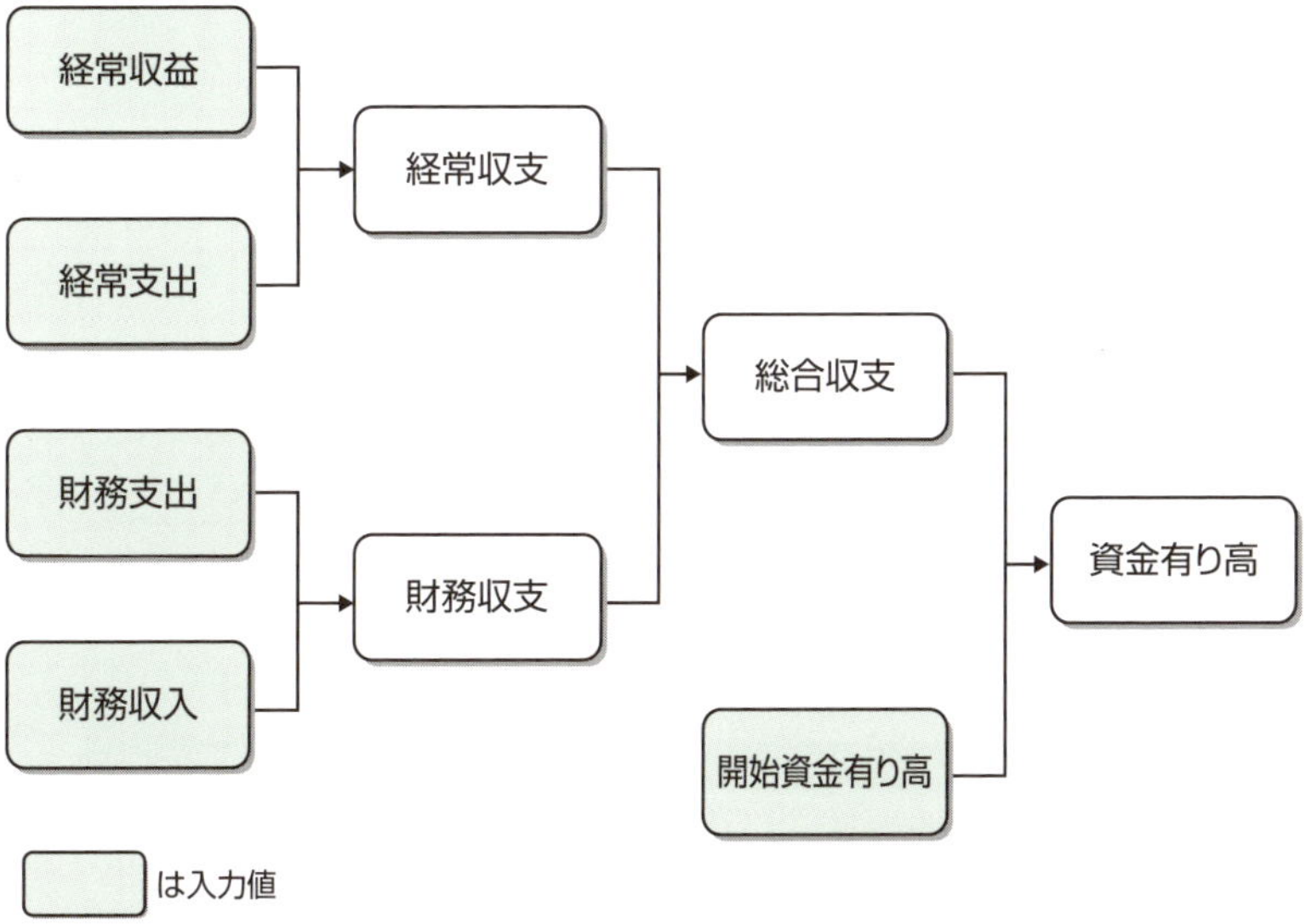

した値を総合収支と呼びます。総合収支（過不足額）は、「経常収支―財務支出＋財務収入」で算出します。総合収支は各月の収支の他に計画期間内の累計も表示しています。

　そして開始資金有り高に総合収支を加算して、資金有り高を算出します。企業経営では、資金有り高がマイナスとなることは許されません。前項に記載したとおり、資金有り高がマイナスになる場合は、資金手当てか計画の見直しを行うことになります。新規の借入金などの資金手当てを行う場合は、時間的に余裕を持った計画的な行動が必要なことはいうまでもありません。

メニュー　印刷　データ消去

資金繰り計画表

（3期）2008年04月 ～ 2009年03月　単位：千円

【資金繰り計画表】	年間合計	2008年 04月	05月	06月	07月	08月	09月	10月	11月	12月	2009年 01月	02月	03月
他の経常支出	0												
消費税支払													
経常支出計B	308,353	22,185	24,080	24,610	28,935	22,985	34,635	27,360	23,323	22,073	32,423	21,385	24,360
(経常収支率)A/B	98.5%	104.8%	105.8%	91.0%	92.0%	97.2%	76.9%	99.6%	94.9%	133.8%	80.8%	106.3%	120.8%
経常収支過不足C=A-B	-4,359	1,056	1,406	-2,220	-2,301	-640	-8,008	-114	-1,194	7,458	-6,223	1,349	5,074
短期借入金返済	3,000	250	250	250	250	250	250	250	250	250	250	250	250
長期借入金返済	1,320	110	110	110	110	110	110	110	110	110	110	110	110
固定資産等購入	0												
固定性預金預入	0												
投資・貸付金等	0												
法人税等支払	1,400		700							700			
他の財務等支出	0												
消費税支払													
財務等支出計D	5,720	360	1,060	360	360	360	360	360	360	1,060	360	360	360
(一般収支率)A/(B+D)	96.8%	103.1%	101.4%	89.7%	90.9%	95.7%	76.1%	98.3%	93.4%	127.7%	79.9%	104.5%	119.1%
一般収支過不足E=C-D	-10,079	696	346	-2,580	-2,661	-1,000	-8,368	-474	-1,554	6,398	-6,583	989	4,714
(上記累計額)	–	696	1,041	-1,533	-4,200	-5,200	-13,568	-14,042	-15,536	-9,199	-15,782	-14,793	-10,079
短期借入れ入金	0	0											
長期借入れ入金	10,000	0				10,000							
固定資産等売却	0	0											
他の財務等入金	0	0											
手形割引入金													
財務等収入計F	10,000	0	0	0	0	10,000	0	0	0	0	0	0	0
総合収支過不足G=E+F	-79	696	346	-2,580	-2,661	9,000	-8,368	-474	-1,554	6,398	-6,583	989	4,714
(上記累計額)	–	696	1,041	-1,533	-4,200	4,800	-3,568	-4,042	-5,536	801	-5,782	-4,793	-79
月初資金有り高	[期首] 10,000	10,000	10,696	11,041	8,462	5,800	14,800	6,432	5,958	4,404	10,801	4,219	5,208
月末資金有り高	[期末] 9,922	10,696	11,041	8,462	5,800	14,800	6,432	5,958	4,404	10,801	4,219	5,208	9,922
【参考データ＆特別入力エリア】													
粗利益	106,890	4,600	15,500	3,600	7,200	5,990	6,000	7,000	6,500	20,000	10,000	8,000	12,500
経常利益	4,870	-2,400	8,350	-3,500	150	-1,010	-8,200	-120	-700	12,800	-5,600	800	5,300
消費税の支払	0												
受取手形残高	開始(5,000)	7,167	11,358	17,164	21,235	22,081	22,554	21,602	20,894	21,314	21,504	21,980	22,036
今回割引手形	0												
今回割引手形累計	–	0	0	0	0	0	0	0	0	0	0	0	0

借入返済や固定資産購入などの財務支出、借入入金や固定資産売却などの財務収入をこの画面で入力する。

Column 次期繰越

本フォームでは、次期繰越の機能が備えられていて、継続的にフォームを利用し続けることができます。「基本事項の設定」画面の「年度更新」ボタンをクリックすると、翌期の計画を策定するために必要な作業を自動的に行えます。具体的には次のような値が更新されます。

- 「基本事項の設定」の開始年月と会計期（100ページ参照）
- 「開始残高設定」の値（103ページ参照）
- 「開始残高（期首債権・債務）の回収・支払内訳」の値（114ページ参照）

なお、「年度更新」ボタンをクリックすると、現状のフォームを保存するかどうかを確認するダイアログボックスが表示されます。更新作業を行うと、そのフォームは前の状態には戻せなくなるため、できるだけ別ファイルとして保存するようにします。

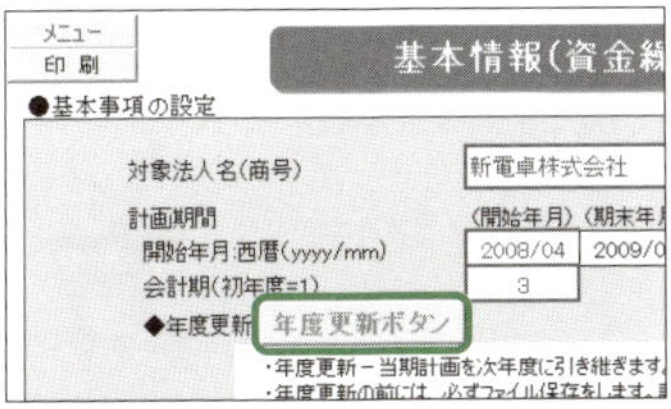

「年度更新」ボタンをクリック。

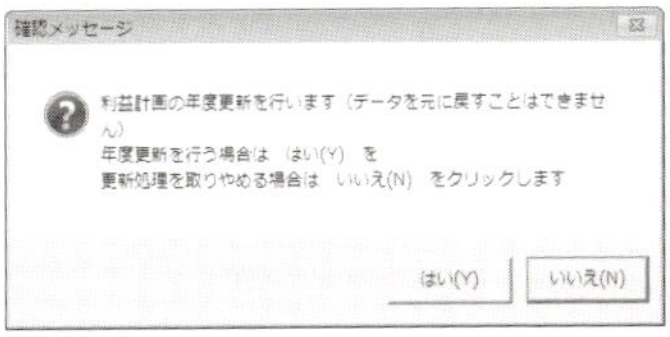

「はい」ボタンをクリック。

「はい」ボタンをクリックすると、ファイルを保存するダイアログボックスが表示された後、更新処理が開始される。「いいえ」ボタンをクリックするとファイルを保存せずに更新処理が開始される。

Section 23

グラフの見方と活かし方

このフォームでは、利益計画表グラフと資金計画表グラフ、資金計画総合グラフの3種類のグラフが作成できます。計画表と比較してグラフは、重要な指標やデータが視覚化されることで、作成した計画の問題や経営課題の傾向をすばやく把握することができます。

（1）**利益計画表グラフ**

売上と売上総利益（粗利益）、税引き前利益を棒グラフで表現しています。売上の月別推移や月別の粗利益と利益の関連を把握できます。

（2）**資金計画グラフ**

経常収支と総合収支、月末資金有り高を折れ線グラフで表現しています。資金有り高と経常収支、総合収支との関連を把握することができます。

（3）**資金計画総合グラフ**

利益計画要素の売上高と仕入高、販管費合計を左側の目盛の棒グラフ、資金計画要素の経常収支と資金有り高を右側の目盛の折れ線グラフで表現しています。売上などの利益計画と経常収支の関連を把握することができます。

利益計画表グラフ

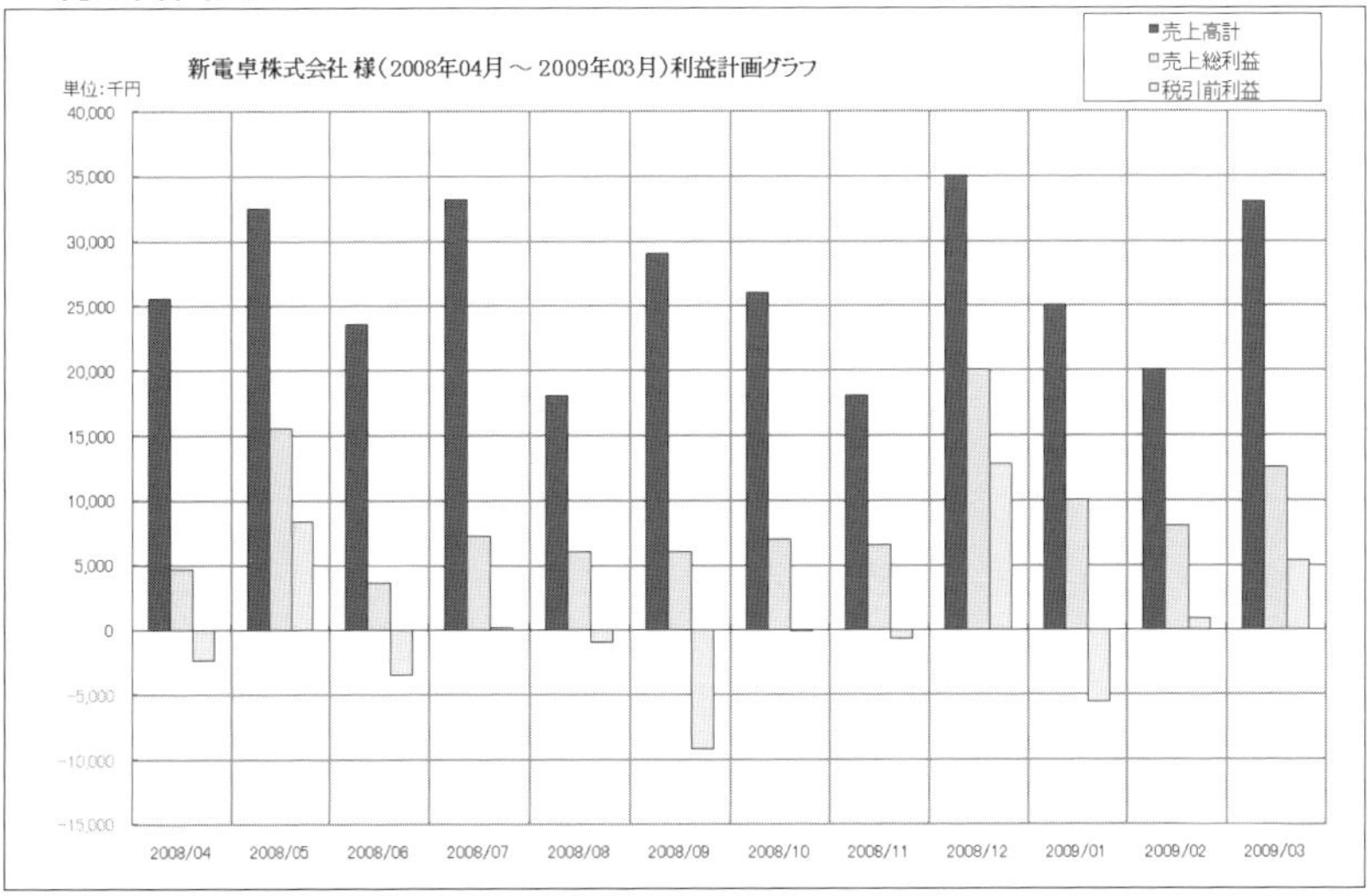

資金計画グラフ

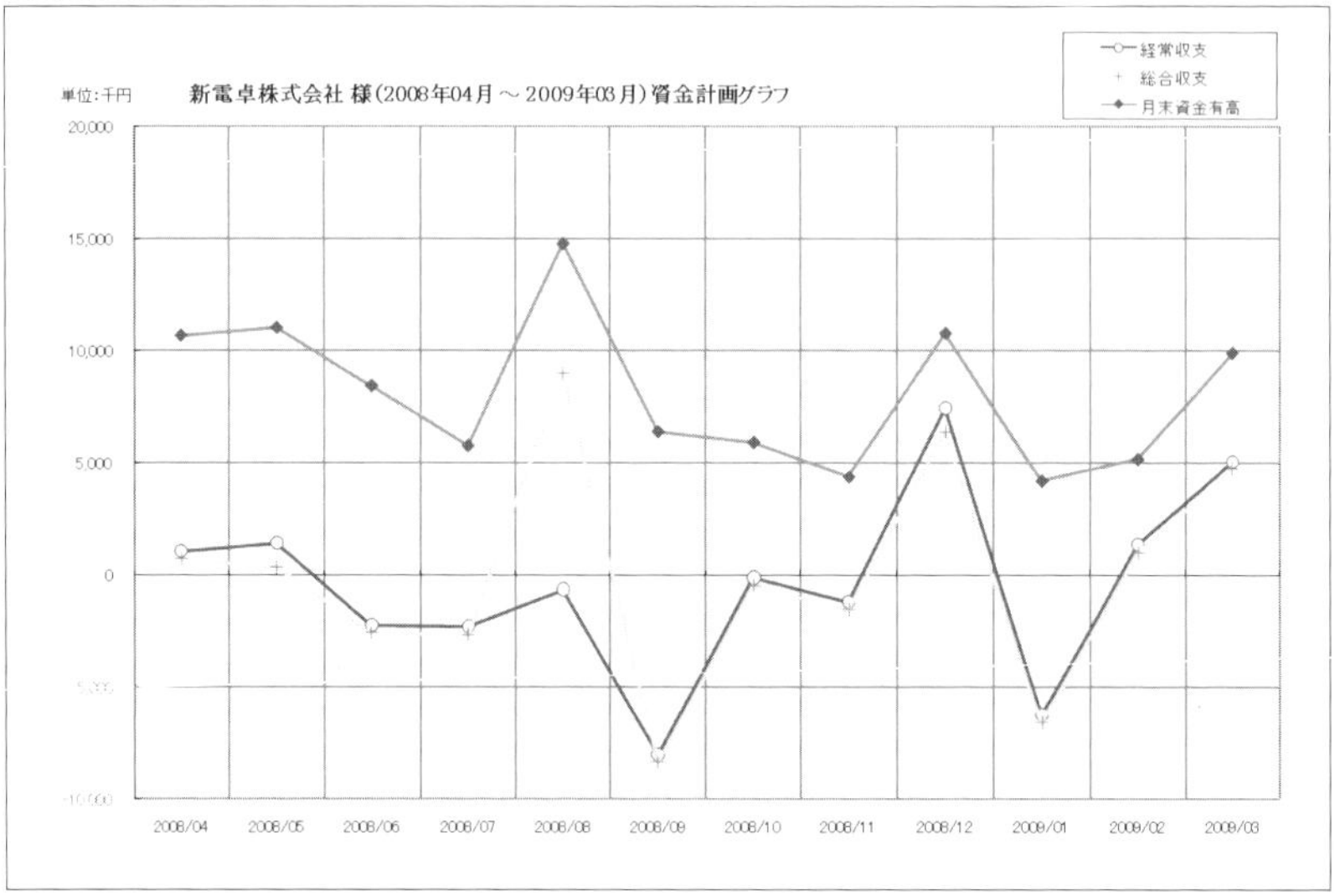

資金計画総合グラフ

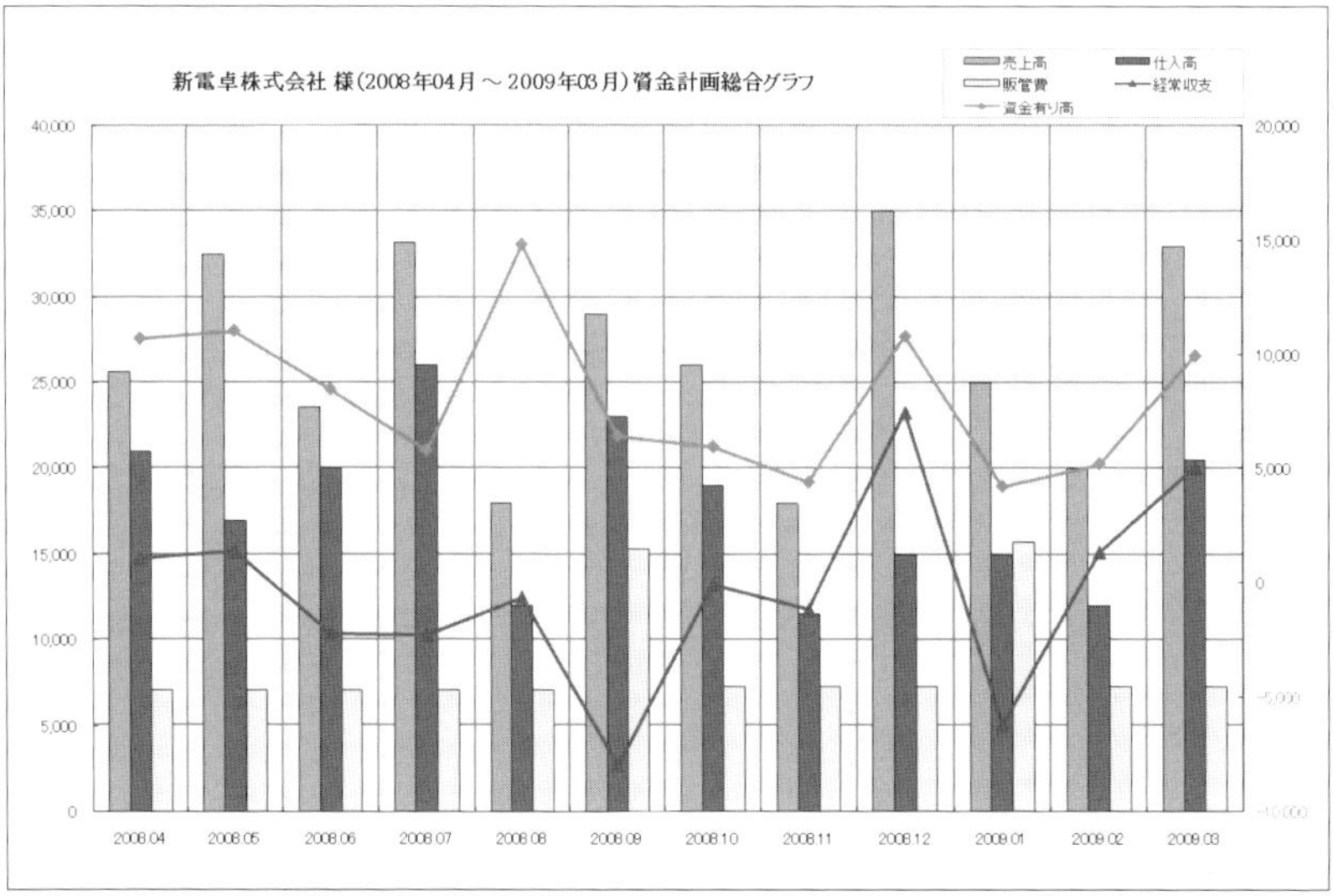

第4章

借入交渉に役立つ借入返済とリース支払の管理表

Section 24

借入返済とリース支払を一括管理するメリット

借入交渉に役立つ借入返済とリース支払の管理表

「借りた金を返す」が、信用取引の大原則

今から5年ほど前に『借りたカネは返すな！』といったトリッキーなタイトルの本が話題になりました。もしこの本のタイトルどおり、誰もが当たり前のように「借りたカネを返さない」ようになると、信用取引を前提とする日本経済は機能しなくなってしまいます。

筆者も『事業と社員・生活を守る決断』（明日香出版社）を企画・監修し、その中で民事再生法を活用した債務圧縮や私的交渉などの一部債務の放棄について示していますが、これらはあくまでも有事対応プログラムです。有事対応には、事業の縮小や財産の放棄などの痛みが必ず生じます。すべての財産を失う破産や夜逃げ、自殺を避ける方法を示しているのであって、平時に借りた金を返すことは極めて当たり前のことです。

借入金残高の推移の一例

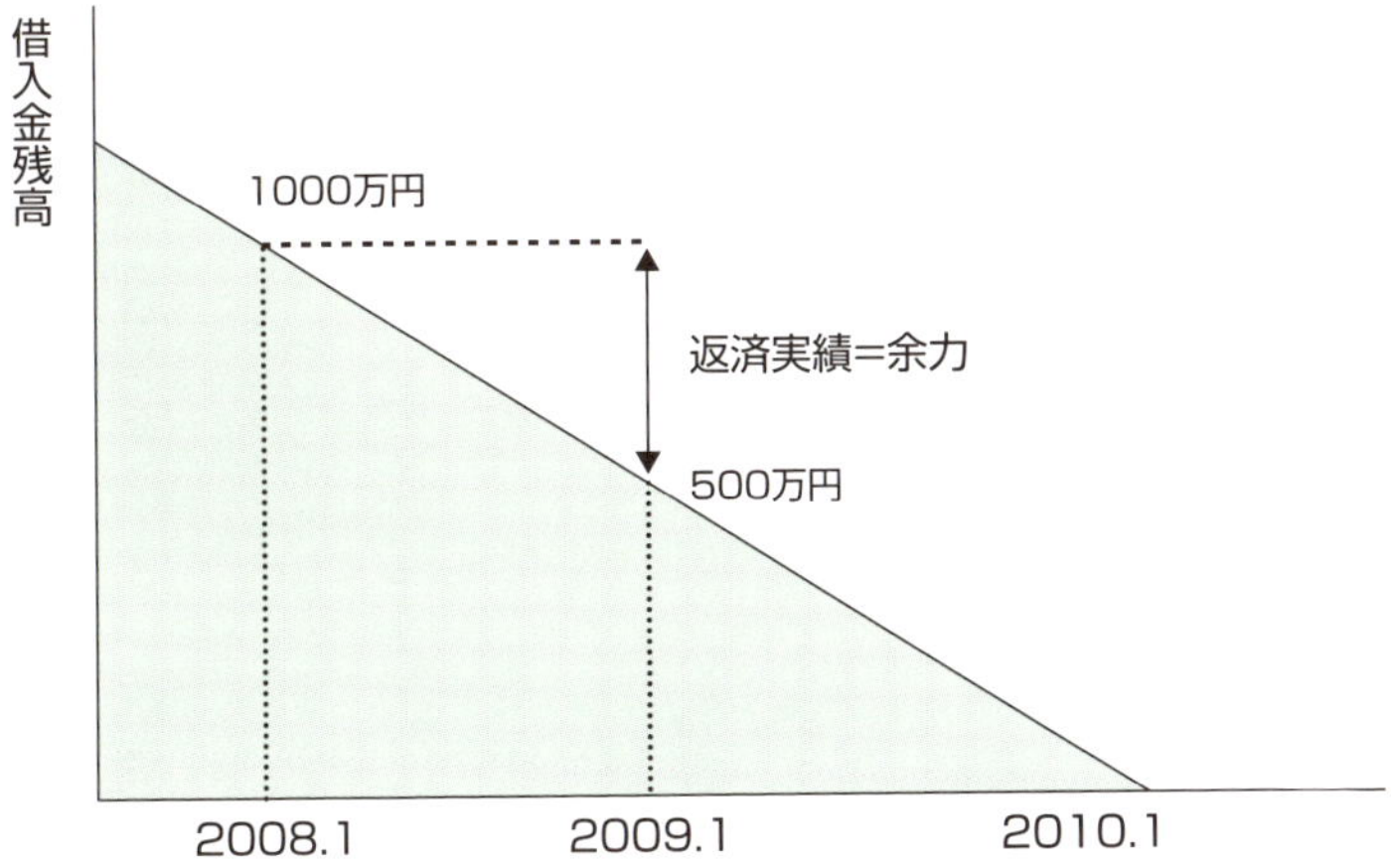

借入とリースを一括管理する

企業は、設備投資やボーナス資金など、さまざまな局面で資金調達需要が発生します。その手段として、借入やリースを活用するケースが一般的です。借入時には、借入期間や借入金利率、借入額などの借入条件から当該借入の返済表（返済予定表）が付けられます。返済表は、貸主と借主の契約書という意味を持ちます。

仮に、ある返済表の毎月返済額が30万円で返済終了日が２００９年５月だった場合、２００９年５月と６月では、６月の方が30万円だけ資金支出が減少します。

同様に、11月に20万円の返済が終了する借入があったら、5月と12月では50万円の支出の差が発生します。このような借入が、5～6本もある場合はどうでしょうか。頭の中だけでは、容易に管理できなくなってしまうでしょう。このフォームの目的は、このような複数の借入返済を1枚の表で管理することにあります。

過去の返済実績は、返済余力を示す

前項の例で、2009年9月に資金調達需要が生まれたとします。仮に、この1年間に新規借入がない場合、この企業の返済実績は、50万円×12か月＝600万円となります。もし、2年間新規借入がなく返済を続けると、返済実績は1200万円になります。このフォームは、この返済実績をグラフで視覚的に表現することができます。

昨今、金融機関自身が厳しい経営環境にさらされる中で、新規の借入は容易ではありません。借入をする企業の決算内容の良し悪しを問われることは当然ながら、精緻な事業計画や利益計画を要求されることもあります。しかし、視点を貸主に置く場合は、貸倒れを未然に防ぐ当然の策といえなくもありません。本フォームを利用した、過去の返済実績の提示は、貸主に対する判断材料の提示として評価されるはずです。

借入返済計画を作る意義

金融機関から借入をすると、返済予定表が付いてきます。リースも同じようにリース料支払予定が付いてきます。これは融資に対する返済約束（約定）であり、正しく履行する必要があります。借入案件がひとつの場合は、金融機関が発行した返済予定を保管しておくと、返済日や返済額、返済終了の予定日もわかります。それでは、借入案件が4～5件あったらどうでしょうか。

本フォームでは、金融機関発行の返済表の返済元金や利息を入力し、残高などを加算、減算するだけで返済計画表を作成することができます。本フォームの特長は次のとおりとなります。

(1) 借入とリース物件を案件別に管理できる

借入は6件まで、リース物件は5件まで、合計11件の案件をまとめて管理できます。

(2) 36か月分の返済計画表が作成できる

指定した月から36か月分（3年間分）の返済計画表を作成することができます。返済計画表では、月別の借入返済額、リース支払額、両方の支払額などを把握できるわけです。

(3) 返済のシミュレーションが可能

複数の借入のうち、ある借入を一括返済したら、その後の返済の負担がどの程度軽減されるかなどのシミュレーションを行うことができます。また、新規の借入をする時も、借入期間や利息などの借入条件を変更することで、返済の負担がどの程度変化するかなどの試算にも利用可能です。

Section 25

借入金とリース返済計画シミュレーションの活用

借入交渉に役立つ借入返済とリース支払の管理表

利益計画や資金計画の付属資料として

多くの企業は単年度の利益計画を作成するはずです。月別、部門別、商品グループ別の売上目標から粗利益、人件費や家賃などの販売費一般管理費を予定し、利益目標を設定します。しかし、利益計画と同時に目標の貸借対照表を作成する企業は、あまり多くありません。その理由は、目標利益達成後の貸借対照表を作成するためには、高度な会計技術を必要とするためです。

第3章の「利益計画に基づく資金計画」を利用すると、1年後の貸借対照表について資金繰りに関係する科目の金額を算出できますが、それ以外の科目は別なロジックで算出することになります。

中小企業には、目標貸借対照表は作成に手間がかかりすぎますが、借入金の残高推移や売掛金、商品在庫は管理・把握しておきたいものです。このフォームでは、1年後（最大3年間）の借入金残高の把握、また、計画期の途中で新規の借入を実行した場合でも簡単に情報を更新でき、常に最新の返済予定と未来の借入金総額を把握し、資金繰りに役立てることができます。

リースの資産の活用は、わが国の会計制度では、資産計上したり借入金として負債計上したりする必要はありません。しかし、経営上の概念では、明らかに営業資産の増加であり、借入債務の増加と考えるべきです。

本フォームでは、この概念に基づき借入金と一緒にリース料の支払を管理しています。利用方法としては、毎月2万円のリース物件が満了した場合は、2万円のリース購買余力が新たに発生したと考えます。経営者は、その時点で営業上必要な資産をリース（購入）するか、資金余力として残すかを意思決定してください。

「借入金とリース返済計画」の活用法

活用法	解説
利益計画や資金計画の付属資料として	向こう3年間（36か月）の借入返済とリース支払の算出と集計 ・借入金残高、支払利息、リース料、元金支払（財務支出）など
借入申込書の添付資料として	過去数か月（任意）の返済実績の提示 既存借入の向こう3年間の返済予定と残高推移 借入（申込）実施を想定した返済計画表の提示
資金繰りの補助資料として	向こう3年間（36か月）の借入返済とリース支払の算出と集計 ・借入金残高、支払利息、リース料、元金支払（財務支出）など
借入（返済）シミュレーションのツールとして	・借換シミュレーション ・一括返済シミュレーション ・借入時の返済回数シミュレーション ・借入の資産購入とリースのシミュレーション

借入申込書の添付資料として

前セクションでも説明しましたが、借入申込み時の金融機関に対する資料として、本フォームが活用できます。貸主である金融機関に訴求するポイントは、返済実績です。借入件数が何本かあって、毎月の返済元金合計額が１００万円の企業は、１年間で１２００万円の返済実績があります。借入金総額の残高も１２００万円減少をしているはずです。

この返済実績をグラフで視覚的に訴求します。貸主は常に貸し倒れというリスクを負っています。借主が、自社にとって不利となる情報を隠蔽し、借入交渉をしようとすると、貸主は疑心暗鬼になります。すべての借入情報を貸主に開示する判断は、借入交渉時に、不利になると考えがちですが、逆に貸主の判断を促進できて有利に作用します。

借入申込時に必要な書類

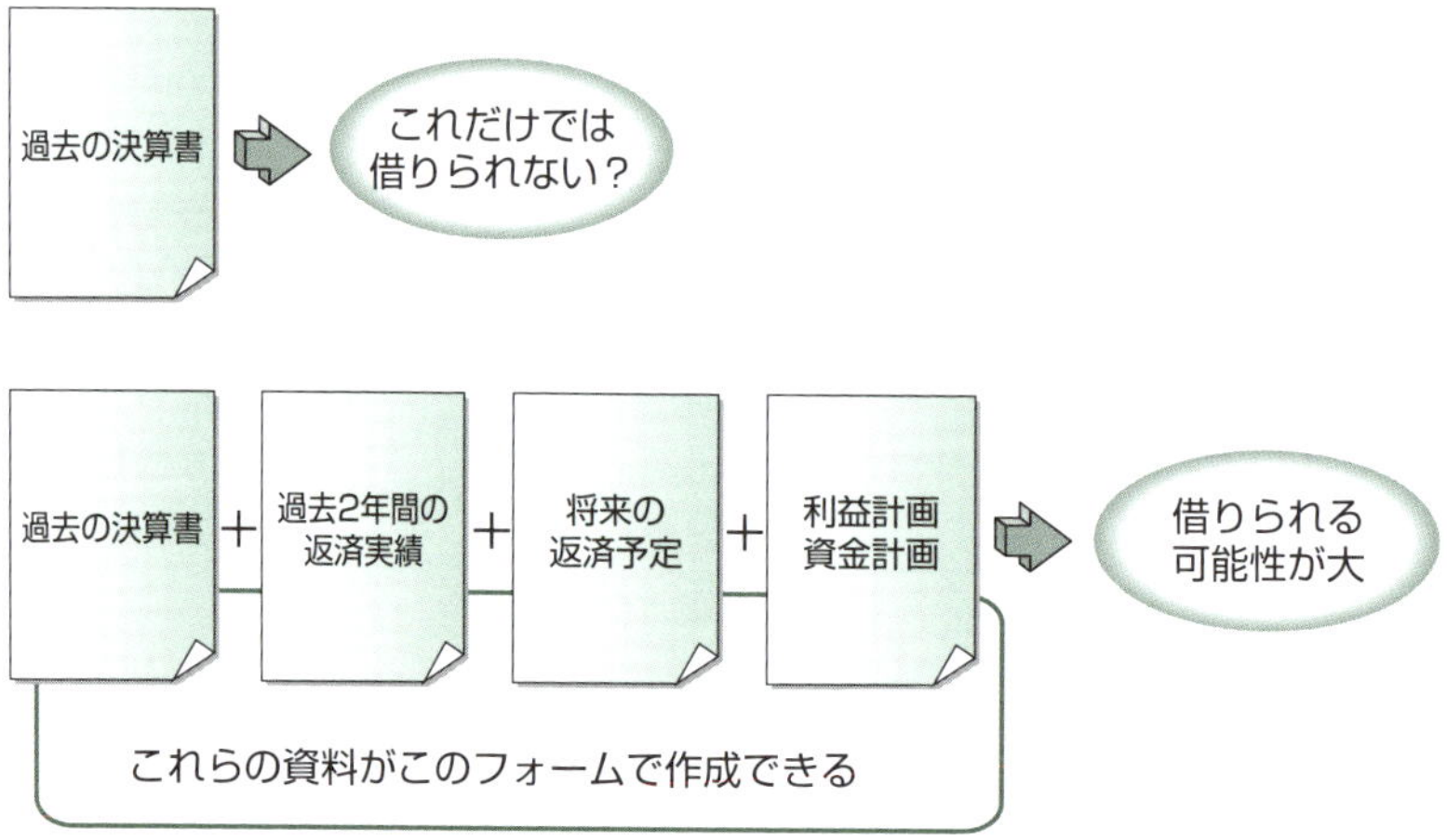

資金繰り計画の補助資料として

資金繰り計画を作成する場合は、動く金額が多いため、売上債権の回収や買入債務の支払が重視されるケースが多いようです。しかし、借入金の返済やリース料の支払を管理していないと、思わぬ資金不足を起こす可能性があります。

本フォームを活用し、経常支出としてのリース料と財務支出としての借入返済を正確に設定することをお勧めします。

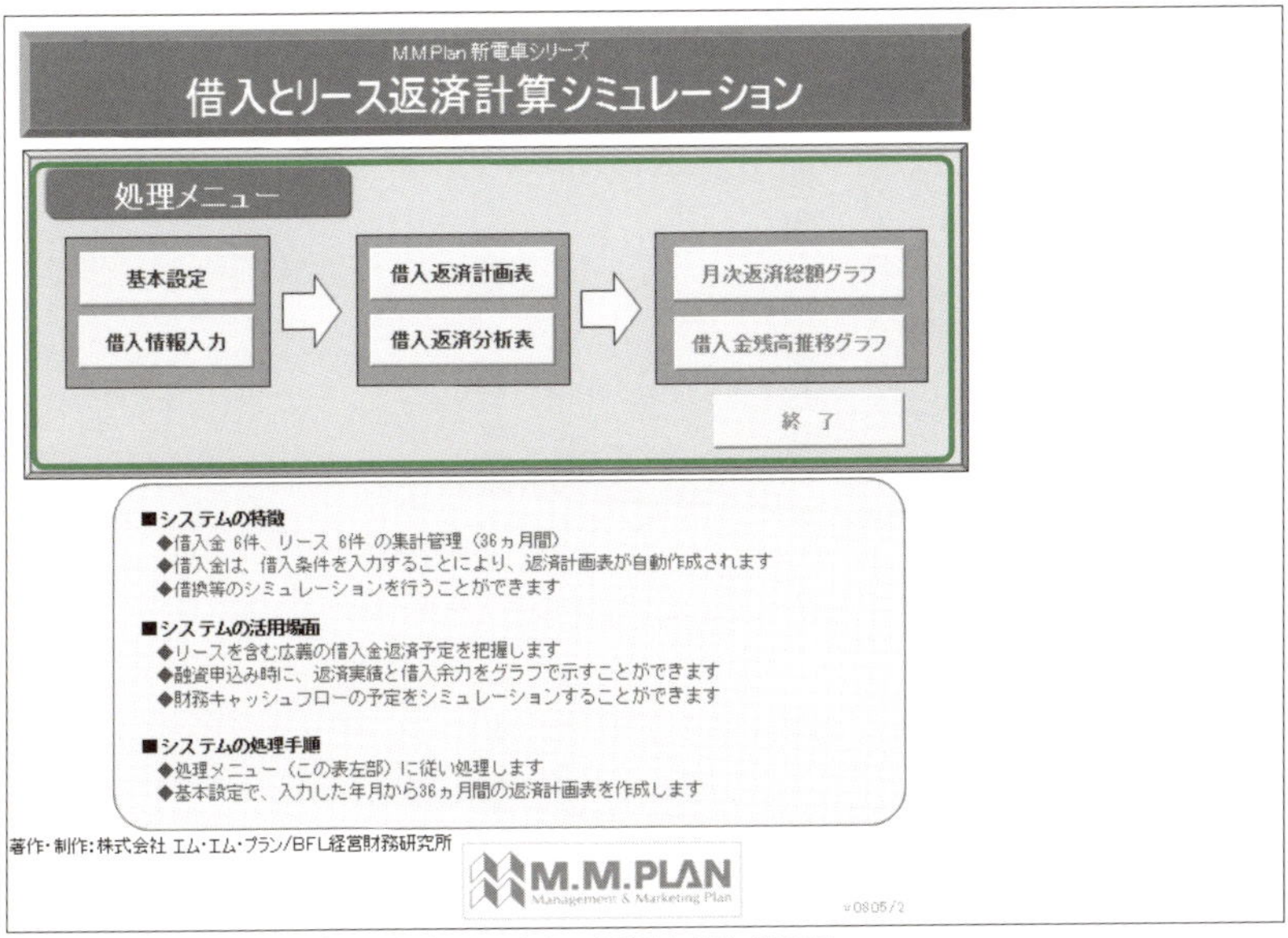
M.M.Plan 新電卓シリーズ
借入とリース返済計算シミュレーション
処理メニュー
基本設定
借入情報入力
借入返済計画表
借入返済分析表
月次返済総額グラフ
借入金残高推移グラフ
終　了
■システムの特徴
◆借入金 6件、リース 6件 の集計管理（36ヵ月間）
◆借入金は、借入条件を入力することにより、返済計画表が自動作成されます
◆借換等のシミュレーションを行うことができます
■システムの活用場面
◆リースを含む広義の借入金返済予定を把握します
◆融資申込み時に、返済実績と借入余力をグラフで示すことができます
◆財務キャッシュフローの予定をシミュレーションすることができます
■システムの処理手順
◆処理メニュー（この表左部）に従い処理します
◆基本設定で、入力した年月から36ヵ月間の返済計画表を作成します
著作・制作：株式会社 エム・エム・プラン/BFL経営財務研究所
M.M.PLAN
Management & Marketing Plan

フォームの起動画面。ボタンをクリックして画面を切り替える。

Section 26

基本情報の入力

付属CD—ROMの「借入とリース返済計画2008・xls」をエクセルで読み込むと、メニュー画面が表示されます（前ページの図参照）。この画面は、簡単なシステムの解説と処理メニューで構成されています。処理メニューのボタンをクリックすると基本設定や借入情報入力などの画面に移動することができます。

なお、このフォームでは、日付の計算などにアドイン関数を使用しているため、フォームを使用する際にはあらかじめアドイン関数を組み込んでおく必要があります。アドイン関数の組み込みに関しては10ページの「フォームの使い方」を参照してください。

メニュー画面の「基本設定」ボタンをクリックして表示される画面では、会社名、計画表の開始年月、金額の単位を入力します。青枠で囲まれ、青色文字でサンプル値が入力されているセルが、入力・設定エリアとなっています。

基本設定項目の入力

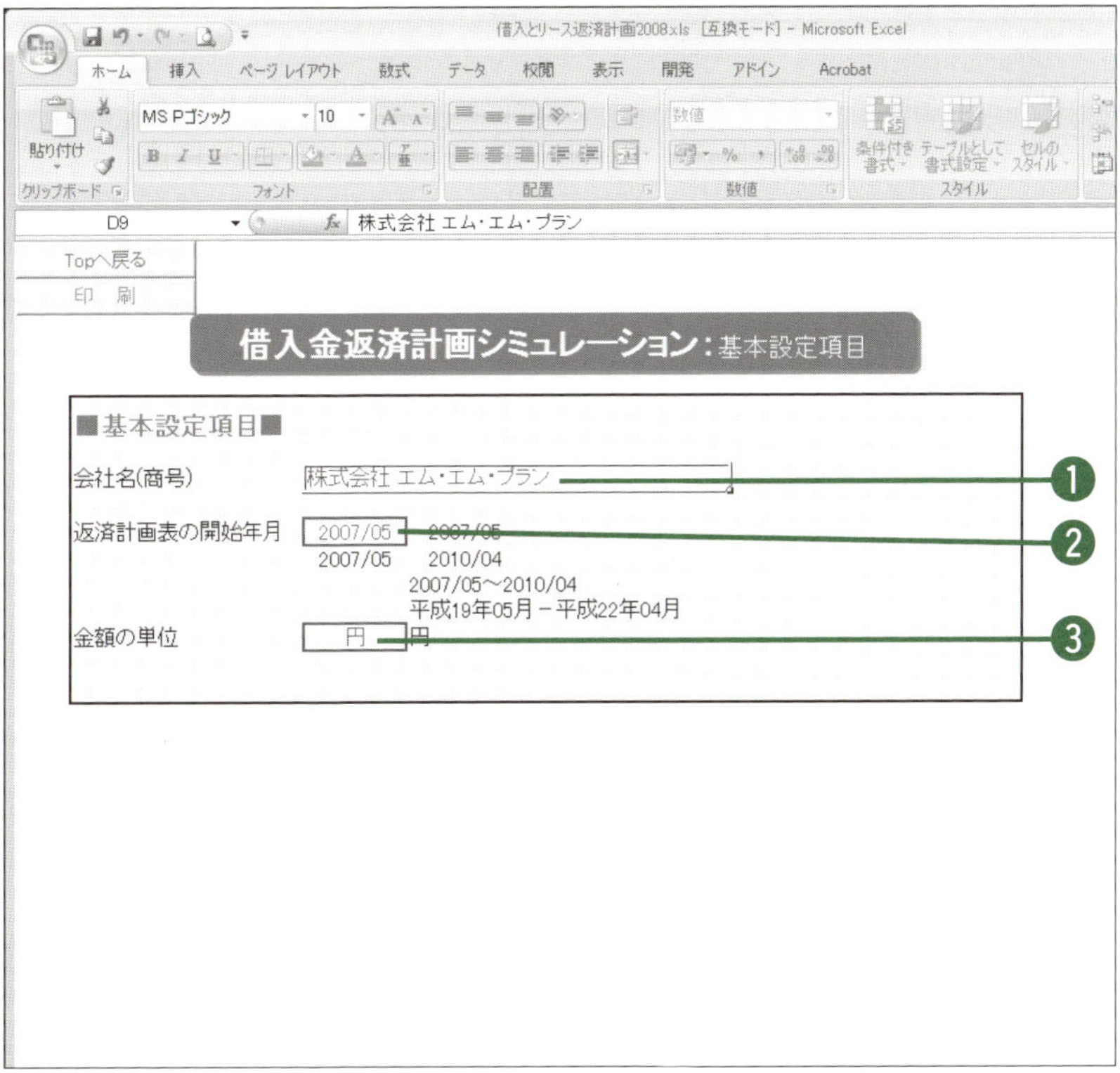

❶ 会社名（商号）

シミュレーションを行う会社の名前を入力します。

❷ 返済計画表の開始年月日

返済計画表の開始年月を西暦で入力します。返済計画表はここで指定した年月を1か月目として、36か月分の返済計画を作成することができます。

❸ 金額の単位

入力時や出力時に表示する金額の単位（千、万、億など）を入力します。

Section 27

借入交渉に役立つ借入返済とリース支払の管理表

借入情報とリース情報の入力

借入とリースの情報を入力する

メニュー画面の「借入情報入力」ボタンをクリックして表示される画面では、借入金とリースに関する情報を案件ごとに入力することができます。

借入金は6件まで、リースは5件までの案件の入力が可能です。

借入情報の入力

借入案件ごとに、借入期間や借入条件などのデータを入力します（左ページ参照）。

返済方式の項目は、元利均等方式なら0、元金均等方式なら1を入力します。なお、システム上

借入情報の入力

❶ 案件別の借入情報の入力

借入に関する情報を入力します。背景が黄色で網がけされている項目は、計算結果が表示される項目です。入力項目は次のとおりです。なお、入力欄の右側にある確認内容の欄では、入力した内容から得られる情報が表示されます。

借入機関	借入を行った金融機関名を入力します。
機関支店	金融機関の支店名を入力します。
融資名	融資の名前（種類）を入力します。
借入利息	借入の利息を年利で入力します。
借入総金額	借入の総額を入力します。
返済方式	返済方法を指定します。0か何も入力しないと元利均等、それ以外を入力すると元金均等を指定したことになります。
実返済回数	元金の返済回数を入力します。
据置回数（月）	据置期間がある場合、その月数を入力します。
借入実施月	借入の実施月を入力します。入力すると、下の返済開始月に融資の開始年月が自動的に計算されます。

❷ 「消去」ボタン

クリックすると、入力した情報を案件単位にまとめて消去できます。

❸ 繰上返済年月

繰上返済を行った場合に、返済の終了年月を入力します。

❹ 返済元金指定項目

端数処理などの関係で元金の返済額が計算上と異なる場合に、金融機関から指定された元金の返済額を入力します。

リース情報の入力

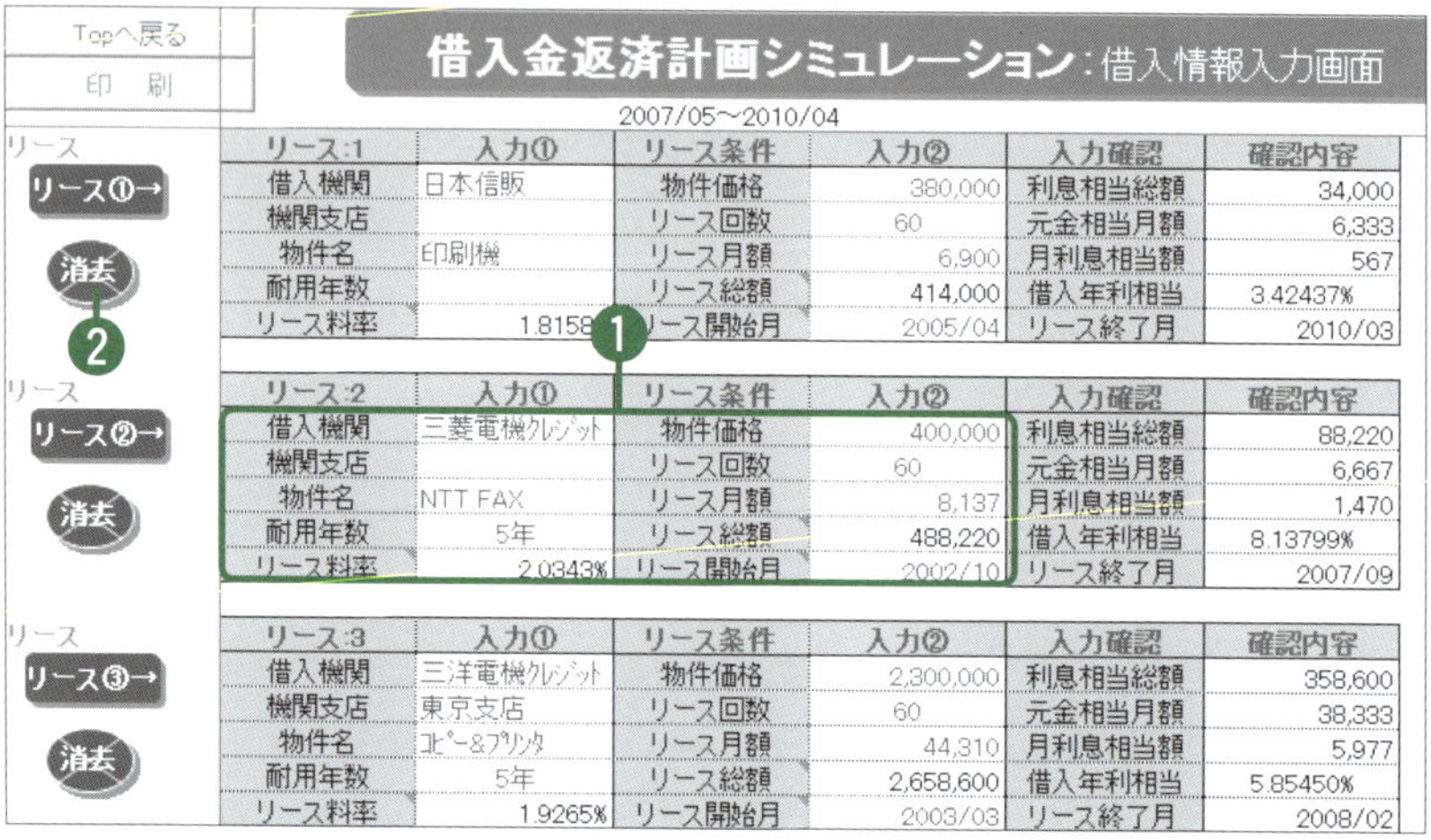

Topへ戻る
印 刷
借入金返済計画シミュレーション：借入情報入力画面
2007/05～2010/04
リース
リース①→
消去
リース:1 入力① リース条件 入力② 入力確認 確認内容
借入機関 日本信販 物件価格 380,000 利息相当総額 34,000
機関支店 リース回数 60 元金相当月額 6,333
物件名 印刷機 リース月額 6,900 月利息相当額 567
耐用年数 リース総額 414,000 借入年利相当 3.42437%
リース料率 1.8158 リース開始月 2005/04 リース終了月 2010/03
リース
リース②→
消去
リース:2 入力① リース条件 入力② 入力確認 確認内容
借入機関 三菱電機クレジット 物件価格 400,000 利息相当総額 88,220
機関支店 リース回数 60 元金相当月額 6,667
物件名 NTT FAX リース月額 8,137 月利息相当額 1,470
耐用年数 5年 リース総額 488,220 借入年利相当 8.13799%
リース料率 2.0343% リース開始月 2002/10 リース終了月 2007/09
リース
リース③→
消去
リース:3 入力① リース条件 入力② 入力確認 確認内容
借入機関 三洋電機クレジット 物件価格 2,300,000 利息相当総額 358,600
機関支店 東京支店 リース回数 60 元金相当月額 38,333
物件名 コピー&プリンタ リース月額 44,310 月利息相当額 5,977
耐用年数 5年 リース総額 2,658,600 借入年利相当 5.85450%
リース料率 1.9265% リース開始月 2003/03 リース終了月 2008/02

❶ 案件別のリース情報の入力

リースに関する情報を入力します。背景が黄色で網がけされている項目は計算結果が表示される項目です。入力項目は次のとおりです。なお、入力欄の右側にある確認内容の欄では、入力した内容から得られる情報が表示されます。

借入機関	リース会社の名前を入力します。
機関支店	リース会社の支店名を入力します。
物件名	リース物件の名前を入力します。
耐用年数	リースした物件の耐用年数を入力します。
リース料率	リースの料率が自動的に計算されます。
物件価格	リース物件の価格を入力します。
リース回数	リースの支払回数を入力します。
リース総額	その案件で支払うリースの総額が自動的に計算されます。
リース開始時期	リースを開始した年月を入力します。

❷ 「消去」ボタン

クリックすると入力した情報を案件単位にまとめて消去できます。

は、０以外の数値が入力された場合はすべて元金均等方式を選択したと、判断しています。

実返済回数は、据置期間を含まない返済回数を入力します。据置回数（月）は、据置期間を月数で入力します。据置期間は、利息だけを支払います。返済開始年月は、借入実施月に据置期間を加えた年月となります。

オプション入力欄は、繰上げ返済と返済元金指定項目から構成されています。繰上返済年月は、当初設定した返済終了年月よりも前に残高を返済する場合に返済終了年月を入力します。返済元金指定項目は、計算値では毎月の返済額が３万３３３３円だが、融資先の返済表では３万３０００円となっている場合に使用します。なお、最終的な端数処理は返済終了月で行います。

リース情報の入力

リース物件やリース条件などを入力します。

耐用年数は、備忘情報として扱っている項目です。不明の場合は入力しなくても問題ありません。リース料率は、入力されたリース月額をリース総額で割ったものです。金利の動向にもよりますが、5年リースで2％前後が標準値のようです。リース総額は、リース月額にリース回数を掛けた値です。ここではリース総額に基づいて、利息相当額や借入年利相当額を求めます。設備投資の資金調達方法を検討する場合、借入かリースで迷った時は、この値を参考にするとよいでしょう。

Section 28

借入金返済計画表の活用

借入金返済計画表の表示と印刷

借入金返済計画表は、その名前のとおり入力した借入金とリースの3年間の返済の一覧表です。帳票は、借入金とリース料の3年間分の返済表がそれぞれA4横サイズ3ページで構成され、1ページには1年間分の返済表がまとめられています。なお、借入金返済計画表のヘッダ部には、タイトルの他に返済計画表の表示期間（基本設定で指定）と会社名、金額単位などが表示されます。

借入金返済計画表を印刷する時には、メニュー画面で「借入返済計画表」ボタンをクリックします。借入金返済計画表の画面に切り替わったら、画面左上にある「印刷」ボタンをクリックしてください。

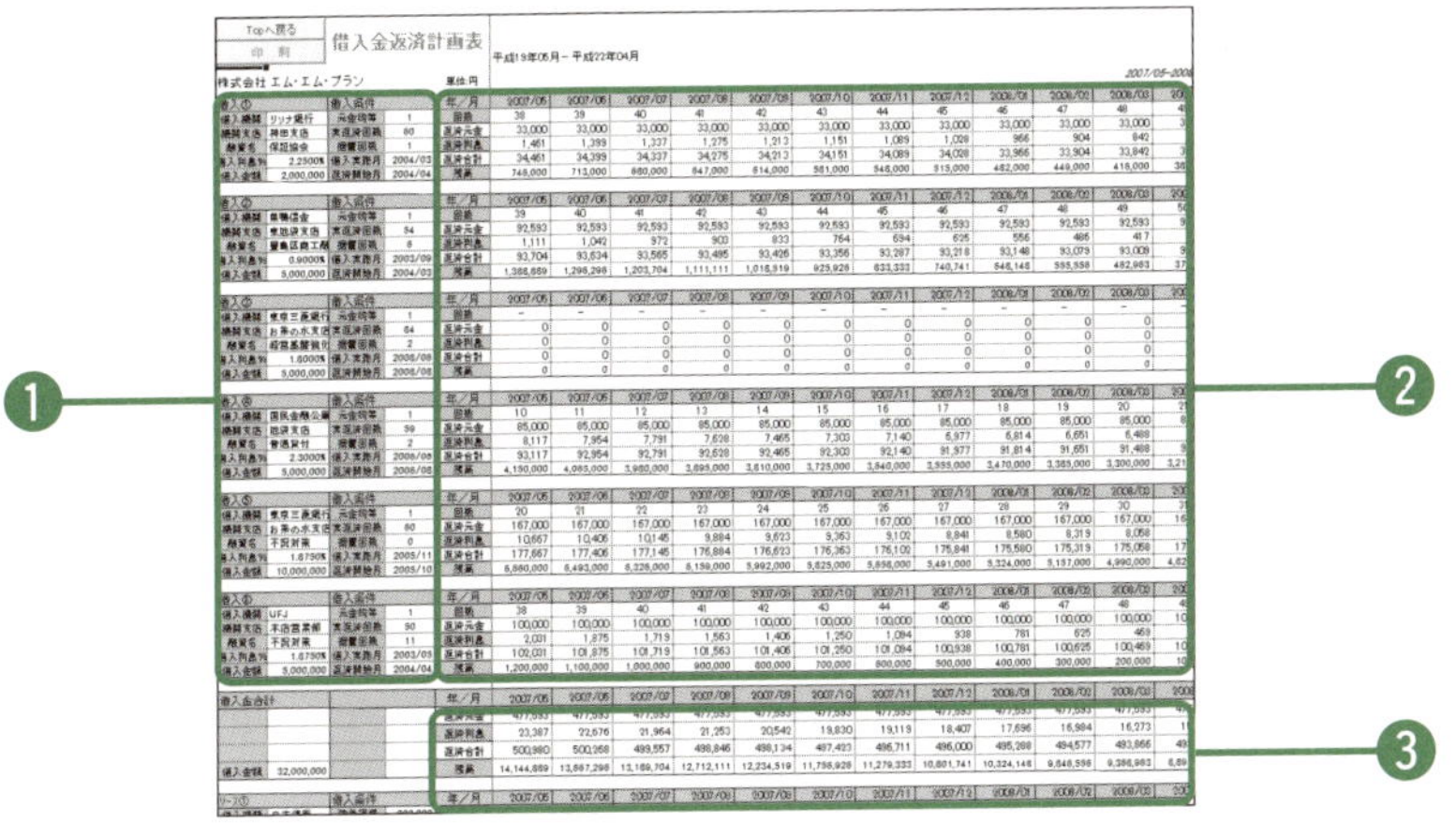

借入返済計画表の見方

借入金返済計画表は「借入返済計画表」と「リース支払表」で構成されます。さらに各々が「条件表示エリア」「明細表示エリア」「合計表示エリア」で構成されています。

(1) 条件表示エリア（❶）

借入（リース）の借入先や金利、借入額などの条件を一覧できます。

(2) 明細表示エリア（❷）

月々の返済額や残高を表示します。新たな返済余力の発生である返済終了（リース満了）日にも注目。

(3) 合計表示エリア（❸）

経営者や財務担当者が、最も関心を寄せるべき数値です。借入残高や返済額の推移を大枠で把握する場合は、数値表よりもグラフの方が適しています。

2007/05-2008/04

2007/09	2007/10	2007/11	2007/12	2008/01	2008/02	2008/03	2008/04
42	43	44	45	46	47	48	49
33,000	33,000	33,000	33,000	33,000	33,000	33,000	33,000
1,213	1,151	1,089	1,028	966	904	842	780
34,213	34,151	34,089	34,028	33,966	33,904	33,842	33,780
614,000	581,000	548,000	515,000	482,000	449,000	416,000	383,000

2007/09	2007/10	2007/11	2007/12	2008/01	2008/02	2008/03	2008/04
43	44	45	46	47	48	49	50
92,593	92,593	92,593	92,593	92,593	92,593	92,593	92,593
833	764	694	625	556	486	417	347
93,426	93,356	93,287	93,218	93,148	93,079	93,009	92,940
1,018,519	925,926	833,333	740,741	648,148	555,556	462,963	370,370

2007/09	2007/10	2007/11	2007/12	2008/01	2008/02	2008/03	2008/04
–	–	–	–	–	–	–	–
0	0	0	0	0	0	0	0
0	0	0	0	0	0	0	0
0	0	0	0	0	0	0	0
0	0	0	0	0	0	0	0

2007/09	2007/10	2007/11	2007/12	2008/01	2008/02	2008/03	2008/04
14	15	16	17	18	19	20	21
85,000	85,000	85,000	85,000	85,000	85,000	85,000	85,000
7,465	7,303	7,140	6,977	6,814	6,651	6,488	6,325
92,465	92,303	92,140	91,977	91,814	91,651	91,488	91,325
3,810,000	3,725,000	3,640,000	3,555,000	3,470,000	3,385,000	3,300,000	3,215,000

2007/09	2007/10	2007/11	2007/12	2008/01	2008/02	2008/03	2008/04
24	25	26	27	28	29	30	31
167,000	167,000	167,000	167,000	167,000	167,000	167,000	167,000
9,623	9,363	9,102	8,841	8,580	8,319	8,058	7,797
176,623	176,363	176,102	175,841	175,580	175,319	175,058	174,797
5,992,000	5,825,000	5,658,000	5,491,000	5,324,000	5,157,000	4,990,000	4,823,000

2007/09	2007/10	2007/11	2007/12	2008/01	2008/02	2008/03	2008/04
42	43	44	45	46	47	48	49
100,000	100,000	100,000	100,000	100,000	100,000	100,000	100,000
1,406	1,250	1,094	938	781	625	469	313
101,406	101,250	101,094	100,938	100,781	100,625	100,469	100,313
800,000	700,000	600,000	500,000	400,000	300,000	200,000	100,000

2007/09	2007/10	2007/11	2007/12	2008/01	2008/02	2008/03	2008/04
477,593	477,593	477,593	477,593	477,593	477,593	477,593	477,593
20,542	19,830	19,119	18,407	17,696	16,984	16,273	15,562
498,134	497,423	496,711	496,000	495,288	494,577	493,866	493,154
12,234,519	11,756,926	11,279,333	10,801,741	10,324,148	9,846,556	9,368,963	8,891,370

最下段は借入金額の月計が表示される。

借入金返済計画表（借入金）

借入金返済計画表

平成19年05月－平成22年04月

株式会社 エム・エム・プラン　　単位:円

借入①		借入条件		年／月	2007/05	2007/06	2007/07	2007/08
借入機関	リソナ銀行	元金均等	1	回数	38	39	40	41
機関支店	神田支店	実返済回数	60	返済元金	33,000	33,000	33,000	33,000
融資名	保証協会	据置回数	1	返済利息	1,461	1,399	1,337	1,275
借入利息%	2.2500%	借入実施月	2004/03	返済合計	34,461	34,399	34,337	34,275
借入金額	2,000,000	返済開始月	2004/04	残高	746,000	713,000	680,000	647,000

借入②		借入条件		年／月	2007/05	2007/06	2007/07	2007/08
借入機関	巣鴨信金	元金均等	1	回数	39	40	41	42
機関支店	東池袋支店	実返済回数	54	返済元金	92,593	92,593	92,593	92,593
融資名	豊島区商工融	据置回数	6	返済利息	1,111	1,042	972	903
借入利息%	0.9000%	借入実施月	2003/09	返済合計	93,704	93,634	93,565	93,495
借入金額	5,000,000	返済開始月	2004/03	残高	1,388,889	1,296,296	1,203,704	1,111,111

借入③		借入条件		年／月	2007/05	2007/06	2007/07	2007/08
借入機関	東京三菱銀行	元金均等	1	回数	－	－	－	－
機関支店	お茶の水支店	実返済回数	84	返済元金	0	0	0	0
融資名	経営基盤強化	据置回数	2	返済利息	0	0	0	0
借入利息%	1.8000%	借入実施月	2008/06	返済合計	0	0	0	0
借入金額	5,000,000	返済開始月	2008/08	残高	0	0	0	0

借入④		借入条件		年／月	2007/05	2007/06	2007/07	2007/08
借入機関	国民金融公庫	元金均等	1	回数	10	11	12	13
機関支店	池袋支店	実返済回数	59	返済元金	85,000	85,000	85,000	85,000
融資名	普通貸付	据置回数	2	返済利息	8,117	7,954	7,791	7,628
借入利息%	2.3000%	借入実施月	2006/06	返済合計	93,117	92,954	92,791	92,628
借入金額	5,000,000	返済開始月	2006/08	残高	4,150,000	4,065,000	3,980,000	3,895,000

借入⑤		借入条件		年／月	2007/05	2007/06	2007/07	2007/08
借入機関	東京三菱銀行	元金均等	1	回数	20	21	22	23
機関支店	お茶の水支店	実返済回数	60	返済元金	167,000	167,000	167,000	167,000
融資名	不況対策	据置回数	0	返済利息	10,667	10,406	10,145	9,884
借入利息%	1.8750%	借入実施月	2005/11	返済合計	177,667	177,406	177,145	176,884
借入金額	10,000,000	返済開始月	2005/10	残高	6,660,000	6,493,000	6,326,000	6,159,000

借入⑥		借入条件		年／月	2007/05	2007/06	2007/07	2007/08
借入機関	UFJ	元金均等	1	回数	38	39	40	41
機関支店	本店営業部	実返済回数	50	返済元金	100,000	100,000	100,000	100,000
融資名	不況対策	据置回数	11	返済利息	2,031	1,875	1,719	1,563
借入利息%	1.8750%	借入実施月	2003/05	返済合計	102,031	101,875	101,719	101,563
借入金額	5,000,000	返済開始月	2004/04	残高	1,200,000	1,100,000	1,000,000	900,000

借入金合計				年／月	2007/05	2007/06	2007/07	2007/08
				返済元金	477,593	477,593	477,593	477,593
				返済利息	23,387	22,676	21,964	21,253
				返済合計	500,980	500,268	499,557	498,846
借入金額	32,000,000			残高	14,144,889	13,667,296	13,189,704	12,712,111

借入金とリースの返済計画を一覧表で表示する。1、3、5ページが借入金の返済計画。

2007/05-2008/04

2007/09	2007/10	2007/11	2007/12	2008/01	2008/02	2008/03	2008/04
42	43	44	45	46	47	48	49
6,900	6,900	6,900	6,900	6,900	6,900	6,900	6,900
567	567	567	567	567	567	567	567
6,333	6,333	6,333	6,333	6,333	6,333	6,333	6,333
124,200	117,300	110,400	103,500	96,600	89,700	82,800	75,900

2007/09	2007/10	2007/11	2007/12	2008/01	2008/02	2008/03	2008/04
59	*	*	*	*	*	*	*
8,137	0	0	0	0	0	0	0
1,470	0	0	0	0	0	0	0
6,667	0	0	0	0	0	0	0
8,137	0	0	0	0	0	0	0

2007/09	2007/10	2007/11	2007/12	2008/01	2008/02	2008/03	2008/04
54	55	56	57	58	59	*	*
44,310	44,310	44,310	44,310	44,310	44,310	0	0
5,977	5,977	5,977	5,977	5,977	5,977	0	0
38,333	38,333	38,333	38,333	38,333	38,333	0	0
265,860	221,550	177,240	132,930	88,620	44,310	0	0

2007/09	2007/10	2007/11	2007/12	2008/01	2008/02	2008/03	2008/04
0	0	0	0	0	0	0	0
0	0	0	0	0	0	0	0
0	0	0	0	0	0	0	0
0	0	0	0	0	0	0	0

2007/09	2007/10	2007/11	2007/12	2008/01	2008/02	2008/03	2008/04
0	0	0	0	0	0	0	0
0	0	0	0	0	0	0	0
0	0	0	0	0	0	0	0
0	0	0	0	0	0	0	0

2007/09	2007/10	2007/11	2007/12	2008/01	2008/02	2008/03	2008/04
59,347	51,210	51,210	51,210	51,210	51,210	6,900	6,900
8,014	6,543	6,543	6,543	6,543	6,543	567	567
51,333	44,667	44,667	44,667	44,667	44,667	6,333	6,333
398,197	338,850	287,640	236,430	185,220	134,010	82,800	75,900

2007/09	2007/10	2007/11	2007/12	2008/01	2008/02	2008/03	2008/04
557,481	548,633	547,921	547,210	546,498	545,787	500,766	500,054
12,632,716	12,095,776	11,566,973	11,038,171	10,509,368	9,980,566	9,451,763	8,967,270

》借入金返済計画表（リース）

借入金返済計画表

平成19年05月－平成22年04月

株式会社 エム・エム・プラン　　単位:円

ﾘｰｽ①		借入条件		年／月	2007/05	2007/06	2007/07	2007/08
借入機関	日本信販	物件価格	380,000	回数	38	39	40	41
機関支店		ﾘｰｽ回数	60	ﾘｰｽ額	6,900	6,900	6,900	6,900
物件名	印刷機	ﾘｰｽ月額	6,900	利息相当	567	567	567	567
耐用年数	0	ﾘｰｽ総額	414,000	元金相当	6,333	6,333	6,333	6,333
ﾘｰｽ料率	1.81579%	ﾘｰｽ開始月	2004/04	残高相当	151,800	144,900	138,000	131,100

ﾘｰｽ②		借入条件		年／月	2007/05	2007/06	2007/07	2007/08
借入機関	三菱電機ｸﾚｼﾞ	物件価格	400,000	回数	55	56	57	58
機関支店		ﾘｰｽ回数	60	ﾘｰｽ額	8,137	8,137	8,137	8,137
物件名	NTT FAX	ﾘｰｽ月額	8,137	利息相当	1,470	1,470	1,470	1,470
耐用年数	5年	ﾘｰｽ総額	488,220	元金相当	6,667	6,667	6,667	6,667
ﾘｰｽ料率	2.03425%	ﾘｰｽ開始月	2002/10	残高相当	40,685	32,548	24,411	16,274

ﾘｰｽ③		借入条件		年／月	2007/05	2007/06	2007/07	2007/08
借入機関	三洋電機ｸﾚｼﾞ	物件価格	2,300,000	回数	50	51	52	53
機関支店	東京支店	ﾘｰｽ回数	60	ﾘｰｽ額	44,310	44,310	44,310	44,310
物件名	ｺﾋﾟｰ&ﾌﾟﾘﾝﾀ	ﾘｰｽ月額	44,310	利息相当	5,977	5,977	5,977	5,977
耐用年数	5年	ﾘｰｽ総額	2,658,600	元金相当	38,333	38,333	38,333	38,333
ﾘｰｽ料率	1.92652%	ﾘｰｽ開始月	2003/03	残高相当	443,100	398,790	354,480	310,170

ﾘｰｽ④		借入条件		年／月	2007/05	2007/06	2007/07	2007/08
借入機関		物件価格	0	回数				
機関支店		ﾘｰｽ回数	0	ﾘｰｽ額	0	0	0	0
物件名		ﾘｰｽ月額	0	利息相当	0	0	0	0
耐用年数	0	ﾘｰｽ総額	0	元金相当	0	0	0	0
ﾘｰｽ料率	0.00000%	ﾘｰｽ開始月		残高相当	0	0	0	0

ﾘｰｽ⑤		借入条件		年／月	2007/05	2007/06	2007/07	2007/08
借入機関		物件価格	0	回数				
機関支店		ﾘｰｽ回数	0	ﾘｰｽ額	0	0	0	0
物件名		ﾘｰｽ月額	0	利息相当	0	0	0	0
耐用年数	0	ﾘｰｽ総額	0	元金相当	0	0	0	0
ﾘｰｽ料率	0.00000%	ﾘｰｽ開始月		残高相当	0	0	0	0

ﾘｰｽ合計				年／月	2007/05	2007/06	2007/07	2007/08
				ﾘｰｽ額	59,347	59,347	59,347	59,347
				利息相当	8,014	8,014	8,014	8,014
				元金相当	51,333	51,333	51,333	51,333
借入金額	0			残高相当	635,585	576,238	516,891	457,544

借入とﾘｰｽの返済合計			年／月	2007/05	2007/06	2007/07	2007/08
		返済合計額	返済合計	560,327	559,615	558,904	558,193
借入金額	32,000,000	残高相当額	残高	14,780,474	14,243,534	13,706,595	13,169,655

2、4、6ページがリースの返済計画。最下段のブロックは毎月の借入金返済とリースの支払額の月計が表示される。

借入金返済計画表（借入金）

株式会社 エム・エム・プラン				単位:円			
借入①		借入条件		年／月	2007/05	2007/06	2007/07
借入機関	リソナ銀行	元金均等	1	回数	38	39	40
機関支店	神田支店	実返済回数	60	返済元金	33,000	33,000	33,000
融資名	保証協会	据置回数	1	返済利息	1,461	1,399	1,337
借入利息%	2.2500%	借入実施月	2004/03	返済合計	34,461	34,399	34,337
借入金額	2,000,000	返済開始月	2004/04	残高	746,000	713,000	680,000
借入②		借入条件		年／月	2007/05	2007/06	2007/07
借入機関	巣鴨信金	元金均等	1	回数	39	40	41
機関支店	東池袋支店	実返済回数	54	返済元金	92,593	92,593	92,593
融資名	豊島区商工融	据置回数	6	返済利息	1,111	1,042	972
借入利息%	0.9000%	借入実施月	2003/09	返済合計	93,704	93,634	93,565
借入金額	5,000,000	返済開始月	2004/03	残高	1,388,889	1,296,296	1,203,704

❶ 借入条件の一覧

借入金の条件を表示します（詳細は155ページ参照）。

❷ 年／月

返済月を西暦で表示します。

❸ 回数

当該年月に対する返済回数を表示します。借入年月の前は、「−」を表示し、据え置き期間は「S」を、返済終了後は「＊」をそれぞれ表示します。

❹ 返済元金

当該年月の返済金の元金を表示します。元金均等の場合で、指定の値がある場合は、通常月は指定値を使用し、端数誤差を最終返済回数月に加算（減算）します。

❺ 返済利息

当該年月の返済金の利息を表示します。

❻ 返済合計

当該年月の元金と利息の和を表示します。

❼ 残高

前月残高から当該月の元金返済額を減算した値を表示します。

借入金返済計画表（リース）

リース①		借入条件		年／月	2007/05	2007/06	2007/07
借入機関	日本信販	物件価格	380,000	回数	38	39	40
機関支店		リース回数	60	リース額	6,900	6,900	6,900
物件名	印刷機	リース月額	6,900	利息相当	567	567	567
耐用年数	0	リース総額	414,000	元金相当	6,333	6,333	6,333
リース料率	1.81579%	リース開始月	2004/04	残高相当	151,800	144,900	138,000

リース②		借入条件		年／月	2007/05	2007/06	2007/07
借入機関	三菱電機クレジ	物件価格	400,000	回数	55	56	57
機関支店		リース回数	60	リース額	8,137	8,137	8,137
物件名	NTT FAX	リース月額	8,137	利息相当	1,470	1,470	1,470
耐用年数	5年	リース総額	488,220	元金相当	6,667	6,667	6,667
リース料率	2.03425%	リース開始月	2002/10	残高相当	40,685	32,548	24,411

❶ リース条件の一覧

リースの条件を表示します（詳細は156ページ参照）。

❷ 年／月

返済月を西暦で表示します。

❸ 回数

当該年月に対するリース返済回数を表示します。リース開始年月の前は、空白を表示し、リース満了後は「＊」を表示します。

❹ リース額

当該年月のリース料支払予定額を表示します。

❺ 利息相当

物件価格をリース回数で割った値を「残高相当額」とし、リース月額から残高相当額を減じた値を「利息相当額」としてここに記載します。

❻ 元金相当

物件価格をリース回数で割った値を表示します。無利子で割賦償還した時の月額と同等です。

❼ 残高相当

前月残高から当該月の元金相当額を減算した値を表示します。何らかの事情で、リース解除する場合の一括返済の目安になります。

Section 29

借入返済計画の分析

借入金返済計画（分析表）の表示と印刷

「借入金返済計画（分析表）」では、借入金とリースの3年間の支払の状況を、月別に分析します。帳票は、Ａ４横サイズ３ページにわたっているため、１ページに1年間分の分量でまとめられています。

「借入金返済計画（分析表）」を印刷する時には、メニュー画面で「借入返済分析表」ボタンをクリックします。「借入金返済画（分析表）」の画面に切り替わったら、画面左上にある「印刷」ボタンをクリックしてください。

Topへ戻る　印刷

借入金返済計画（分析表）

	返済総額	2007/05	2007/06	2007/07	2007/08	2007/09	2007/10	2007/11	2007/12
1	保証協会	34,461	34,399	34,337	34,275	34,213	34,151	34,089	34,028
2	豊島区商工融資	93,704	93,634	93,565	93,495	93,426	93,356	93,287	93,218
3	経営基盤強化	0	0	0	0	0	0	0	0
4	普通貸付	93,117	92,954	92,791	92,628	92,465	92,303	92,140	91,977
5	不況対策	177,667	177,406	177,145	176,884	176,623	176,363	176,102	175,841
6	不況対策	102,031	101,875	101,719	101,563	101,406	101,250	101,094	100,938
1	印刷機	6,900	6,900	6,900	6,900	6,900	6,900	6,900	6,900
2	NTT FAX	8,137	8,137	8,137	8,137	8,137	0	0	0
3	ｺﾋﾟｰ&ﾌﾟﾘﾝﾀ	44,310	44,310	44,310	44,310	44,310	44,310	44,310	44,310
4		0	0	0	0	0	0	0	0
5		0	0	0	0	0	0	0	0
	返済総額	560,327	559,615	558,904	558,193	557,481	548,633	547,921	547,210

	残高相当	2007/05	2007/06	2007/07	2007/08	2007/09	2007/10	2007/11	2007/12
1	保証協会	746,000	713,000	680,000	647,000	614,000	581,000	548,000	515,000
2	豊島区商工融資	1,388,889	1,296,296	1,203,704	1,111,111	1,018,519	925,926	833,333	740,741
3	経営基盤強化	0	0	0	0	0	0	0	0
4	普通貸付	4,150,000	4,065,000	3,980,000	3,895,000	3,810,000	3,725,000	3,640,000	3,555,000
5	不況対策	6,660,000	6,493,000	6,326,000	6,159,000	5,992,000	5,825,000	5,658,000	5,491,000
6	不況対策	1,200,000	1,100,000	1,000,000	900,000	800,000	700,000	600,000	500,000
1	印刷機	151,800	144,900	138,000	131,100	124,200	117,300	110,400	103,500
2	NTT FAX	40,685	32,548	24,411	16,274	8,137	0	0	0
3	ｺﾋﾟｰ&ﾌﾟﾘﾝﾀ	443,100	398,790	354,480	310,170	265,860	221,550	177,240	132,930
4		0	0	0	0	0	0	0	0
5		0	0	0	0	0	0	0	0
	合計	14,780,474	14,243,534	13,706,595	13,169,655	12,632,716	12,095,776	11,566,973	11,038,171

	PL経費	2007/05	2007/06	2007/07	2007/08	2007/09	2007/10	2007/11	2007/12
1	保証協会	1,461	1,399	1,337	1,275	1,213	1,151	1,089	1,028
2	豊島区商工融資	1,111	1,042	972	903	833	764	694	625
3	経営基盤強化	0	0	0	0	0	0	0	0
4	普通貸付	8,117	7,954	7,791	7,628	7,465	7,303	7,140	6,977
5	不況対策	10,667	10,406	10,145	9,884	9,623	9,363	9,102	8,841
6	不況対策	2,031	1,875	1,719	1,563	1,406	1,250	1,094	938
1	印刷機	6,900	6,900	6,900	6,900	6,900	6,900	6,900	6,900
2	NTT FAX	8,137	8,137	8,137	8,137	8,137	0	0	0
3	ｺﾋﾟｰ&ﾌﾟﾘﾝﾀ	44,310	44,310	44,310	44,310	44,310	44,310	44,310	44,310
4		0	0	0	0	0	0	0	0
5		0	0	0	0	0	0	0	0
	合計	82,734	82,023	81,311	80,600	79,889	71,040	70,329	69,617

借入等返済分析（単位は1/1000）

借入等返済分析	2007/05	2007/06	2007/07	2007/08	2007/09	2007/10	2007/11	2007/12
①売上高	5,000	5,000	5,000	5,000	5,000	5,000	5,000	5,000
粗利率％	70.0%	70.0%	70.0%	70.0%	70.0%	70.0%	70.0%	70.0%
②(粗利額)	3,500	3,500	3,500	3,500	3,500	3,500	3,500	3,500
リースと利息以外の経費	3,100	3,100	3,100	3,100	3,100	3,100	3,100	3,100
ﾘｰｽ料	59	59	59	59	59	51	51	51
支払利息	23	23	22	21	21	20	19	18
③経費合計	3,183	3,182	3,181	3,181	3,180	3,171	3,170	3,170
④経常利益	317	318	319	319	320	329	330	330
⑤元金返済	478	478	478	478	478	478	478	478
⑥ｷｬｯｼｭ利益　④-⑤	-160	-160	-159	-158	-157	-149	-148	-147
⑦返済総額	560	560	559	558	557	549	548	547
⑧残高相当	14,780	14,244	13,707	13,170	12,633	12,096	11,567	11,038
a)返済対粗利　⑦÷②（%）	16.0%	16.0%	16.0%	15.9%	15.9%	15.7%	15.7%	15.6%
b)売上対残高　⑧÷①(ｶ月)	2.96	2.85	2.74	2.63	2.53	2.42	2.31	2.21

「借入金返済計画（分析表）」では、毎月の借入金の返済とリース料の支払に関して支払総額、残高、経費額などの額を知ることができる。

借入金返済計画（分析表）の構成

借入返済計画（分析表）は、「返済総額や残高相当額」と「PL経費総額の集計表と借入等返済分析」の2部構成になっています。

(1)　返済総額

借入金6件の返済額とリース5件の案件ごとの支払額と月額合計を表示します。ここから月別の金融支払の総額を把握することができます。

(2)　残高相当額

案件ごとの借入残高（リース残高）と月額合計を表示します。ここではリースも融資の範囲と捉え、その残高相当額も借入金残高に加えています。月別の金融残高が把握できます。

(3)　PL経費

案件ごとの支払額のうち、経費として見なされるもの（支払利息、リース料）を表示します。リースも含む借入コストを月別に把握できます。

(4)　借入等返済分析

簡単な損益計画を月別に入力し、借入残高や支払利息に関する経営分析を行います。

借入等返済分析の入力

借入等返済分析(単位は1/1000)

借入等返済分析	2007/05	2007/06	2007/07	2007/08	2007/09	2007/10	2007/11	2007/12
①売上高	5,000	5,000	5,000	5,000	5,000	5,000	5,000	5,000
粗利率%	70.0%	70.0%	70.0%	70.0%	70.0%	70.0%	70.0%	70.0%
②(粗利額)	3,500	3,500	3,500	3,500	3,500	3,500	3,500	3,500
リースと利息以外の経費	3,100	3,100	3,100	3,100	3,100	3,100	3,100	3,100
リース料	59	59	59	59	59	51	51	51
支払利息	23	23	22	21	21	20	19	18
③経費合計	3,183	3,182	3,181	3,181	3,180	3,171	3,170	3,170
④経常利益	317	318	319	319	320	329	330	330
⑤元金返済	478	478	478	478	478	478	478	478
⑥ｷｬｯｼｭ利益　④-⑤	-160	-160	-159	-158	-157	-149	-148	-147
⑦返済総額	560	560	559	558	557	549	548	547
⑧残高相当	14,780	14,244	13,707	13,170	12,633	12,096	11,567	11,038
a)返済対粗利　⑦÷②(%)	16.0%	16.0%	16.0%	15.9%	15.9%	15.7%	15.7%	15.6%
b)売上対残高　⑧÷①(ヵ月)	2.96	2.85	2.74	2.63	2.53	2.42	2.31	2.21

表示・入力する値は153ページで設定した「金額の単位」を、さらに1000分の1にした値となります。

❶ 売上高、粗利益率、粗利益額、リースと利息以外の経費

月別に売上高と粗利益率を入力すると、粗利益が自動的に算出されます。また、リースと利息以外の経費では、販売費や一般管理費からリース料を控除した金額と、営業外損益から支払利息を控除した金額の合計額を入力します。

❷ 分析項目の表示

❶の入力値と返済計画のデータから次のような分析値を求めます。

リース料、支払利息	返済計画表のデータを表示します。
経費合計	リースと利息以外の経費にリース料、支払利息を加算した値を表示します。
経常利益	粗利益から経費合計を減じた値を表示します。
キャッシュ利益	「経常利益－元金返済」で求めます。経常利益を借入金返済原資と捉え、利益を計算しています。減価償却が大きい企業では、リースと利息以外の経費欄に減価償却額を減じた値を入力します。
返済対粗利	「返済総額÷粗利益」で求めます。粗利益と返済額を比較しています。この比率が高いと借入過多と判断されます。10%未満に抑えたいものです。
売上対残高	「残高相当額÷売上高」で求めます。借入金残高（リース残高含む）が月次売上の何倍になるか算出しています。5か月未満に抑えたいものです。

1/3

2007/10	2007/11	2007/12	2008/01	2008/02	2008/03	2008/04
34,151	34,089	34,028	33,966	33,904	33,842	33,780
93,356	93,287	93,218	93,148	93,079	93,009	92,940
0	0	0	0	0	0	0
92,303	92,140	91,977	91,814	91,651	91,488	91,325
176,363	176,102	175,841	175,580	175,319	175,058	174,797
101,250	101,094	100,938	100,781	100,625	100,469	100,313
6,900	6,900	6,900	6,900	6,900	6,900	6,900
0	0	0	0	0	0	0
44,310	44,310	44,310	44,310	44,310	0	0
0	0	0	0	0	0	0
0	0	0	0	0	0	0
548,633	547,921	547,210	546,498	545,787	500,766	500,054

2007/10	2007/11	2007/12	2008/01	2008/02	2008/03	2008/04
581,000	548,000	515,000	482,000	449,000	416,000	383,000
925,926	833,333	740,741	648,148	555,556	462,963	370,370
0	0	0	0	0	0	0
3,725,000	3,640,000	3,555,000	3,470,000	3,385,000	3,300,000	3,215,000
5,825,000	5,658,000	5,491,000	5,324,000	5,157,000	4,990,000	4,823,000
700,000	600,000	500,000	400,000	300,000	200,000	100,000
117,300	110,400	103,500	96,600	89,700	82,800	75,900
0	0	0	0	0	0	0
221,550	177,240	132,930	88,620	44,310	0	0
0	0	0	0	0	0	0
0	0	0	0	0	0	0
12,095,776	11,566,973	11,038,171	10,509,368	9,980,566	9,451,763	8,967,270

2007/10	2007/11	2007/12	2008/01	2008/02	2008/03	2008/04
1,151	1,089	1,028	966	904	842	780
764	694	625	556	486	417	347
0	0	0	0	0	0	0
7,303	7,140	6,977	6,814	6,651	6,488	6,325
9,363	9,102	8,841	8,580	8,319	8,058	7,797
1,250	1,094	938	781	625	469	313
6,900	6,900	6,900	6,900	6,900	6,900	6,900
0	0	0	0	0	0	0
44,310	44,310	44,310	44,310	44,310	0	0
0	0	0	0	0	0	0
0	0	0	0	0	0	0
71,040	70,329	69,617	68,906	68,194	23,173	22,462

2007/10	2007/11	2007/12	2008/01	2008/02	2008/03	2008/04
5,000	5,000	5,000	5,000	5,000	5,000	5,000
70.0%	70.0%	70.0%	70.0%	70.0%	70.0%	70.0%
3,500	3,500	3,500	3,500	3,500	3,500	3,500
3,100	3,100	3,100	3,100	3,100	3,100	3,100
51	51	51	51	51	7	7
20	19	18	18	17	16	16
3,171	3,170	3,170	3,169	3,168	3,123	3,122
329	330	330	331	332	377	378
478	478	478	478	478	478	478
−149	−148	−147	−146	−146	−101	−100
549	548	547	546	546	501	500
12,096	11,567	11,038	10,509	9,981	9,452	8,967
15.7%	15.7%	15.6%	15.6%	15.6%	14.3%	14.3%
2.42	2.31	2.21	2.10	2.00	1.89	1.79

借入金返済計画（分析表）

株式会社 エム・エム・プラン

借入金返済計画（分析表）

	返済総額	2007/05	2007/06	2007/07	2007/08	2007/09
1	保証協会	34,461	34,399	34,337	34,275	34,213
2	豊島区商工融資	93,704	93,634	93,565	93,495	93,426
3	経営基盤強化	0	0	0	0	0
4	普通貸付	93,117	92,954	92,791	92,628	92,465
5	不況対策	177,667	177,406	177,145	176,884	176,623
6	不況対策	102,031	101,875	101,719	101,563	101,406
1	印刷機	6,900	6,900	6,900	6,900	6,900
2	NTT FAX	8,137	8,137	8,137	8,137	8,137
3	ｺﾋﾟｰ&ﾌﾟﾘﾝﾀ	44,310	44,310	44,310	44,310	44,310
4		0	0	0	0	0
5		0	0	0	0	0
	返済総額	560,327	559,615	558,904	558,193	557,481

	残高相当	2007/05	2007/06	2007/07	2007/08	2007/09
1	保証協会	746,000	713,000	680,000	647,000	614,000
2	豊島区商工融資	1,388,889	1,296,296	1,203,704	1,111,111	1,018,519
3	経営基盤強化	0	0	0	0	0
4	普通貸付	4,150,000	4,065,000	3,980,000	3,895,000	3,810,000
5	不況対策	6,660,000	6,493,000	6,326,000	6,159,000	5,992,000
6	不況対策	1,200,000	1,100,000	1,000,000	900,000	800,000
1	印刷機	151,800	144,900	138,000	131,100	124,200
2	NTT FAX	40,685	32,548	24,411	16,274	8,137
3	ｺﾋﾟｰ&ﾌﾟﾘﾝﾀ	443,100	398,790	354,480	310,170	265,860
4		0	0	0	0	0
5		0	0	0	0	0
	合計	14,780,474	14,243,534	13,706,595	13,169,655	12,632,716

	PL経費	2007/05	2007/06	2007/07	2007/08	2007/09
1	保証協会	1,461	1,399	1,337	1,275	1,213
2	豊島区商工融資	1,111	1,042	972	903	833
3	経営基盤強化	0	0	0	0	0
4	普通貸付	8,117	7,954	7,791	7,628	7,465
5	不況対策	10,667	10,406	10,145	9,884	9,623
6	不況対策	2,031	1,875	1,719	1,563	1,406
1	印刷機	6,900	6,900	6,900	6,900	6,900
2	NTT FAX	8,137	8,137	8,137	8,137	8,137
3	ｺﾋﾟｰ&ﾌﾟﾘﾝﾀ	44,310	44,310	44,310	44,310	44,310
4		0	0	0	0	0
5		0	0	0	0	0
	合計	82,734	82,023	81,311	80,600	79,889

借入等返済分析（単位は1/1000）

借入等返済分析	2007/05	2007/06	2007/07	2007/08	2007/09
①売上高	5,000	5,000	5,000	5,000	5,000
粗利率%	70.0%	70.0%	70.0%	70.0%	70.0%
②(粗利額)	3,500	3,500	3,500	3,500	3,500
ﾘｰｽと利息以外の経費	3,100	3,100	3,100	3,100	3,100
ﾘｰｽ料	59	59	59	59	59
支払利息	23	23	22	21	21
③経費合計	3,183	3,182	3,181	3,181	3,180
④経常利益	317	318	319	319	320
⑤元金返済	478	478	478	478	478
⑥ｷｬｯｼｭ利益　④−⑤	−160	−160	−159	−158	−157
⑦返済総額	560	560	559	558	557
⑧残高相当	14,780	14,244	13,707	13,170	12,633
a)返済対粗利　⑦÷②(%)	16.0%	16.0%	16.0%	15.9%	15.9%
b)売上対残高　⑧÷①(ｶ月)	2.96	2.85	2.74	2.63	2.53

借入金返済計画（分析表）では、支払合計、元金返済額、PL経費額などが把握できる。

借入金返済計画（借入等返済分析）の利用

借入金返済計画表は、日々の返済額や借入金の残高を把握するためのものです。それ自体で意義のある管理表ですが、これに別の情報を加えることで、借入残高や返済額の分析を行うことができます。ここから算出される分析値から、「これ以上の借入は問題である」「借入利息が利益を圧迫しすぎている」などの経営判断を行うことも可能です。

借入等返済分析を利用するためには、月別の「売上高」と「粗利益率」、「リースと利息以外の経費」を入力する必要があります。金額は基本設定で指定した金額の単位の1000分の1（基本の単位が「円」の場合は「千円」単位）で入力します。値は1000分の1の単位で表示されます。

Column 売掛金や在庫の減少と買掛金の増加で企業は安泰？

キャッシュフロー計算書（第5章）上でキャッシュフローを多くするためのシミュレーションを行うと、売掛金や在庫を減少させ買掛金を増加させればよいことに気付くでしょう。現実的にこれらの施策を行えば、企業は安泰といえるでしょうか？

答えはノーです。確かに計算ロジックではそう考えられますが、現実は違います。上記の施策を極端に行えば、今日から現金販売にして過去の売掛金をすべて回収すると同時に、商品在庫を持たない注文販売に切り替え、仕入の支払はなるべく留保するということになるのです。これは企業の既存事業を根底から変える、つまり既存事業を否定することになります。新規に事業を立ち上げる場合は、このようなビジネスモデルの導入も可能ですが、既存事業の中で営業キャッシュフローを改善するためには、利益を多くし資産管理を強化して不良資産を発生させないなど、現実的かつ不断の経営努力が必要です。

Section 30

グラフで返済余力をアピールする

セクション25でも説明したように、過去の返済実績は「返済余力」と考えることができます。返済余力をアピールするにはグラフが効果的です。このフォームでは「月次返済総額の推移」と「借入金残高推移」の2種類のグラフを作成することができます。

グラフはメニュー画面から「月次返済総額グラフ」ボタン、「借入金残高推移グラフ」ボタンをクリックすることで表示・印刷できます。

(1) 月次返済総額の推移

リースを含む月次の返済総額を、積み重ね棒グラフで表現しています。サンプルのグラフ（左ページ上図参照）では、当初毎月60万円弱の返済総額が、２００8年6月に約40万円まで減ったことがわかります。

その時の収益状況や経営環境にも左右されますが、２００8年6月には、月額20万円弱に相当する新たな借入やリース投資が可能なことがわかります。

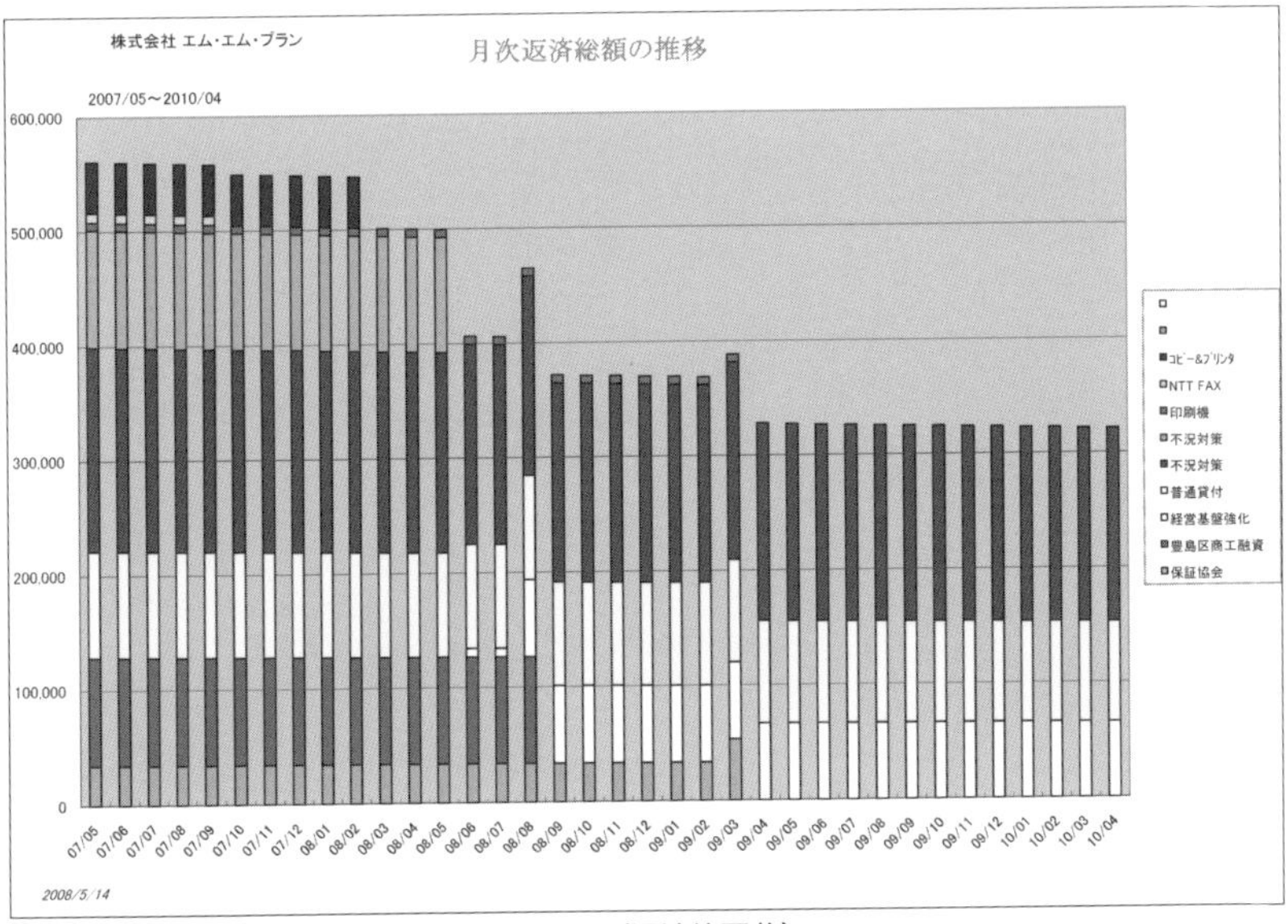

棒グラフの要素が少しずつ減る様子がわかる（返済終了分）。

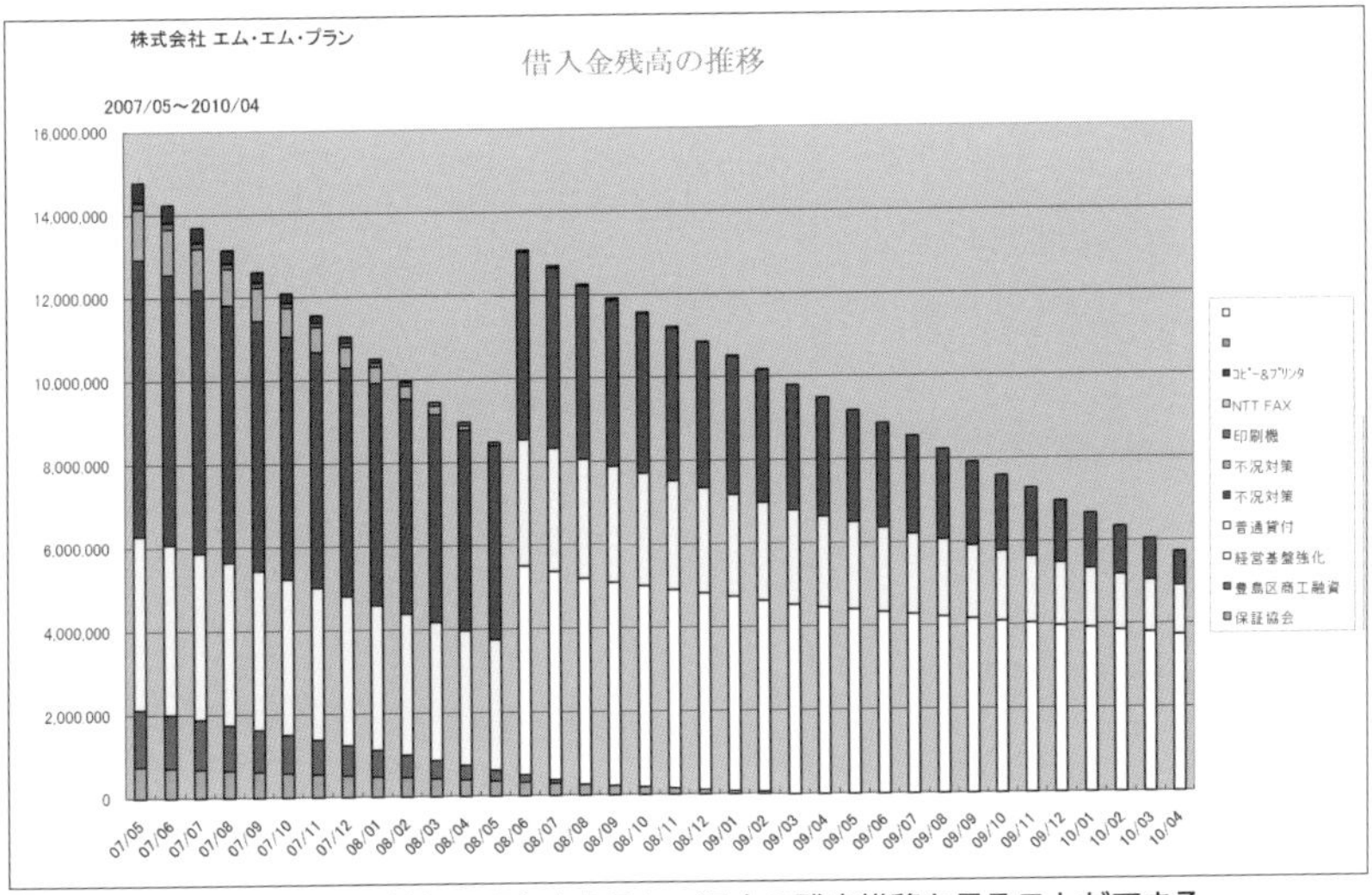

基本情報の返済計画表の開始年月日を変えると、過去の残高推移を見ることができる。

(2) 借入金残高の推移

リースを含む借入金残高（相当額）の月次推移を、積み重ね棒グラフで表現しています。サンプルのグラフ（前ページ下図参照）では、２００８年６月に新たな借入を行う計画となっています。ここでは約５００万円の新規借入ですが、借入金残高は２００７年５月の１４００万円よりも少ない残高合計となっています。２００７年５月から２００８年５月までの13か月の返済実績が、５００万円以上になることがわかります。貸主の金融機関に当該グラフを提示することで、返済余力が充分であることをアピールすることができます。

第5章
簡易版
キャッシュフロー計算書

Section 31

簡易版キャッシュフロー計算書

キャッシュフロー計算書の意義

キャッシュフロー計算書の目的

キャッシュフロー計算書は、日本の株式公開企業の会計制度を国際会計基準に適合させるための会計制度改革（いわゆる「会計ビッグバン」）の一環として、株式公開企業に2000年3月期の決算から作成が義務付けられた財務諸表です。

キャッシュフロー計算書は損益計算書上の「税引前当期利益」からスタートし、現金および現金同等物の増減を伴わない損益計算書の項目とその金額を加算減算し、反対に損益を伴わない現金および現金同等物の増減項目とその金額を加算減算します。

企業の利益と収支が、どの項目でどれだけ乖離しているかを示すことで、対象となる会計期間の

》キャッシュフロー計算書の算出イメージ

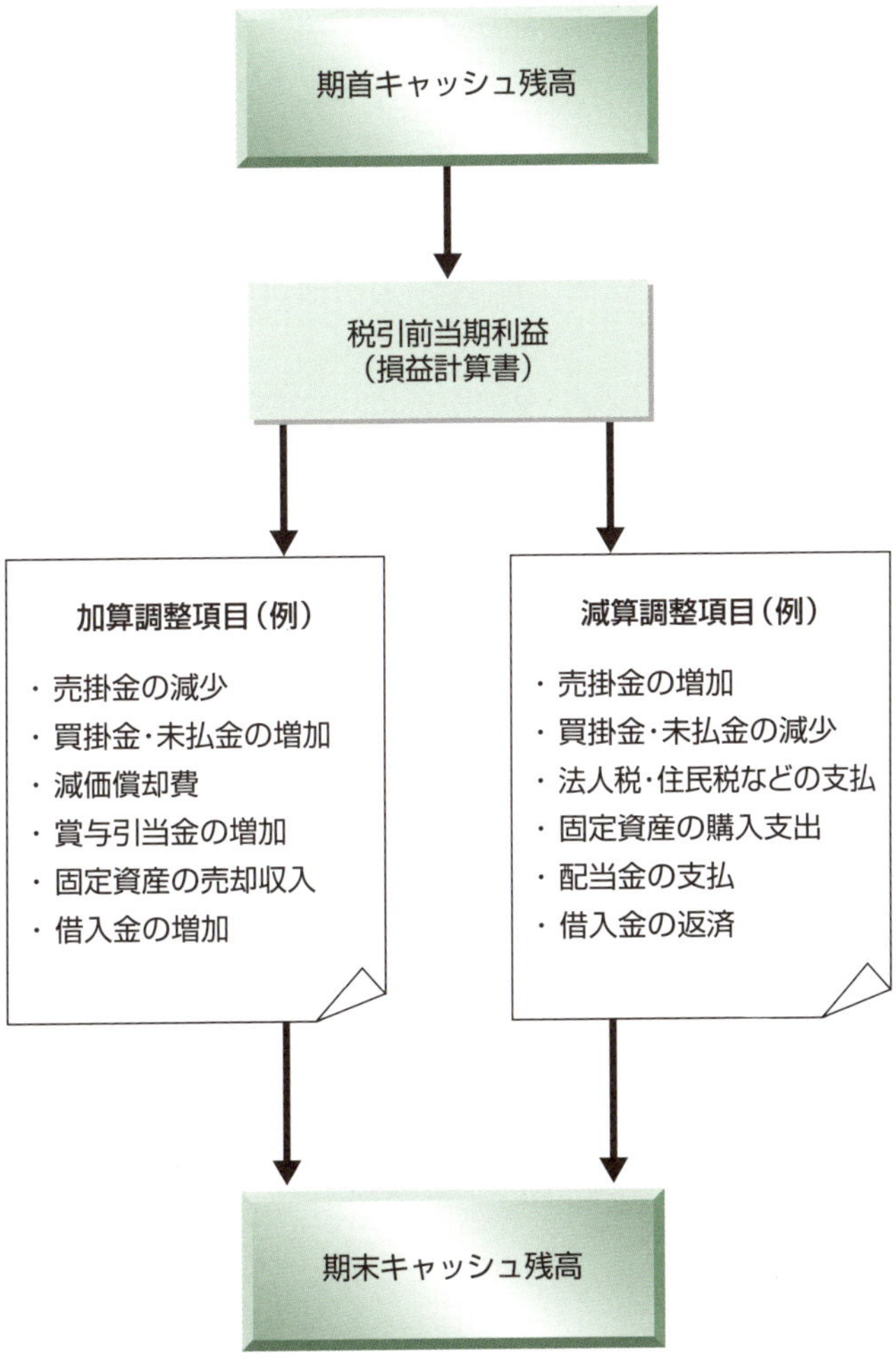

企業の資金状況を明らかにすることが目的です。

もう少しわかりやすく説明すると、例えば当期に多額の販売が行われ、売掛金のままで回収されずに残ったとしましょう。当然、売上原価が発生しますが、その原価は当期中に現金で仕入れた商品だったものとします。損益計算書では売上高と売上原価が計上され、その結果としてその差額分が利益となります。しかし、商品の購入代金は支払を伴っているものの、売上は入金を伴っていないため、純粋にキャッシュの動きだけで考えれば未入金の売上は収入とすることはできません。

キャッシュフロー計算書では、この売掛金の増加額を損益計算書の利益から差し引くことで、営業活動で得られた収入を計算します。また、借入金の増減を損益計算書では表すことができませんが、キャッシュフロー計算書では借入金の増減を、財務活動の収入と支出として計上するのです。

企業の「生存能力」とは「支払能力」である

金融ビックバンから始まった社会と経済の構造的改革は、日本の企業

支払能力と支払義務の関係

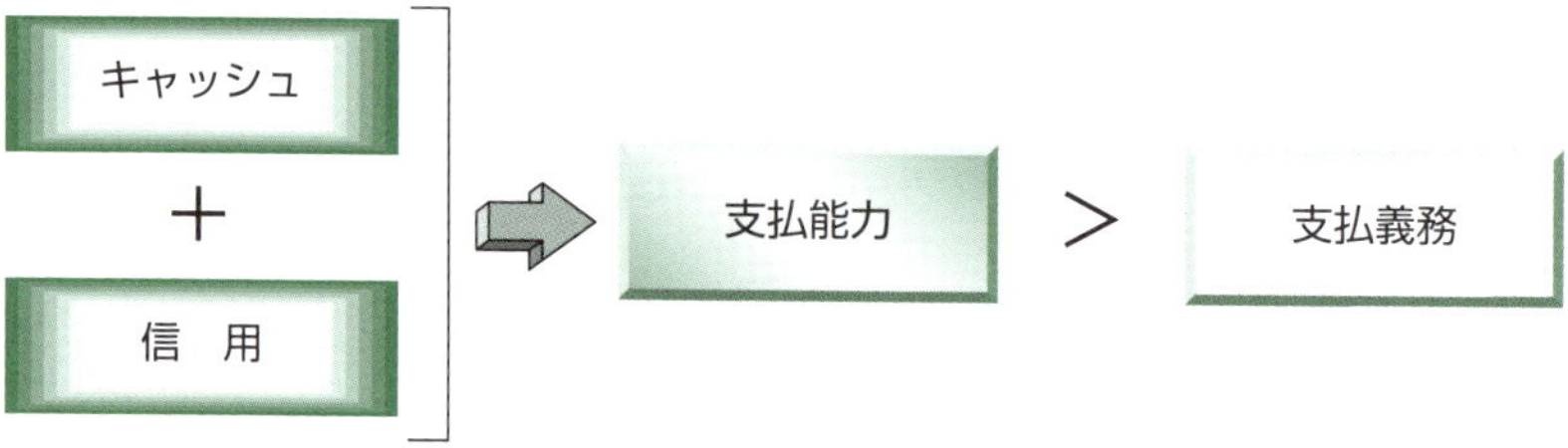

企業の支払能力が支払義務より大きければ大きいほど生存能力が高い。

経営のあり方を根本から変えてしまいました。規制緩和や国際的自由競争の波は、大企業も中小企業も飲み込んで自主独立型の企業経営が求められるようになったのです。系列や情実、持たれ合いや馴れ合いは過去の遺物となり、新しい経済環境下では、有効な経営手段とはいえなくなりました。企業と金融機関の護送船団式の蜜月時代は終焉し、企業は、自助努力、つまり自力で生きていかざるをえない金融環境におかれています。

それでは企業の「生存能力」とは何を指すのでしょうか。経済活動を営む企業は、資本をもとに付加価値を生み出すことで企業の財産を増やします。企業が一体の組織として、このような経済活動を営み続ける状態こそが「生存」している状態なのです。企業が経済活動を停止した時、あるいは停止せざるをえない状態に追い込まれた時に、企業の「死」が訪れます。「死」は一般に倒産といわれます。倒産の多くは、企業が経済的な信用を失うことで、金融機関や取引先の信用供与を受けられないことから発生します。ここでいう「信用」とは「支払能力」を意味するのです。

そのため、「生存能力」の源は「支払能力」に他なりません。「支払能力」とは、取引約定で決められた支払期日に支払うことができる資金をどれだけ保有しているか、という能力です。「支払能力」が低い企業とは、決済日に資金が乏しい企業であり、資金繰りに余裕がない企業です。自社の「支払能力」を維持、向上するためには、「支払能力」の乏しい企業と取引を極力避けざるをえません。キャッシュフローの状態を知ることは、企業の存続のために大変重要な意味を持つのです。

Section 32

簡易版キャッシュフロー計算書

キャッシュフロー計算書の作成方法と構造

キャッシュフロー計算書の作成方式

キャッシュフロー計算書の作成方式には、直接法と間接法があります。直接法とは経理処理の時点で、現金の流入、または流出を直接認識して記録する方法です。現在、原則として損益計算書を作成しない公益法人や国、地方公共団体ではこの方式が採用されていますが、企業会計では、この方式は一般的に採用しません。損益計算書の税引前当期利益を、キャッシュフローベースに調整するため、「営業活動に伴う入出金調整項目」「投資活動に伴う入出金調整項目」「財務活動に伴う入出金調整項目」に区分して計算課程を示します。

各区分の調整項目を総合計した値が、当期のキャッシュの純増減額になります。この純増減額を期首のキャッシュ残高に加えた値が、期末のキャッシュ残高です。いうまでもなく、期首、期末のキャッシュ残高は、貸借対照表の期首・期末のキャッシュ残高と常に一致します。

なお、「キャッシュ」とは、「現金および現金同等物」とされ、具体的には現金や預金と同様の即時支払手段となるものを指します。「現金同等物」の詳細な説明は複雑になるため、ここでは省きますが、原則として、3か月以上の定期預貯金を除いた、即時に引き出し可能な預貯金と理解してください。

キャッシュフロー計算書は、当期の損益計算書の税引前当期利益に期首貸借対照表と期末貸借対照表から把握された資産、負債、資本の増減額を加算減算することで、企業の会計期間のキャッシュフローの状態を表します。

キャッシュフロー計算書の構造

キャッシュフロー計算書の構造は「営業活動によ

キャッシュフロー計算書の計算法

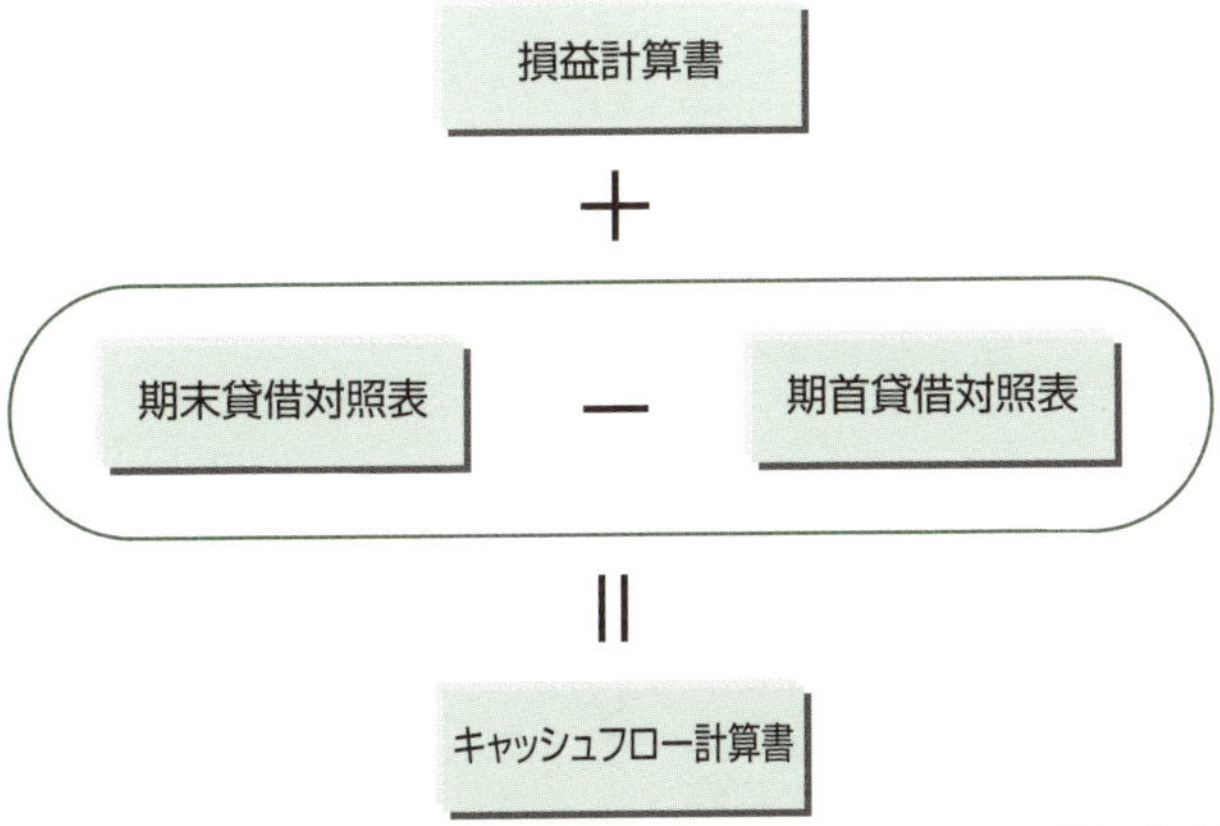

キャッシュフロー計算書は、損益計算書の利益に、当期の貸借対照表の増減値を加算・減算して求める。

るキャッシュフロー」、「投資活動によるキャッシュフロー」、「財務活動によるキャッシュフロー」の3つの計算領域に区分され、各区分ごとのキャッシュフローが計算されます。

(1) 営業活動によるキャッシュフロー

損益計算書で計算された「税引前当期利益」に営業活動に伴って増減した資産と負債を加減算し、さらに営業活動以外の損益を加減調整して計算します。この計算結果は営業活動で得られたキャッシュを意味します。

(2) 投資活動によるキャッシュフロー

投資活動に伴う損益とそれに関連した資産および負債の増減を加減算して計算します。この計算結果は、投資に対して支出したキャッシュまたは投資資産の売却に対して得られたキャッシュを意味する結果です。なお、「営業活動によるキャッシュフロー」から経常的な投資支出を控除したものを「フリーキャッシュフロー」といい、会社の自由に処分可能なキャッシュ、いいかえると経常的な支払能力を示す尺度として重視します。しかしながら、実際には経常的な投資支出の把握が困難なため、便宜的に「営業活動によるキャッシュフロー」に「投資活動によるキャッシュフロー」を加えたものが「フリーキャッシュフロー」とされているのです。

(3) 財務活動によるキャッシュフロー

財務活動に伴う損益と、それに関連した資産および負債の増減を加減算して計算します。この計算結果は、「営業活動によるキャッシュフロー」と「投資活動によるキャッシュフロー」に応じて、余剰または不足が生じた資金の運用、調達、返済状況などを表します。

これらの3つの計算領域で計算されたキャッシュの純増減額を、期首のキャッシュ残高に加減算することで、当期末のキャッシュの残高が計算されます。

キャッシュフロー計算書

キャッシュフロー分析指標

平成19年4月1日～平成20年3月31日

株式会社 中堅中小商事

フリーキャッシュフロー(FCF)	単位:千円
営業によるキャッシュフロー	371
投資活動によるキャッシュフロー	-1,300
フリーキャッシュフロー(FCF)	-929

キャッシュフローによる収益性分析	
①総資本営業キャッシュフロー比率 営業活動によるキャッシュフロー÷総資本×100%	0.73%
②キャッシュフローマージン(売上高営業キャッシュフロー比率) 営業活動によるキャッシュフロー÷売上高×100%	0.74%
③売上高フリーキャッシュフロー比率 フリーキャッシュフロー÷売上高×100%	-1.86%

キャッシュフローによる安全性分析	
④営業キャッシュフロー流動負債比率 営業活動によるキャッシュフロー÷流動負債期末残高×100%	1.51%
⑤短期有利子負債営業キャッシュフロー比率 営業活動によるキャッシュフロー÷短期有利子負債期末残高×100%	3.37%
⑥総有利子負債営業キャッシュフロー比率 営業活動によるキャッシュフロー÷総有利子負債期末残高×100%	1.69%
⑦総有利子負債完済期間 総有利子負債期末残高÷(フリーキャッシュフロー÷12ヶ月)	-284.18 (ヶ月)
⑧キャッシュフロー・インタレストカバレッジレシオ (営業活動によるキャッシュフロー＋利息等の支払額＋法人税等支払額)÷利息等支払額	13.51 (倍)

新電卓会計事務所 : 新電卓一郎

》簡易版キャッシュフロー計算書

簡易版キ

簡易版キャッシュフロー計算書

平成19年4月1日～平成20年3月31日

株式会社 中堅中小商事　　単位:千円

Ⅰ. 営業活動によるキャッシュフロー	
税引前当期利益	**2,000**
減価償却による資金留保	200
売上債権の増加による入金留保	−1,000
棚卸資産の増加による入金留保	−1,000
仕入債務の増加による支払留保	1,000
未払金の増加による支払留保	100
未払消費税等の支払留保額	10
貸倒引当金繰入額の戻し	1
賞与引当金増加による支払留保	10
退職給付引当金増加による支払留保	100
その他の流動資産の増加による支出	−100
その他の流動負債の増加による支払留保	100
その他の固定負債の増加による支払留保	100
受取利息及び配当金(収入振替)	−100
支払利息及び手形売却損(支出振替)	100
法人税等還付、投資・財務活動関係の営業外損益の控除	10
投資・財務活動関係の特別損益の控除	−80
手形割引高の振替	−200
小計	**1,251**
利息及び配当金の入金額	100
利息等の支払額	−100
法人税等の支払額	−880
営業活動によるキャッシュフロー	**371**
Ⅱ. 投資活動によるキャッシュフロー	
有価証券・投資有価証券の取得・売却による収支	−100
有形無形固定資産の取得・売却による収支	−1,000
長短期貸付金の貸付・返済による収支	−200
投資活動によるキャッシュフロー	**−1,300**
Ⅲ. 財務活動によるキャッシュフロー	
短期借入金等の増加による収入	1,000
長期借入金等の増加による収入	1,000
手形割引高	200
増資による収入	1,000
配当金等利益処分による支出	−199
財務活動によるキャッシュフロー	**3,001**
Ⅳ. 現金及び現金同等物の増加	**2,072**
Ⅴ. 現金及び現金同等物期首残高	**8,320**
Ⅵ現金及び現金同等物期末残高	**10,392**

キャッシュフロー計算書は計算書と分析指標で構成されている。

Section 33

「簡易版キャッシュフロー計算書」の概要

「簡易版キャッシュフロー計算書」の構成

「簡易版キャッシュフロー計算書」は、作成対象期間の要約損益計算書とその期間の期首貸借対照表および期末貸借対照表を、左ページの図の手順に従って入力することで、簡易的なキャッシュフロー計算書、分析指標、分析グラフを自動的に作成します。

「簡易版キャッシュフロー計算書」の特徴

「簡易版キャッシュフロー計算書」は、株式公開会社が作成を義務付けられている、正規のキャッシュフロー計算書を簡素化したものです。正規のキャッシュフロー計算書との大きな違いは「投資活動によるキャッシュフロー」と「財務活動によるキャッシュフロー」に関して、同一の収入項目と支出項目がある場合に、それらを収入と支出に分けることなく、収入と支出を相殺した純額で表示している点にあります。

正規のキャッシュフロー計算書では、有価証券や固定資産の取得、または売却や借入金の増加や減少など、それらの収入や支出を別個に表示すること（総額主義）が原則ですが、「簡易版キャッシュフロー計算書」では、有価証券の取得と売却、固定資産の取得と売却、借入金の増加と返済というように、項目が同種のものは、収入と支出を相殺した収支差額を表示します（純額主義）。

正規のキャッシュフロー計算書と同様に、これらを総額主義に応じて表示する場合は、各項目に関する総勘定元帳や管理台帳や取引記録な

キャッシュフロー計算書入力の手順

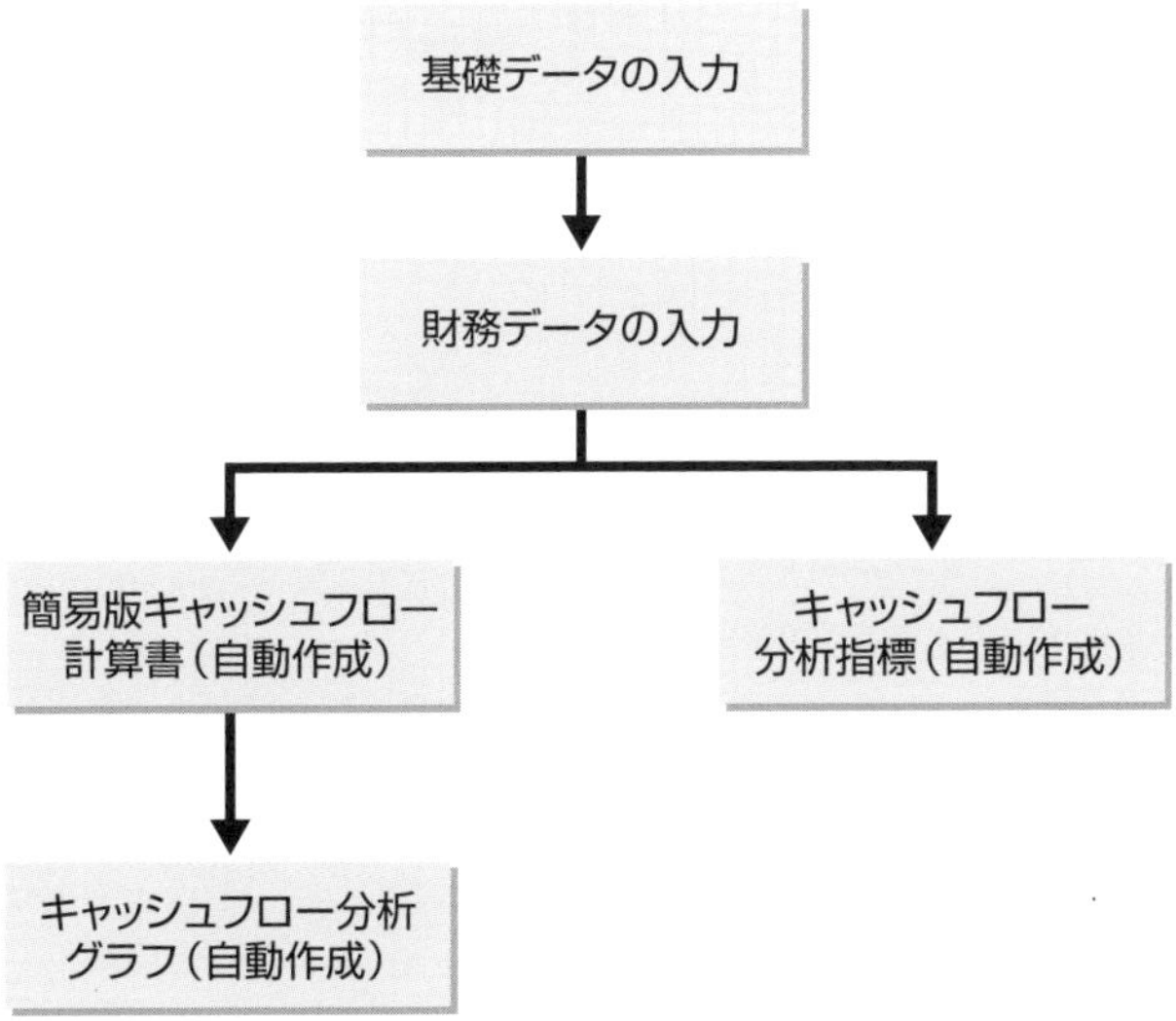

どを調べて、手作業で収入と支出に展開する必要があります。

「簡易版キャッシュフロー計算書」は、財務データの入力から自動的にキャッシュフロー計算書を作成することに重点を置いているため、手作業の収支の展開作業には対応していません。

なお、総額主義に応じて展開された収入と支出は、「簡易版キャッシュフロー計算書」で計算された純額主義に応じて収支と原則的には一致するため、留意してください。

フォームの読み込みと基礎情報の入力

付属CD—ROMの「簡易版キャッシュフロー計算書2008・xls」をエクセルで読み込むと、左ページのメニュー画面が表示されます。この画面では、会社名、期間、金額の単位などの基礎的な情報を入力してください。

メニュー画面の下部の「データ入力シート」「キャッシュフロー計算書」「ロジックの確認」「グラフの表示」の各ボタンをクリックすると各シートにジャンプします。

なお、このフォームでは、日付の計算などにアドイン関数を使用しているため、フォームを使用する際にはあらかじめアドイン関数を組み込んでおく必要があります。アドイン関数の組み込みに関しては10ページの「フォームの使い方」を参照してください。

基礎情報の入力

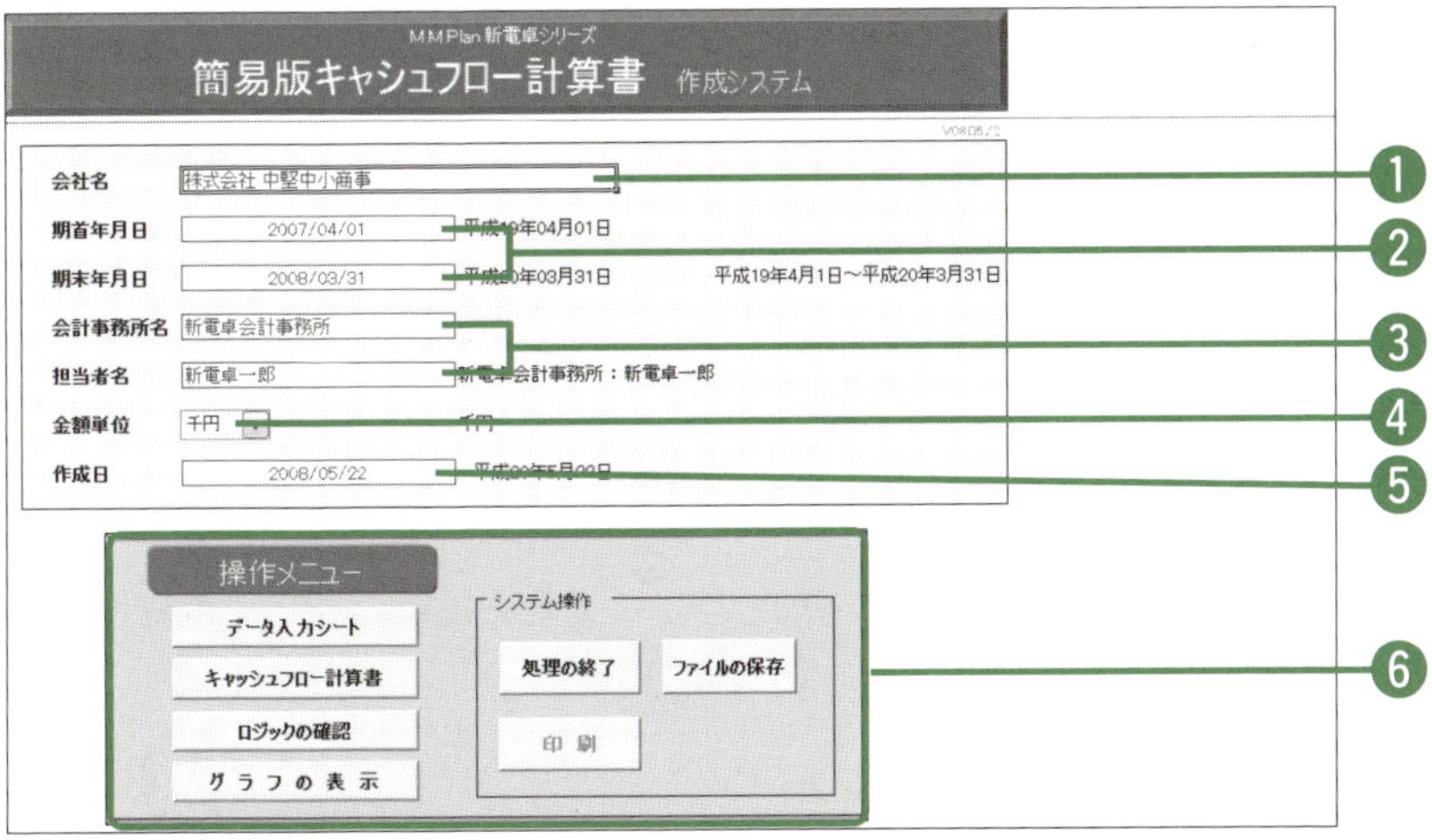

1 会社名

キャッシュフロー計算書を作成する会社名を入力します。

2 期首年月日、期末年月日

キャッシュフロー計算書の期首年月日と期末年月日を西暦で入力します。期首年月日と期末年月日は会計年度に捉われず、自由に設定できます。

3 会計事務所名、担当者名

会計事務所が顧問先のキャッシュフロー計算書を作成する場合に入力すると、帳票にそれが反映されます。自社の資料を作成する場合には空欄でかまいません。

4 金額単位

キャッシュフロー計算書を作成する企業の規模に応じてフォームの金額を表示・入力する単位を、「円」「千円」「百万円」の3つから選択します。

5 作成日

キャッシュフロー計算書を作成する日付を入力します。

6 操作メニュー

入力や印刷を行うために画面を切り替えるボタンが用意されています。また、エクセルを終了するボタンやファイルを保存するボタンも用意されています。

簡易版キャッシュフロー計算書

Section 34

決算書データの入力

財務データを入力する

メニュー画面の「データ入力シート」ボタンをクリックして表示される画面で、キャッシュフロー計算書を作成するために必要な財務データを入力してください。入力する数値は、「損益計算書」「期首貸借対照表」「期末貸借対照表」の3種類の財務諸表の数値となります。

入力項目のカスタマイズ

入力・表示に利用される財務項目（勘定科目名など）は、「キャッシュフロー区分」が決められています。また、各科目の名称変更も可能なため、分析する会社の業種や科目体系に合わせて、再

財務データの入力

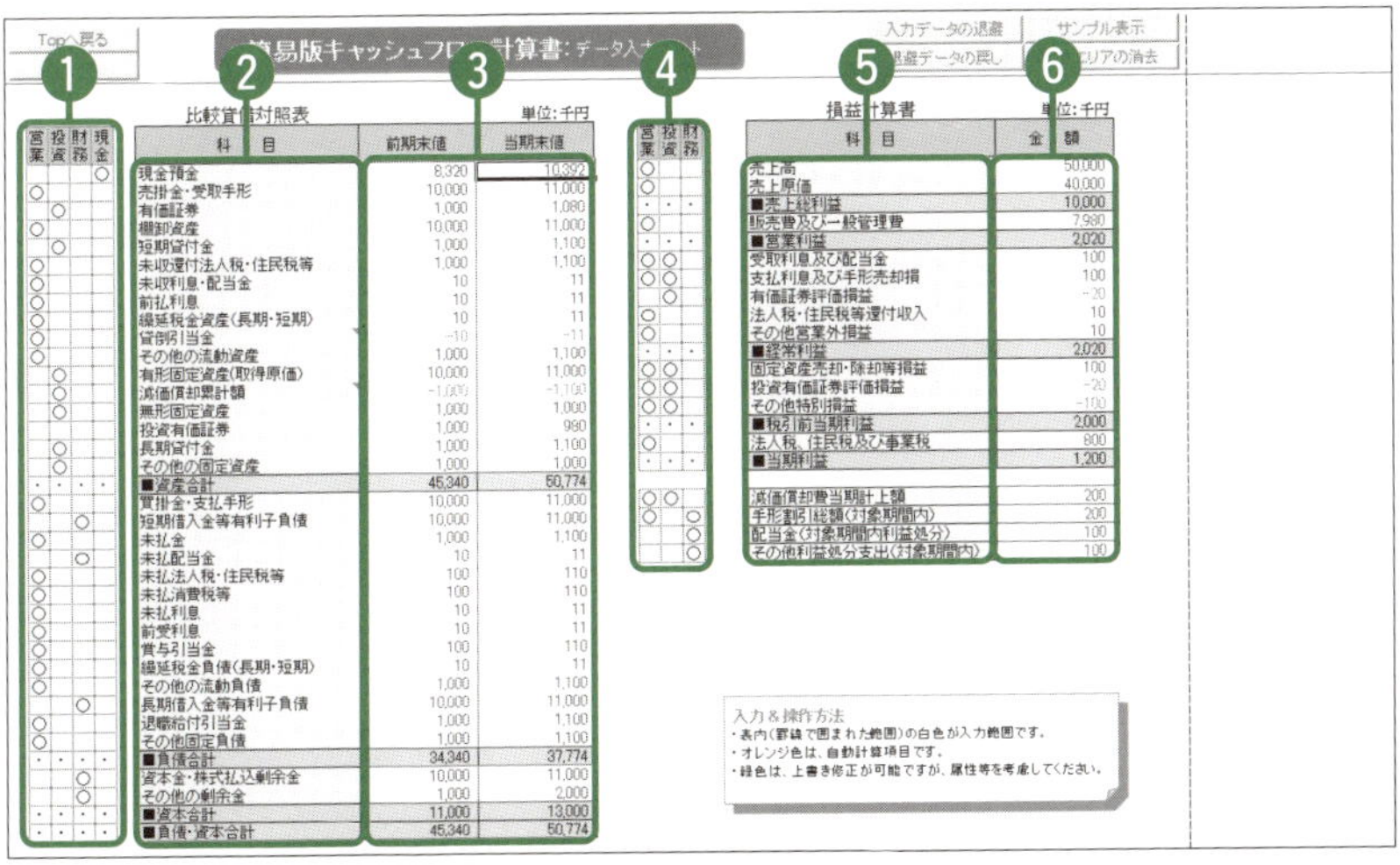

❶ 貸借対照表のキャッシュフロー区分

右側にある勘定科目がキャッシュフロー計算書でどのような区分で集計されるかを表示しています。この内容は変更できません。

❷ 貸借対照表の勘定科目名

キャッシュフロー計算書で使用する貸借対照表の勘定科目を表示します。セル内の文字列を上書きすると、勘定科目名を変更することができます。

❸ 期首貸借対照表、期末貸借対照表

期首貸借対照表と期末貸借対照表の値を入力します。入力する数値の単位は、基礎情報の入力の部分で指定した設定となります。

❹ 損益計算書と特記項目のキャッシュフロー区分

❶と同様に、損益計算書の勘定科目と特記項目がキャッシュフロー計算書のどこに区分されるかを表示します。この内容は変更できません。

❺ 損益計算書の勘定科目名と特記項目の名称

❷と同様に損益計算書の勘定科目と特記項目を修正することができます。

❻ 損益計算書、特記項目

損益計算書と特記項目を基礎情報の入力で設定した金額の単位で入力します。

設定することが可能です。ただし、収支の属性（前ページ❶、❹）は変更することができません。

損益計算書と貸借対照表の入力

損益計算書と期首貸借対照表、期末貸借対照表から必要な数値を拾い、該当する箇所へ入力し、誤りがないかを確認します。全データ入力後、貸借対照表の資産合計と負債および資本合計が一致していること、損益計算書の数値の入力に間違いがないことを確認してください。入力作業をスムーズに進めるため、財務データを入力する前に、分析対象会社の損益計算書、期首貸借対照表、期末貸借対照表の科目を、要約または分解することをお勧めします。

なお、損益計算書の下にある「減価償却当期計上額」「手形割引総額（対象期間内）」「配当金（対象期間内利益処分）」「その他利益処分支出（対象期間内）」の入力も必須なため、漏れがないように入力してください。

Column 売掛金や商品在庫の増加は収入の減少？

前期末よりも当期末の売掛金や商品在庫が増加すると、キャッシュフロー計算書の「営業活動によるキャッシュフロー」の区分で、増加額と同額のキャッシュフローがマイナスになります。「売掛金や商品在庫が増加すると、キャッシュフローが悪くなる？」と疑問に考える方もいると思いますが、これは収入が減少するわけではなく、損益計算書の利益がキャッシュフローの観点からは過大に計算されているため、それを修正する目的の計算ロジックです。

利益が増えた場合でも、売掛金や商品在庫がその利益の額を超えて増えると、資金繰りが苦しくなることを表しています。売掛や商品在庫をしっかりと確認して、滞留債権や不良在庫を一掃することが資金管理の基本です。

Section 35

キャッシュフロー計算書の印刷

簡易版キャッシュフロー計算書とキャッシュフロー分析指標の表示

メニュー画面で「キャッシュフロー計算書」ボタンをクリックすると、簡易版キャッシュフロー計算書とキャッシュフロー分析指標の表示画面に切り替わります（左ページ上図参照）。

表示画面は「簡易版キャッシュフロー計算書」と「キャッシュフロー分析指標」の2つの部分から構成されています。左側の「簡易版キャッシュフロー計算書」が、いわゆるキャッシュフロー計算書と呼ばれる書類で、指定した期間の資金の状況を表します。これに対して右側の「キャッシュフロー分析指標」は、キャッシュフローに関係する経営分析指標を一覧にした指標です。これらの指標から、従来の損益計算書をベースにした経営指標ではなく、キャッシュフローをベースにした企業の分析を行うことができるようになっています。

Topへ戻る
印 刷

簡易版キャッシュフロー計算書

簡易版キャッシュフロー計算書

平成19年4月1日～平成20年3月31日

株式会社 中堅中小商事　単位：千円

Ⅰ．営業活動によるキャッシュフロー	
税引前当期利益	2,000
減価償却による資金留保	200
売上債権の増加による入金留保	-1,000
棚卸資産の増加による入金留保	-1,000
仕入債務の増加による支払留保	1,000
未払金の増加による支払留保	100
未払消費税等の支払留保額	10
貸倒引当金繰入額の戻し	1
賞与引当金増加による支払留保	10
退職給付引当金増加による支払留保	100
その他の流動資産の増加による支出	-100
その他の流動負債の増加による支払留保	100
その他の固定負債の増加による支払留保	100
受取利息及び配当金(収入振替)	-100
支払利息及び手形売却損(支出振替)	100
法人税等還付、投資・財務活動関係の営業外損益の控除	10
投資・財務活動関係の特別損益の控除	-80
手形割引高の振替	-200
小計	1,251
利息及び配当金の入金額	100
利息等の支払額	-100
法人税等の支払額	-880
営業活動によるキャッシュフロー	371
Ⅱ．投資活動によるキャッシュフロー	
有価証券・投資有価証券の取得・売却による収支	-100
有形無形固定資産の取得・売却による収支	-1,000
長短期貸付金の貸付・返済による収支	-200
投資活動によるキャッシュフロー	-1,300
Ⅲ．財務活動によるキャッシュフロー	
短期借入金等の増加による収入	1,000
長期借入金等の増加による収入	1,000
手形割引高	200
増資による収入	1,000
配当金等利益処分による支出	-199
財務活動によるキャッシュフロー	3,001
Ⅳ．現金及び現金同等物の増加	2,072
Ⅴ．現金及び現金同等物期首残高	8,320
Ⅵ現金及び現金同等物期末残高	10,392

キャッシュフロー分析指標

平成19年4月1日～平成20年3月31日

株式会社 中堅中小商事

フリーキャッシュフロー(FCF)	単位：千円
営業によるキャッシュフロー	371
投資活動によるキャッシュフロー	-1,300
フリーキャッシュフロー(FCF)	-929

キャッシュフローによる収益性分析	
①総資本営業キャッシュフロー比率 営業活動によるキャッシュフロー÷総資本×100%	0.73%
②キャッシュフローマージン(売上高営業キャッシュフロー比率) 営業活動によるキャッシュフロー÷売上高×100%	0.74%
③売上高フリーキャッシュフロー比率 フリーキャッシュフロー÷売上高×100%	-1.86%

キャッシュフローによる安全性分析	
④営業キャッシュフロー流動負債比率 営業活動によるキャッシュフロー÷流動負債期末残高×100%	1.51%
⑤短期有利子負債営業キャッシュフロー比率 営業活動によるキャッシュフロー÷短期有利子負債期末残高×100%	3.37%
⑥総有利子負債営業キャッシュフロー比率 営業活動によるキャッシュフロー÷総有利子負債期末残高×100%	1.69%
⑦総有利子負債完済期間 総有利子負債期末残高÷(フリーキャッシュフロー÷12ヶ月)	-284.18 (ヶ月)
⑧キャッシュフロー・インタレストカバレッジレシオ (営業活動によるキャッシュフロー＋利息等の支払額＋法人税等支払額)÷利息等支払額	13.51 (倍)

新潟県会計事務所：新潟県一郎

キャッシュフロー計算書の表示画面。画面は、左側が簡易版キャッシュフロー計算書、右側がキャッシュフロー分析指標から構成される。

Topへ戻る
印 刷

簡易版キャッシュフロー計算書:（ロジックの確認）

株式会社 中堅中小商事　単位：千円　　新潟県会計事務所：新潟県一郎

平成19年4月1日～平成20年3月31日

科目	a 期首	b 期末	b-a 増減
現金預金	8,320	10,392	2,072
売掛金・受取手形	10,000	11,000	1,000
有価証券	1,000	1,080	80
棚卸資産	10,000	11,000	1,000
短期貸付金	1,000	1,100	100
未収還付法人税・住民税等	1,000	1,100	100
未収利息・配当金	10	11	1
前払利息	10	11	1
繰延税金資産(長期・短期)	10	11	1
貸倒引当金	-10	-11	1
その他の流動資産	1,000	1,100	100
有形固定資産(取得原価)	10,000	11,000	1,000
減価償却累計額	-1,000	-1,100	100
無形固定資産	1,000	1,000	0
投資有価証券	1,000	980	-20
長期貸付金	1,000	1,100	100
その他の固定資産	1,000	1,000	0
■資産合計	43,340	50,774	5,434
買掛金・支払手形	10,000	11,000	1,000
短期借入金等有利子負債	10,000	11,000	1,000
未払金	1,000	1,100	100
未払配当金	10	11	1
未払法人税・住民税等	100	110	10
未払消費税等	100	110	10
未払利息	10	11	1
前受利息	10	11	1
賞与引当金	100	110	10
繰延税金負債(長期・短期)	10	11	1
その他の流動負債	1,000	1,100	100
長期借入金等有利子負債	10,000	11,000	1,000
退職給付引当金	1,000	1,100	100
その他固定負債	1,000	1,100	100
■負債合計	34,340	37,774	3,434
資本金・株式払込剰余金	10,000	11,000	1,000
その他の剰余金	1,000	2,000	1,000
■資本合計	11,000	13,000	2,000
■負債・資本合計	43,340	50,774	5,434

損益計算書

科目	金額
売上高	50,000
売上原価	40,000
■売上総利益	10,000
販売費及び一般管理費	7,980
■営業利益	2,020
受取利息及び配当金	100
支払利息及び手形売却損	100
有価証券評価損益	-20
法人税・住民税等還付収入	10
その他営業外損益	10
■経常利益	2,020
固定資産売却・除却等損益	100
投資有価証券評価損益	-20
その他特別損益	-100
■税引前当期利益	2,000
法人税、住民税及び事業税	800
■当期利益	1,200

	営業キャッシュフロー 収入	営業キャッシュフロー 支出	投資キャッシュフロー 収入	投資キャッシュフロー 支出	財務キャッシュフロー 収入	財務キャッシュフロー 支出
現金預金の純増減額						
売上債権の増加による入金留保	0	1,000				
有価証券の取得による支出			0	80		
棚卸資産の増加による入金留保	0	1,000				
貸付金の増加による支出			0	100		
法人税等の支払超過額	0	100				
受取利息等の減額	0	1				
支払利息の増額	0	1				
法人税等支払の調整額(増)	0	1				
貸倒引当金繰入額の戻し	1	0				
その他の流動資産の増加による支出	0	100				
有形固定資産の取得による支出			0	1,000		
減価償却による資金留保額			100			
無形固定資産の増減±0			0	0		
投資有価証券の売却による収入			20	0		
貸付金の増加による支出			0	100		
その他の固定資産の増減±0			0	0		
手形割引高(収入振替)		200			200	
仕入債務の増加による支払留保	1,000	0				
短期借入金等の増加による収入					1,000	0
未払金の増加による支払留保	100	0				
配当金支払留保額					1	0
法人税等の支払留保額	10	0				
未払消費税等の支払留保額	10	0				
支払利息等の減額	1	0				
受取利息等の増額	1	0				
賞与引当金増加による支払留保	10	0				
法人税等支払の調整額(減)	1	0				
その他の流動負債の増加による支払留保	100	0				
長期借入金等の増加による収入					1,000	0
退職給付引当金増加による支払留保	100	0				
その他の固定負債の増加による支払留保	100	0				
増資による収入					1,000	0
配当金等利益処分による支出						200
減価償却費(原価算入分を含む)	200			200		
受取利息及び配当金(収入振替)	100	100				
支払利息及び手形売却損(支出振替)	100	100				
有価証券評価損益(収支・調整)	20			20		
法人税等の支払額(収入振替)	10	10				
固定資産売却損益(収支・調整)		100	100			
投資有価証券評価損益(収支・調整)	20			20		
キャッシュフローはここからスタートします	2,000					
法人税等の支払額		800				
項目別キャッシュフロー(純額)	371		-1,300		3,001	

キャッシュフロー計算書のロジックの表示画面。入力したデータは右側の表で展開が行われる。

簡易版キャッシュフロー計算書

平成19年4月1日～平成20年3月31日

株式会社 中堅中小商事

単位：千円

Ⅰ．営業活動によるキャッシュフロー	
税引前当期利益	2,000
減価償却による資金留保	200
売上債権の増加による入金留保	−1,000
棚卸資産の増加による入金留保	−1,000
仕入債務の増加による支払留保	1,000
未払金の増加による支払留保	100
未払消費税等の支払留保額	10
貸倒引当金繰入額の戻し	1
賞与引当金増加による支払留保	10
退職給付引当金増加による支払留保	100
その他の流動資産の増加による支出	−100
その他の流動負債の増加による支払留保	100
その他の固定負債の増加による支払留保	100
受取利息及び配当金(収入振替)	−100
支払利息及び手形売却損(支出振替)	100
法人税等還付、投資・財務活動関係の営業外損益の控除	10
投資・財務活動関係の特別損益の控除	−80
手形割引高の振替	−200
小計	1,251
利息及び配当金の入金額	100
利息等の支払額	−100
法人税等の支払額	−880
営業活動によるキャッシュフロー	**371**
Ⅱ．投資活動によるキャッシュフロー	
有価証券・投資有価証券の取得・売却による収支	−100
有形無形固定資産の取得・売却による収支	−1,000
長短期貸付金の貸付・返済による収支	−200
投資活動によるキャッシュフロー	**−1,300**
Ⅲ．財務活動によるキャッシュフロー	
短期借入金等の増加による収入	1,000
長期借入金等の増加による収入	1,000
手形割引高	200
増資による収入	1,000
配当金等利益処分による支出	−199
財務活動によるキャッシュフロー	**3,001**
Ⅳ．現金及び現金同等物の増加	2,072
Ⅴ．現金及び現金同等物期首残高	8,320
Ⅵ現金及び現金同等物期末残高	**10,392**

❶ (Ⅰ)　❷ (Ⅱ)　❸ (Ⅲ)

キャッシュフロー計算書のチェックポイント（右ページ）

・営業活動によるキャッシュフロー（❶）
「税引前当期利益」と「営業活動によるキャッシュフロー」の差が大きい場合は、各調整項目の詳細な分析が必要。
過去数期間を時系列で比較、月次で分析をすることで営業キャッシュフロー上の問題点を明らかにすることができる。
・投資活動によるキャッシュフロー（❷）
投資に関する収入と支出が示される。ここで収入超過となる場合は、固定資産の売却などの結果で、一時的な収入なため翌期以降はあてにできない。
・財務活動によるキャッシュフロー（❸）
借入金の返済や配当金の利益処分に関する支出や、資金調達の収入が示される。「営業キャッシュフロー」の和がマイナスとなる場合に、借入金に対して資金調達を行うことが一般的と思われるため、ここで収入超過となっても喜べない。

なお、帳票の印刷は、画面左上の「印刷」ボタンをクリックして表示される印刷プレビュー画面から行います。

ロジックを確認する

メニュー画面で「ロジックの確認」ボタンをクリックして表示される画面では、財務データの各項目が「営業活動によるキャッシュフロー」「財務活動によるキャッシュフロー」「投資活動によるキャッシュフロー」のどの部分に分類されるかを確認することができます。

これで、本フォームがキャッシュフローの計算をどのように行っているかを知ることができます。

なお、この画面も「簡易版キャッシュフロー計算書」と同様に画面左上の「印刷」ボタンをクリックして印刷することができます。

ュフロー計算書：(ロジックの確認)

新電卓会計事務所：新電卓一郎

	営業キャッシュフロー		投資キャッシュフロー		財務キャッシュフロー	
	収入	支出	収入	支出	収入	支出
現金預金の純増減額						
売上債権の増加による入金留保	0	1,000				
有価証券の取得による支出			0	80		
棚卸資産の増加による入金留保	0	1,000				
貸付金の増加による支出			0	100		
法人税等の支払超過額	0	100				
受取利息等の減額	0	1				
支払利息の増額	0	1				
法人税等支払の調整額(増)	0	1				
貸倒引当金繰入額の戻し	1	0				
その他の流動資産の増加による支出	0	100				
有形固定資産の取得による支出			0	1,000		
減価償却による資金留保額			100			
無形固定資産の増減±0			0	0		
投資有価証券の売却による収入			20	0		
貸付金の増加による支出			0	100		
その他の固定資産の増減±0			0	0		
手形割引高(収入振替)		200			200	
仕入債務の増加による支払留保	1,000	0				
短期借入金等の増加による収入					1,000	0
未払金の増加による支払留保	100	0				
配当金支払留保額					1	0
法人税等の支払留保額	10	0				
未払消費税等の支払留保額	10	0				
支払利息等の減額	1	0				
受取利息等の増額	1	0				
賞与引当金増加による支払留保	10	0				
法人税等支払の調整額(減)	1	0				
その他の流動負債の増加による支払留保	100	0				
長期借入金等の増加による収入					1,000	0
退職給付引当金増加による支払留保	100	0				
その他の固定負債の増加による支払留保	100	0				
増資による収入					1,000	0
配当金等利益処分による支出						200
減価償却費(原価算入分を含む)	200			200		
受取利息及び配当金(収入振替)	100	100				
支払利息及び手形売却損(支出振替)	100	100				
有価証券評価損益(収支・調整)	20			20		
法人税等の支払額(収入振替)	10	10				
固定資産売却損益(収支・調整)		100	100			
投資有価証券評価損益(収支・調整)	20			20		
ｷｬｯｼｭﾌﾛｰはここからｽﾀｰﾄします	2,000					
法人税等の支払額		800				
項目別キャッシュフロー(純額)	371		−1,300		3,001	

各区分のキャッシュフローを改善するためには、貸借対照表、損益計算書のどの科目を重点的に管理すべきかを確認することができる。

キャッシュフロー計算書（ロジックの確認）

簡易版キャッシ

株式会社 中堅中小商事

単位：千円

平成19年4月1日～平成20年3月31日 科目	a 期首	b 期末	b-a 増減
現金預金	8,320	10,392	2,072
売掛金・受取手形	10,000	11,000	1,000
有価証券	1,000	1,080	80
棚卸資産	10,000	11,000	1,000
短期貸付金	1,000	1,100	100
未収還付法人税・住民税等	1,000	1,100	100
未収利息・配当金	10	11	1
前払利息	10	11	1
繰延税金資産（長期・短期）	10	11	1
貸倒引当金	-10	-11	1
その他の流動資産	1,000	1,100	100
有形固定資産（取得原価）	10,000	11,000	1,000
減価償却累計額	-1,000	-1,100	100
無形固定資産	1,000	1,000	0
投資有価証券	1,000	980	-20
長期貸付金	1,000	1,100	100
その他の固定資産	1,000	1,000	0
■資産合計	45,340	50,774	5,434
買掛金・支払手形	10,000	11,000	1,000
短期借入金等有利子負債	10,000	11,000	1,000
未払金	1,000	1,100	100
未払配当金	10	11	1
未払法人税・住民税等	100	110	10
未払消費税等	100	110	10
未払利息	10	11	1
前受利息	10	11	1
賞与引当金	100	110	10
繰延税金負債（長期・短期）	10	11	1
その他の流動負債	1,000	1,100	100
長期借入金等有利子負債	10,000	11,000	1,000
退職給付引当金	1,000	1,100	100
その他固定負債	1,000	1,100	100
■負債合計	34,340	37,774	3,434
資本金・株式払込剰余金	10,000	11,000	1,000
その他の剰余金	1,000	2,000	1,000
■資本合計	11,000	13,000	2,000
■負債・資本合計	45,340	50,774	5,434

損益計算書

科目	金額
売上高	50,000
売上原価	40,000
■売上総利益	10,000
販売費及び一般管理費	7,980
■営業利益	2,020
受取利息及び配当金	100
支払利息及び手形売却損	100
有価証券評価損益	-20
法人税・住民税等還付収入	10
その他営業外損益	10
■経常利益	2,020
固定資産売却・除却等損益	100
投資有価証券評価損益	-20
その他特別損益	-100
■税引前当期利益	2,000
法人税、住民税及び事業税	800
■当期利益	1,200

期首(a)、期末(b)貸借対照表の各科目の増減（b-a）と損益計算書の各科目が、キャッシュフローのどの区分の収入調整項目または支出調整項目になるか（自動計算のロジック）を表示する。

Section 36

キャッシュフロー計算書の活用法

キャッシュフロー計算書を積極的に活用する

キャッシュフロー計算書と損益計算書を見比べて見ましょう。特に、営業活動によるキャッシュフローと営業利益および経常利益の比較が重要です。営業成績を売上高だけで評価する企業などでは、営業マンが無理な販売や自社にとって著しく不利な取引条件で商品を納品してしまうことがあります。

このような場合、売掛金が滞留してしまい、利益は上がっているが、キャッシュが手元にない状態に陥ってしまいます。キャッシュフロー計算書を積極的に活用して、このような悪慣習が自社に蔓延していないか、よく分析してください。

キャッシュフロー計算書の積極的な利用

1 外部公表用財務諸表としての利用
外部に対する積極的なディスクロージャー

2 社内の月次管理資料としての利用
キャッシュフロー経営の実践

3 資金計画書としての利用
経営計画書の裏付け、自社の体質の分析

4 資金計画の参考資料
自社の体質の分析、シミュレーション

外部公表用財務諸表としての利用

セクション33で説明したように、株式公開企業のキャッシュフロー計算書は正規の財務諸表とされています。現在、非公開企業に、その作成が義務付けられているわけではありませんが、自主的に正規の財務諸表に準じて扱うことで、外部の利害関係者に対して積極的なディスクロージャーを行っている、との印象を与えることができます。また、キャッシュフローに関する状況を的確に表すキャッシュフロー計算書の公表は、キャッシュを重視した経営を行っている証ともいえるのです。

最近では、金融機関が与信管理のために、独自にキャッシュフロー計算書を作成しているため、企業側が率先してキャッシュフロー計算書を公表することは、金融機関対策としても有意義ではないかと思われます。

また、自社のみならず、取引先など他社のキャッシュフローの状況を分析するためにも利用できます。キャッシュフロー計算書を作成することは、損益計算書と貸借対照表だけでは把握できない支払能力を把握するために有効であり、与信管理などに利用することが可能です。

月次経営管理用資料としての利用

今日の経営環境では、キャッシュフローに視点をおいた経営（キャッシュフロー・マネジメント）が求められています。損益計算書に偏重した経営管理手法一辺倒では、企業の生存能力を脅かしかねません。経営者が強い意思を持って、企業の支払能力を高めないなら、企業の継続や発展は望めません。

そのため、キャッシュフロー計算書を適時に作成し、キャッシュフロー上の問題を発見し、速やかに対処することが求められているのです。そのためには、年一度の外部公表用財務諸表としての作成に加え、月次決算書類としてタイムリーに作成する必要があります。

損益計算書上では利益が出ているが資金繰りが一向に楽にならないとぼやく前に、月次キャッシュフロー計算書の作成をしてみましょう。毎月キャッシュフローの状態を知ることで、自社のキャッシュフローの構造上の問題点が発見できるはずです。

キャッシュフローの構造が慢性的に資金不足に陥る企業などでは、売上を伸ばせば伸ばすほど、あるいは、利益が多くなればなるほど、資金繰りが苦しくなることは火を見るより明らかです。資金繰りが苦しいため、営業マンに報奨金を支払うなどして無理に売上を伸ばした結果、売掛債権が増え、同時に貸倒れリスクまで抱え込み、経営努力をすればするほど倒産という破局が近くなる、という皮肉な事態になりかねません。

そのような企業が実施すべきことは、キャッシュフローの構造改革であって、必ずしも売上を伸ばすことではありません。経営者の損益信奉主義、売上至上主義からの脱却こそが企業財務の構造改革をもたらすのです。

資金計画書としての利用

企業の経営計画書といえば多くの場合、損益計算書を中心に作成されているため、資金計画は作成されていなかったり、損益計算書との整合性を考えたりすることなく、個別の書類として作成されています。企業の経済的目的は財産を増やすことにあるため、本来経営計画は「財産をいつまでにどれだけ増やすのか」に重点が置かれるべきですが、具体的なイメージを求められる貸借対照表を作成することが困難なためか、抽象的な概念で語ることができる損益計算書に偏った経営計画が主流のように思われます。

将来の財産の状態を計画することは、不確定要素も多く難しい仕事ですが、目標となる貸借対照表が決まらないと資金計画が立てられません。厳しくいえば、資金計画が立てられないという企業は、企業の存続計画が立てられないという企業に等しい、ともいえるでしょう。

重要なポイントは、予測することではなく、計画することです。自社が三年後、五年後どのような財政状態を理想とするかといった、明確なイメージがないと実現しようもありません。財政状態を結果としてのみ考える経営は不安定であり、構造的な改革を断行しないかぎり、きっと将来も今と変わらないはずです。資金繰りが苦しい企業が倍の規模になった時は、資金繰りも倍苦しくなります。十倍であれば十倍……。

「簡易版キャッシュフロー計算書」は、計画期間の損益計画（損益計算書）と期首と期末の財務計画（貸借対照表）の数値を入力することで、キャッシュフロー計画書を自動作成するため、キャッシュフロー改善のために、何をすればよいのかを求めるシミュレートには最適です。

資金計画に関する参考として

計画期間の期首と期末の財務計画（貸借対照表）の作成が困難、との声をよく聞きますが、次のような手法を使って、ある程度信憑性の高い数値を計画できるのではないかと思われるため、参考までに挙げておきます。

営業関係の科目は経営分析数値（回転率など）を活用して、売上高の変数として捉えることができます。既存の固定資産は減価償却費の算定と売却など処分計画に基づき、新規の固定資産は投資計画に基づいて数値の把握が可能でしょう。さらに既存借入金の元金返済は完済までの支払は確定し、支払利息は金融情勢を勘案した予想利率に応じて算定可能です。新規借入金は投資状況と運転資金の状況に応じて、調達計画を決めることができます。

一旦、数値が得られた段階で「簡易版キャッシュフロー計算書」を作成してみましょう。「各財務諸表間の数値の不整合」「経営経験則からおかしいと思われるところ」「目標と違うところ」を修正することで、次第にキャッシュフローの構造改革のために何をすべきかが明確になってきます。

ある程度、キャッシュが把握できた段階で、無借金経営のためのシミュレーションをしましょう。経営者であれば、一度くらいは借入金に頼らない経営、借入金の返済のための資金繰りに追われない企業になってみたいと思うはずです。資金的に余裕のある企業の場合は、経営者が本当にやりたいことを実現できるのではないでしょうか。

Section 37

簡易版キャッシュフロー計算書

キャッシュフロー分析(1)

キャッシュフローの分析指標は、現時点では、実務的には他の経営分析指標のように必ずしも定まったものがないようです。

「簡易版キャッシュフロー計算書」では、左ページの9個の指標を取り挙げています。ここで採用した指標以外に重要なものもあるため、利用目的に応じて利用者が、独自に適切な指標を採用することをお勧めします。

計数の経営分析の要点は、計数間の関係を解き明かすことにあります。単に指数を算定しても、それだけではただの比率にしか過ぎません。その指数がなぜ悪化したか、どうすれば改善されるかを知り、実行できなければ百害あって一利なしと心得てください。

指数そのものに捕われるのではなく、指数が示す現実に目を向けなければなりません。分母と分子が何を語っているか、分母と分子はどのような関連で変動するか、自分自身が納得いくまで深く掘り下げましょう。

キャッシュフロー分析指標

平成19年4月1日～平成20年3月31日

株式会社 中堅中小商事

フリーキャッシュフロー(FCF)	単位:千円
営業によるキャッシュフロー	371
投資活動によるキャッシュフロー	-1,300
フリーキャッシュフロー(FCF)	-929

キャッシュフローによる収益性分析	
①総資本営業キャッシュフロー比率 営業活動によるキャッシュフロー÷総資本×100%	0.73%
②キャッシュフローマージン(売上高営業キャッシュフロー比率) 営業活動によるキャッシュフロー÷売上高×100%	0.74%
③売上高フリーキャッシュフロー比率 フリーキャッシュフロー÷売上高×100%	-1.86%

キャッシュフローによる安全性分析	
④営業キャッシュフロー流動負債比率 営業活動によるキャッシュフロー÷流動負債期末残高×100%	1.51%
⑤短期有利子負債営業キャッシュフロー比率 営業活動によるキャッシュフロー÷短期有利子負債期末残高×100%	3.37%
⑥総有利子負債営業キャッシュフロー比率 営業活動によるキャッシュフロー÷総有利子負債期末残高×100%	1.69%
⑦総有利子負債完済期間 総有利子負債期末残高÷(フリーキャッシュフロー÷12ヶ月)	-284.18 (ヶ月)
⑧キャッシュフロー・インタレストカバレッジレシオ (営業活動によるキャッシュフロー＋利息等の支払額＋法人税等支払額)÷利息等支払額	13.51 (倍)

新電卓会計事務所：新電卓一郎

指数が示す数値は企業の「今」を表している。

Section 38

キャッシュフローの分析(2)〜フリーキャッシュフロー

簡易版キャッシュフロー計算書

フリーキャッシュフローとは文字どおり、企業がフリー（自由）に処分できるキャッシュを指します。フリーキャッシュフローは概念的には、「営業活動によるキャッシュフロー」から「企業が存続するために必要な投資などの支出」を差し引いた収入とされますが、キャッシュフロー計算書上からは「企業が存続するために必要な投資などの支出」を算定することが困難なため、便宜的に「営業活動によるキャッシュフロー」と「投資活動によるキャッシュフロー」の和とすることが一般的です。

なお、既存の借入金の約定返済がある場合、「自由に処分できるキャッシュ」とは、一般的な「フリーキャッシュフロー」から、さらに「財務活動によるキャッシュフロー」の中の約定の借入金返済額を差し引いた額にすべきと思われます。

フリーキャッシュフローがマイナスの場合は、「財務キャッシュフロー」がプラスとならないかぎり、つまり何らかの資金調達活動をしないかぎり、期末キャッシュ残高は期首キャッシュ残高より減少します。期首のキャッシュ残高が十分にない場合は企業の存続も危ぶまれるのです。企業が

フリーキャッシュフローの見方

- 「フリーキャッシュフロー」とは、当期に増加した資金のうち企業が自由に処分できるキャッシュのことで、企業の収益性と財務安全性を評価するための最も重要な指標である。
- 本来は「営業活動によるキャッシュフロー」から「企業が存続するために必要な投資などの資金」を差し引いたものと定義されるが、便宜的に「営業活動によるキャッシュフロー」と「投資活動によるキャッシュフロー」の和とすることが一般的である。
- 「フリーキャッシュフロー」がプラスでない場合は、借入金などの新規の資金調達が必要となる。
- 「フリーキャッシュフロー」を改善するためには、「営業活動によるキャッシュフロー」を改善し、投資を抑制するとともに投資回収効率を高めなければならない。

存続するために必要なキャッシュが獲得されているどうかを見極めるためにも、フリーキャッシュフローは最も重要な指標と考えられています。

「投資活動によるキャッシュフロー」は、通常マイナス（支出）ですが、固定資産の売却など、臨時的な収入がある場合はプラスとなることがあります。フリーキャッシュフローにこのような臨時的な収入が含まれている場合は、これらの影響を排除して分析する必要があるため、留意してください。

Section 39

キャッシュフローの分析(3)
～収益性分析

総資本営業キャッシュフロー比率

総資本営業キャッシュフロー比率は、「営業活動によるキャッシュフロー」を「総資本」で割って求めます。この指標は、いわばキャッシュフロー版の「ROA（事業利益÷総資本）」ともいえます。総資本営業キャッシュフローは、「ROA」と同様、キャッシュフローマージン（営業キャッシュフロー÷売上高）と総資本回転率（売上高÷総資本）に展開して分析することができます。

「ROA」の評価が高い企業が、総資本営業キャッシュフローも高いとはかぎりません。収益性と同時に資金回収力が問われている今日、総資本営業キャッシュフロー比率はキャッシュフローを重視する経営（キャッシュフロー・マネジメント）の総合指標といえます。総資本営業キャッシュフローを高めるためには、次項のキャッシュフローマージンか、総資本回転率を高めなければなり

総資本営業キャッシュフロー比率の見方

計算式：営業活動によるキャッシュフロー ÷ 総資本

・指標は高い方が望ましい。
・指標を改善するためには、「総資本」を一定として「営業活動によるキャッシュフロー」を上げるか、「キャッシュフローマージン」を一定として「総資本回転率」を上げるか、「売上高」および「キャッシュフローマージン」を一定として「総資本」を減少させる。

ません。少資本で最大のキャッシュフローを生み出すために何をすべきか、この指標を使って具体的な処方を検討してみましょう。

キャッシュフローマージン

キャッシュフローマージン（売上高営業キャッシュフロー比率）は、「営業活動によるキャッシュフロー」を「売上高」で割って求めます。この指標は、キャッシュフローから見た本業の収益性を表す指標です。収益性の指標として経常利益率がよく使われますが、利益は企業の財産の増加原因を表現しているだけで、どのような財産が増加したかということまで示すことはできません。キャッシュフローマージンの分子の「営業活動によるキャッシュフロー」は、キャッシュで回収された前期以前、および当期の利益の金額を示しています。

「営業活動によるキャッシュフロー」は、滞留在庫の処分や買掛債務の支払遅延など、必ずしも企業にとって好ましくない要因でも一時的に増加するため、一概に値が高くなった結果をもって資金状況がよくなったとはいえません。継続的かつ安定的にキャッシュフローマージンが改善されることが重要です。

キャッシュフローマージンが悪化傾向にある場合は、早急に自社の商品と取引条件を点検しましょう。商品が陳腐化するなどして在庫が滞留、取引条件が不利になるなど、資金繰りが悪化している可能性があります。状況打開のために利益を上げようとして無理な売り込みを行うなどして、キャッシュフローをますます悪化させて悪循環に陥らないようにしなければなりません。このような場合に、まず行うべきは自社の商品力の強化と販売チャネル再構築です。

売上高フリーキャッシュフロー比率

売上高フリーキャッシュフロー比率は、「フリーキャッシュフロー」を「売上高」で割って求めます。先に説明したとおり、「フリーキャッシュフロー」は、概念的には「営業活動によるキャッシュフロー」から「企業が存続するために必要な投資などの支出」を差し引いた収入を表します。売上高フリーキャッシュフロー比率は、当期の売上高に対して自由になるキャッシュがどのくらいの比率で得られるかを示し

キャッシュフローマージンの見方

計算式：営業活動によるキャッシュフロー ÷ 売上高

・収益性の指標で、高い方が望ましい。「売上高営業キャッシュフロー比率」ともいう。

・指標を改善するためには、「売上高」を一定として「営業活動によるキャッシュフロー」を上げるか、現在より少ない「売上高」で現在の「営業活動によるキャッシュフロー」を確保しなければならない。

ます。

ただし、便宜的にキャッシュフロー計算書上の「営業活動によるキャッシュフロー」と「投資活動によるキャッシュフロー」の和をフリーキャッシュフローとする場合は、多額の臨時収支が含まれることもあるため、必ずしもこの比率が、当期の売上高に対する自由になるキャッシュの比率とはいえないこともあります。

売上高フリーキャッシュフロー比率が経常的にプラスの場合は、新たな資金調達をしなくても、本業に必要な資金は本業で確保されていますが、経常的にマイナスの場合は、常に新たな資金調達が必要な状態であり、好ましい収支構造ではありません。

特に営業活動によるキャッシュフローがマイナスの場合は、企業存続の観点から極めて危険な状態にあるといわざるをえません。投資活動によるキャッシュフローが、営業活動によるキャッシュッフローを超えているために、売上高フリーキャッシュフロー比率がマイナスとなる場合は、過剰な設備投資などがないか点検する必要があるのです。新規投資を継続して行っている企業では、厳しい投資採算分析と管理が必要となります。

売上高フリーキャッシュフロー比率の見方

計算式：フリーキャッシュフロー ÷ 売上高

- 収益性の指標で、高い方が望ましい。
- 指標を改善するためには、「売上高」を一定として「フリーキャッシュフロー」を上げるか、現在より少ない「売上高」で現在の「フリーキャッシュフロー」を確保しなければならない。

Section 40

簡易版キャッシュフロー計算書

キャッシュフローの分析(4)～安全性分析

流動負債営業キャッシュフロー比率

流動負債営業キャッシュフロー比率は、「営業活動によるキャッシュフロー」を「流動負債」で割って求めます。この指標は、「当座比率（当座資産÷流動負債）」に近似し、100%を超え、大きければ大きいほど財務安全性が高いのです。

財務安全性の指標としては、流動比率や当座比率がよく使われますが、流動資産や当座資産に計上されている資産の健全性（換金可能性、換金容易性）は必ずしも保証されてはいません。また、採用する会計処理ごとに資産の評価減がされていたりいなかったり、あるいは長期にわたって滞留している売掛金や在庫のような、実質的には長期性の資産が流動資産に計上されていたりするなどの理由で、財務安全性の指標として必ずしも有効でない場合があります。

流動負債営業キャッシュフロー比率の見方

計算式：営業活動によるキャッシュフロー ÷ 流動負債

- 財務安全性の指標で、100%を超えなるべく高い方が望ましい。
- 「営業キャッシュフロー」が不安定な場合、「流動負債営業キャッシュフロー比率」だけではなく「当座比率」など他の指標と合わせて総合的に財務安全性を評価しなければならない。
- 指標を改善するためには、「流動負債」を一定として「営業活動によるキャッシュフロー」を上げるか、現在より少ない「負債」で現在の「営業活動によるキャッシュフロー」を確保しなければならない。

流動負債営業キャッシュフロー比率の計算式の分子は、「営業活動によるキャッシュフロー」なため、企業の将来の見込みや会計処理の不透明な要因が排除されています。この指標は、過去1年間の「営業活動によるキャッシュフロー」の実績額が、期末の流動負債（これから先の1年間で支払うべき債務）額の何倍あるかを見ることで、キャッシュフロー面から財務安全性を判定しようとする指標です。

ただし、「営業活動によるキャッシュフロー」が安定的な場合は、財務安全性の指標として当座比率以上に有効な指標と思われますが、毎期激しい変動がある場合は、当座比率やその他の指標と合わせて財務安全性を評価する必要があります。

短期有利子負債営業キャッシュフロー比率

短期有利子負債営業キャッシュフロー比率は、「営業活動によるキャッシュフロー」を「一年内返済予定の短期有利子負債」で割って求めます。この指標は、短期有利子負債の返済

短期有利子負債営業キャッシュフロー比率の見方

計算式：営業活動によるキャッシュフロー ÷ 短期有利子負債

- 短期的な有利子負債返済能力を判定する指標で、100%を超えてなるべく高い方が望ましい。100%を下回る場合は、自転車操業状態に陥っているケースがあるため要注意。
- 「営業活動によるキャッシュフロー」を経常的に上げる施策を講じることが重要。

能力を判定するもので、値が大きいほど返済能力が高いことを表しています。100%を下回る場合は、自転車操業に陥っている可能性もあるため、詳しく分析を行ってください。

1年内に返済すべき負債が営業活動によるキャッシュフローの額を超えている場合は、早急に資金計画を立て、滞留在庫や固定資産を売却してフリーキャッシュフローを増やす算段をしなければなりません。しかしながら、このような一時的な手段では、いずれ破綻の道を辿ることにもなりかねないため、営業活動によるキャッシュフローが飛躍的によくならない場合は、金融機関との交渉の借入条件の変更や債務免除など抜本的な改善策を検討すべきだと思われます。

バブルの後遺症を抱えたままで健全な企業経営はできません。バブルの時の借入金を騙し騙し返済してきた結果、いつのまにか雪ダルマ式に増えてしまった借入金を完済する策はほとんどないでしょう。

法に基づく企業再生も経営者の選択肢のひとつです。毎年、営業キャッシュフローの不足に悩まされながら、金融機関との交渉に明け暮れる状況を望む経営者は少ないと思います。いつの時点か、何らかの決断をせざるをえない場合は、短期有利子負債営業キャッシュフロー比率に応じて判断を見極めるべきです。

総有利子負債営業キャッシュフロー比率

短期有利子負債営業キャッシュフロー比率は、短期的な負債返済能力を表しますが、企業が返済しなければならない負債には長期性の負債もあります。仮に、短期的には返済能力が高くても、3～5年間の長期的に見る場合、負債の返済能力が問われることがあります。

総有利子負債営業キャッシュフロー比率は、「営業活動によるキャッシュフロー」を「短期有利子負債と長期有利子負債の合計」で割って求めます。この指標が100%以上の場合は、有利子負債の返済能力に関しては、長期的にも問題はないですが、100%未満の企業が多いと思われます。その場合の健全性の目安となる数値は、事業内容や投資計画などから各企業ごとに標準とすべき数値を決める必要があります。

標準数値を決める判断が困難な場合は、過去数年間の平均値な

総有利子負債営業キャッシュフロー比率の見方

計算式：営業活動によるキャッシュフロー
÷ 短期有利子負債と長期有利子負債の合計

- 長期的な有利子負債返済能力を判定する指標で、高い方が望ましい。100%を超えている場合は、有利子負債の返済能力は長期的にも、問題がないと思われる。
- 設備投資を借入金に頼る場合は、「営業活動によるキャッシュフロー」に応じて投資資金を早期回収するための堅実な事業計画と投資採算管理が重要である。

どを利用して、長期的に負債返済能力が改善しているか悪化しているかを知ることが重要です。毎年何となく資金繰りが苦しくなっている場合は、この数値が悪化しているケースが多いでしょう。負債は確定した絶対額に対し、営業活動によるキャッシュフローは不確定要素が多分にあります。安易な借入での設備投資などを行わないためには、長期的な負債返済能力と事業採算を十分に分析して、堅実な事業計画を立てる必要があるのです。

総有利子負債完済期間

総有利子負債完済期間は、「短期有利子負債と長期有利子負債の合計」を「フリーキャッシュフロー」で割って求めます。この指標は月数に応じて表されます。キャッシュフロー計算書で「フリーキャッシュフロー」がマイナスになることもありますが、その場合は過去数期間のキャッシュフローの平均値を分母とするなどの工夫が必要です。なお、ここで算定される完済期間は必ずしも現実の完済期間を表すものではないため、あくまでも指標とし

総有利子負債完済期間の見方

計算式：短期有利子負債と長期有利子負債の合計
÷（フリーキャッシュフロー÷12）

- 当期の「フリーキャッシュフロー」を基準として、何か月で総有利子負債が完済できるかを示す目安となる。短ければ短いほど財務安全性が高い。
- 「フリーキャッシュフロー」が多い場合は、「総有利子負債完済期間」は自ずと短くなるため、新規借入を抑制し「フリーキャッシュフロー」を上げるための施策が必要。

て利用してください。

健全な経営のためには、他人資本である負債と自己資本とのバランスが重要です。金融機関からの借入金に依存しているかぎり経営の安定は望めません。しかし、事業を拡大しようとするタイミングでは先行投資も必要であり、一般的には、新規投資資金を金融機関からの借入で賄うことになります。

最も重要なポイントは、新規投資に応じて増加する営業キャッシュフローで、新規に増加した有利子負債をいかに早く返済できるかです。従来、新規投資を継続しているかぎり、有利子負債は増え続けるケースが一般的でした。しかし、時代が変わり、新規投資も慎重にならざるをえない経済環境下で、高度成長期に続けてきた設備などの投資が十分に回収されないまま、有利子負債が徐々に肥大化して、いつのまにか3~5年サイクルでの長期的な自転車操業状態に陥っているケースも多く見受けられます。このような状態はジリ貧となりかねず、脱するためには明確な有利子負債返済目標を持った経営計画を立てることが急務です。

キャッシュフロー・インタレストカバレッジレシオ

キャッシュフロー・インタレストカバレッジレシオは、「営業活動によるキャッシュフロー」と「利息などの支払額」と「法人税などの支払額」の和を「利息などの支払額」で割って求めます。

この指標は倍数に応じて表されます。

本来、インタレストカバレッジレシオは、損益計算書の「営業利益」と「受取利息および配当金」の和を「支払利息など」で割って求める計算が一般的ですが、キャッシュフロー・インタレストカバレッジレシオは、それらをキャッシュベースに置き換えたものと理解してください。「営業活動によるキャッシュフロー」に「利息などの支払額」と「法人税などの支払額」を加える理由は、「営業活動によるキャッシュフロー」の算定課程で控除された「利息などの支払額」と「法人税などの支払額」を戻して、これらを支払う前のキャッシュベースの本業の利益を算定するためです。

インタレストカバレッジレシオは、支払利息など金融費用の支払能力の指標として利用されますが、キャッシュフロー・インタレストカバレッジレシオは、それを資金面から裏付けるものです。

繰り返しになりますが、損益計算書の利益は必ずしも同額のキャッシュフローを伴うとはかぎらないため、実際の支払能力

キャッシュフロー・インタレストカバレッジレシオの見方

計算式：（営業活動によるキャッシュフロー ＋ 利息などの支払額 ＋ 法人税などの支払額）÷ 利息などの支払額

- 支払利息などの金融費用の支払能力を判定する指標で倍数に応じて表され、大きいほど望ましい。
- 「インタレストカバレッジレシオ」は損益計算書をベースとしているため資金的な裏付けがないが、「キャッシュフロー・インタレストカバレッジレシオ」はキャッシュフローをベースにしているため、より実態に近い支払利息などの金融費用の支払能力を表すと考えられる。

と齟齬を生じることがあります。キャッシュフロー・インタレストカバレッジレシオは、キャッシュフローを前提としているため、実態に、より近い支払利息など金融費用の支払能力の指標ということができるのです。

Column キャッシュフローは事実を語る

「会計は慣習と判断と記録の産物」などといわれることがあります。これは会計が必ずしも絶対的な事実を語っていない、ということを示唆しています。会計の世界では一定のルール（会計基準）に従って会計処理が行われますが、これは普遍のルールではありません。過去の会計慣習に基づき、より正しいとされる会計基準が採用されているにすぎません。また、会計担当者の判断で会計処理が歪められることや、記録違いをして誤った会計報告がなされることもあるでしょう。そのため会計に基づいて作成された貸借対照表や損益計算書で報告された利益は絶対的な事実ではなく、相対的な事実を表しているといえます。

これに対して、キャッシュフローは入金と出金という絶対的な事実を表しています。例えば利益は、資産計上するか費用計上するかの判断次第で大きく変わることもありますが、キャッシュフローは判断に左右されない絶対的な事実を表します。

Column キャッシュフロー分析グラフの表示

メニュー画面の「グラフの表示」ボタンをクリックするとキャッシュフロー分析グラフの画面が表示されます。キャッシュフロー分析グラフでは、キャッシュフローの区分ごとに棒グラフが表示されたら、キャッシュフローをビジュアルに確認することができます。

画面左上の「プレビュー」ボタンをクリックすると、グラフがＡ４横サイズで印刷されます。

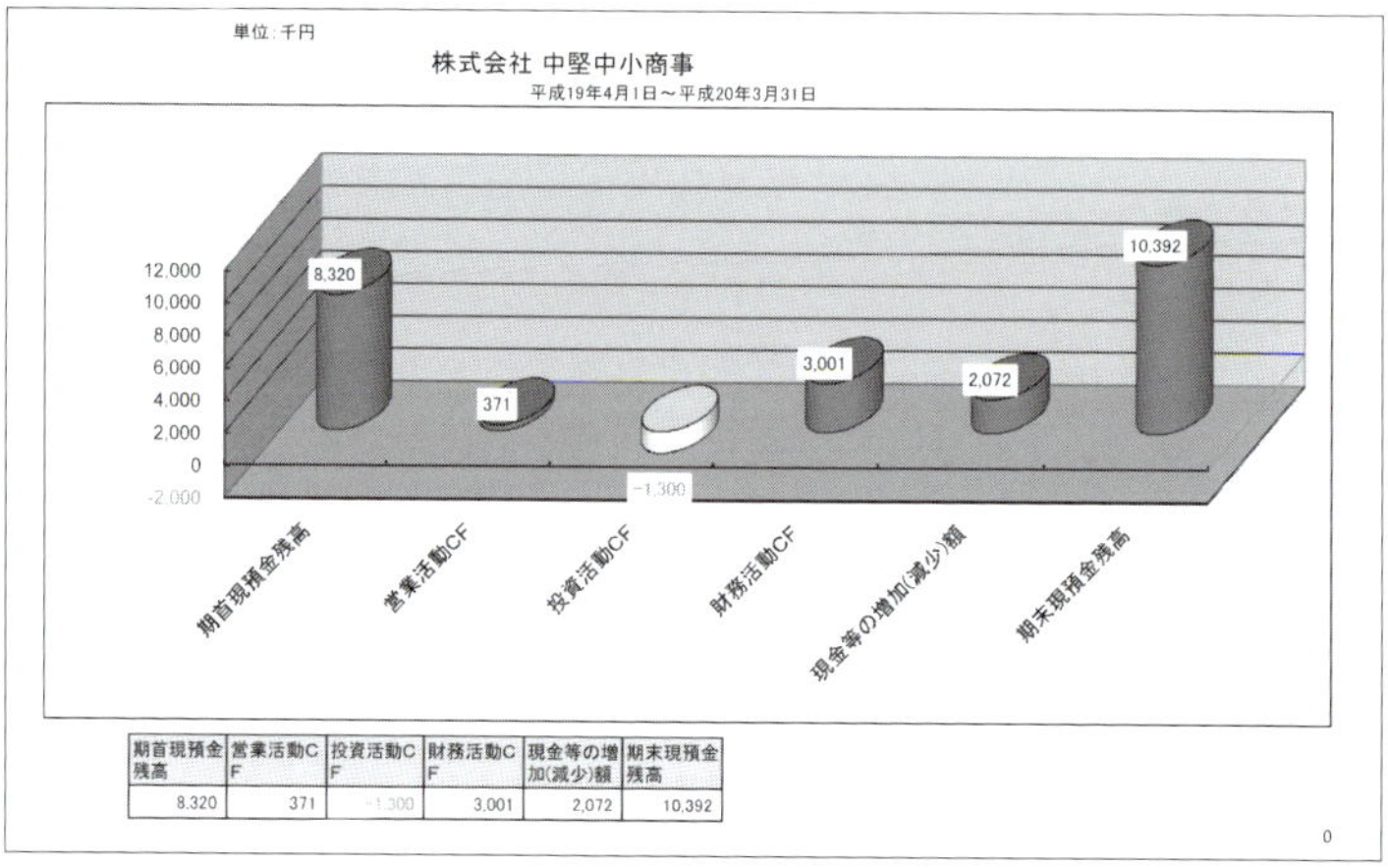

第6章

資金繰り改善のための
ヒント

Section 41

資金繰り改善のためのヒント

資金繰りを悪化させる6つの原因

資金繰り悪化の真実は？

経営者に「どうして資金繰りが悪化したのですか」と尋ねると、「設備借入金の返済が始まった」「金融機関の貸し渋りが激しい」「金融機関からの借入予定が延びている」「賞与資金の借入を申込んでいたが断られた」「季節仕入資金が多くて、その手形決済が始まった」といった返事が多く返ってきます。

これらの答えはいずれも間違いだとはいえないのですが、実際には、これらは原因ではなく、結果なのです。特に始めの4項目は、経営の責任を金融機関に転嫁している気がします。

資金繰りの悪化は、「金融機関に借入が返済ができない」とか「融資が受けられない」という状況に表れますが、本当は借入に依存しなければならない状況を作った経営活動や、財務体質に原因

赤字経営となる原因

表面的には

- 新規の借入が困難
- 借入金の返済が困難
- 借入金の借換が困難
- 商品代金の支払困難
- 手形の返済が困難
- 賞与の支給が困難

▶

本当は…

- 連続赤字の垂れ流し
- 回収と支払のバランスの崩れ
- 在庫の増大
- 売掛金などの貸倒れ
- 株式、土地、投資の失敗
- その他

があります。その原因を把握して、経営上の対策を打っていかないかぎり、資金繰りの改善はありえません。

それでは本当の原因とは何でしょうか。この原因を次の6つにまとめてみました。

原因(1)〜赤字経営

赤字は資金繰りを悪化させる最も本質的な原因です。赤字経営では、資金繰りの改善は決してできません。一日も早く赤字経営から、黒字経営に転換する必要があるのです。

当たり前のことですが年間1000万円の赤字が出た場合は、1000万円の資金が不足することになります。「欠損の金額＝不足資金額」なのです。「収益−費用＝利益」のため、「収益＝収入」「費用＝支出」と考えると、欠損額がそのまま不足資金額となります。仮に1000万円の欠損が3年間続くと、不足資金額は3000万円となるのです。

実際には、ここでいう費用の中には、減価償却費のように支出の伴わない値が含まれているため、欠損額の1000万円から減価償却費を除いた額が本当の不足資金額になります。

原因(2)~投資の失敗（設備・不動産・株式など）

資金繰りを悪化させる代表ともいえる要因が設備投資の失敗です。

設備投資を行う時に、全額を自己資金でまかなえればよいのですが、借入金で設備投資をした場合にはその返済原資が必要です。

設備借入金の返済原資は、「新規設備が稼ぎ出す利益＋新規設備減価償却費」で、これを自己金融と呼ぶこともあります。自己金融額が借入金の返済額を上回る場合は、資金繰りを悪化させることはありません。つまり設備投資から生じる収益で、借入金の返済が可能な場合に問題はありませんが、設備投資から計画どおりの利益が上がらなかった場合は資金不足の原因となるわけです。

設備以外の投資の失敗例としては、株式投資を挙げることができます。値上がりを期待して購入した株が値下がりして処分できなくなるケースです。バブル期に購入した不動産も同じようなケースといえます。また、最近では子会社への投資で失敗している例も増えています。

いずれの場合でも、投資は金額が大きいだけに、失敗すると資金繰りに与えるダメージが大きいため、慎重に行う必要があります。

原因(3)〜売上債権の貸倒れ

得意先が倒産すると、その得意先に対する売掛金は回収不能となるか、わずかな配当になり、受け取った手形も決済されません。これが貸倒れです。貸倒金額のうち、割引済み手形は、振出人が倒産してしまって、決済能力がないため、割引人が代わって決済しなければならない義務が発生します（割引手形の買戻し）。もし、割引手形の買戻しの資金が手当できないと、その手形を受け取った会社が銀行取引を停止されてしまいます。これが代表的な連鎖倒産の例です。

よく、「連鎖倒産は避けられない」といわれますが、決して避けられないことではありません。倒産の危険がある危ない得意先などと取引を続けないことです。連鎖倒産は危ない得意先と知りつつ、売上を確保するために取引を止められず、貸倒れに至ってしまうケースがほとんどになります。長引く構造不況で、多くの企業が業績悪化に陥っている時代だけに、目先の売上だけを狙った危ない得意先との取引は見直すべきです。

原因(4)〜在庫の増大

在庫が増えるということは、仕入れた商品が売れずに残っているため、「お金が在庫の形でたまっている」と考えてよいのです。そのため在庫が増えるほど資金繰りは苦しくなります。

しかし、在庫という商品は、得意先のために準備する商品や原材料、仕掛品であり、顧客サービスのひとつでもあります。注文を受けてから作ったり、仕入れたりする段取りでは納期が長くなって顧客の要請に対応できないため、あらかじめ準備しておくものです。

在庫を財務的に見ると、得意先のために当社が資金を負担している状況になります。だからといって資金負担を少なくするために在庫を絞り込むと、顧客の要請に応えられずに販売のチャンスを逃してしまうというリスクも大きくなります。このように在庫量は、営業の立場では豊富に持ちたいもので、財務的には極力少なくしたいもの、という難しい課題です。顧客のニーズを判断して、売れ筋商品を適量に在庫として持つことが重要であり、販売効率や資金効率を高める決め手でもあります。

原因(5)～回収と支払のバランスの崩れ

日本の一般的な商慣習では、販売も仕入も信用取引（掛取引）で行われます。掛で販売した場合、売掛金が入金されるまでは、資金は販売会社が負担することになるのです。また、先方の支払条件が約定変更で延びた場合にも、同様に資金負担をすることになります。

売上回収の期間と仕入支払の期間のバランスが崩れて、売上回収のサイトが延びたり、仕入支払のサイトが短くなったりすると資金負担が増えることになります。

原因(6)～無理な利益処分

株主配当金や役員賞与金など利益処分の原資は、税引後利益に前期から繰り越された利益剰余金を加えた「未処分利益剰余金」です。

このうち、株主配当金に関して、商法では「タコ配当（利益が出ていない場合に配当すること）」を禁止していますが、実際には粉飾決算で利益を出して株主配当や役員賞与を支払うという会社も見受けられます。また、利益は出ていても資金が残っていなく、株主配当や役員賞与を借入金に応じてまかなう、という例もあるようです（株主に対する責任ということを考えると、利益が出ている場合は借入をしてでも支払うことが必要になるかもしれない）。

資金が不足している時には資金流出を伴う利益処分は控え、少しでも資本の部に内部留保するという経営姿勢が必要です。また経営者（資本家）としては、仮に株主配当や役員賞与を受けたとしても、これを蓄積しておき、原資がたまった都度、増資に振り向けるなど、自己資本を厚くしようとする資本家姿勢が大切ではないでしょうか。

Section 42 赤字解消のための基本的な策

赤字経営から脱出するには

赤字が続くと資金不足を起こします。なるべく早く黒字経営に転換しないと、倒産という最悪の事態を迎えることになります。赤字の原因として経営環境が悪いことや、社内体制の問題点を嘆く方が多いですが、嘆いてみてもどうもなりません。赤字改善のためには、世の中の変化を捉え、機敏かつ迅速に対応する経営力が必要なのです。

金融ビックバン以降、経済基盤と経営環境は大きな変化の時代に入っています。この変化を「時代の変化はチャンスでもある」と前向きに考えることが大切です。変化をビジネスチャンスと受け止めてビジネスドメインを成長分野にシフトすることや、新しいビジネスの展開を図るなどの戦略的な経営が必要になります。

赤字経営から脱出するには？

売上の拡大
- 価格破壊などへの対応
- 経営スキームの見直しを含む積極的な経営改革

総資産の圧縮
- 土地、株式などの不要不急の資産の処分
- 不要資産の処分は資金原資を増やし、経営分析値も改善する

固定費の削減
- 全社の経費の根本からの見直し
- パート、アウトソーシングなどの活用

赤字部門からの撤退
- 不良得意先、赤字の商品、ムダ・ロスの絶滅
- 継続的、定期的な分析が必要

上図に赤字経営から脱却するための主な手段を列記しました。ここでは、それらについて簡単に触れていきましょう。

変化を捉えた経営革新へ

今、日本の経営環境は「円高・デフレの時代」「モノが売れない時代」「競争激化の時代」などといわれます。これは企業規模や業種に関わらず、よほど真剣に努力しないと、売上の増大が図れない状況を示唆しています。また、過去の成功体験や過去の延長線上で、経営を続けていると、時代に取り残され、経営危機に陥る可能性もある、ということです。

人間の価値観までが変わる大きな変化の中で売上を伸ばすためには、経営スキームの見直しを含む経営改革が必要となります。

幸いなことに法的整備も進み、事業の分割・統合やM&Aなども以前に比べ容易になりました。積極的な経営革新こそ、売上拡大に直結するといえるのです。

総資産を圧縮する

不要不急の資産を見直し、処分を行います。例えば、土地や株式など、有価証券、ゴルフ会員権の動産・不動産などの、今の利用価値と将来の利用価値を分析し、処分対象を絞ります。不要な資産は買い値よりも値下がりしていても、未練を残さず処分すべきです。その売却代金は借入返済になり、資金繰り改善の原資にもなります。

また、資産の売却は資金繰りを改善するだけでなく、企業格付けの判断材料となる経営分析値も改善するため、将来の資金調達もプラスに作用します。

固定経費を削減する

損益計算書全体の見直しを図ります。全体の経費を根本から見直し、不必要な資産はすべてなくす、そんな覚悟で対応する必要があるのです。「節約でなく、削減である」という経営者のスタンスが固定費リストラの成否に大きく影響します。

人件費もその対象です。人件費（固定費）の変動費化もひとつの方策です。会社が生き残るためには不要な人材のリストラもやむをえません。人材の不足した部分にパートやアウトソーシングを活用すると、変動費化することができます。

赤字部門からの撤退

不採算部門の放置は、確実に資金繰りを悪化させます。複数の部門を持たない企業でも商品（グループ）や得意先（グループ）の中に不採算があるかもしれません。継続的・定期的な分析を行う必要があります。不採算事業（部門など）の見極め方がよくわからない場合は、顧問税理士などに相談するとよいでしょう。

また、不採算事業からの撤退する時は、税金処理や関連法の適用など専門的な知識を必要とする場合があるため、これも顧問税理士などに相談の上で進めることを、お勧めします。

Section 43

資金繰り改善のためのヒント

キャッシュフロー改善の基本的な策

資金の流れを改善するには

企業の資金の流れは、販売や仕入・経費の支払といった営業活動に関する流れと、設備投資や借入、賃金の返済といった財務活動に関する流れの2つに分けることができます。

前者を資金繰りでは経常収支といい、キャッシュフロー計算書では営業キャッシュフローといいます。後者を資金繰りでは財務収支といい、キャッシュフロー計算書では財務・投資キャッシュフローといいます。

経常収支の改善は、売上代金の早期回収と高い粗利益率、低い経費率で実現します。粗利益率100%で、現金商売が資金繰り上の理想です。財務収支の改善は、精緻で計画性と高い計画実行力で実現します。手元資金が無くても、経営に支障をきたさないことが資金繰り上でのひとつの理想といえるのです。

売掛金回収に力を入れる

ひとつの販売活動は現金の回収を持って終わります。回収がない販売や、回収が遅れる販売は、資金繰りと経営を悪化させます。売掛金の100%回収は大きな目標ですが、この目標を達成するためには準備と管理が必要です。

(1) 得意先の信用調査
(2) 回収条件の確認
(3) 回収金額の管理
(4) 売掛金残高の管理

また、貸倒を防止するためには、日頃から危ない取引先の変化をチェックし、事故（倒産など）の起こる前の早い対応が肝要です。

次ページに取引先の危ない変化のポイントをいくつか挙げます。

(1) 支払が滞ってきた
(2) 支払条件の変更を要請された
(3) 得意先の悪い噂が流れ始めた（特に経営者）
(4) 従業員の退職が増加している
(5) とりわけ優秀な幹部クラスの社員が何人か辞めた
(6) 仕入先が急に増加している
(7) 在庫の増加が目立ち、処分のための安売りが続いている
(8) あまり業績がよくない状況で多額の設備投資をしている

収入と支払のバランスを図る

経常収支の資金繰りをよくするためには、「回収サイト」を短くし、「支払サイト」を長くします。しかし支払状況の悪い得意先に、支払条件を改善してもらうお願いは、大変難しいことです。しかし長いスパンで考えることや、支払状況の悪い得意先は切り捨てて、計画的に支払条件のよい得意先に、売上をシフトしていくことも必要になります。資金繰りは、経営の重要管理事項のひとつであり、得意先のシフトなどは担当者任せにすることなく、全社で対応すべきです。

仕入・支払の長期化も、資金繰りの改善策ですが、不用意に支払サイトを長くする判断は、支払先の信用不安を招きかねないため、慎重に実行しましょう。自社にとって有利な仕入先からの仕入にウエイトをおくのもひとつの方法です。

資本の充実を図る

未公開の中小企業が資本を充実させる方法は、利益の内部留保と増資の2つがあります。利益の内部留保に関しては、すでに説明してきたため、ここでは増資に関して説明します。

増資には誰が出資に応じるか、というリアルな問題があります。取引先や金融機関、従業員、友人などが考えられますが、景気低迷が続く中で、このいずれも積極的に投資するとは思えません。そのため、中小企業の増資は、経営者（家族）の出資が極めて一般的です。

なお、株式の発行や割当方法などの法的な要件は、本書の意図するところではないため、割愛します。

第6章の参考文献：「資金繰りに強い会社をつくる本」天明　茂著　TKC出版

付　録

Appendix

付録

こんな時には？

フォームを使いこなすためのトラブルシューティング

本書のフォームは表計算ソフトのエクセル上で動いています。そのため、エクセルの基本的な操作方法をマスターしていれば、使いこなすことができます。しかし、一部のフォームでは、エクセルの高度な機能を使っているために、初心者の方には難しいと感じられる部分があります。ここでは、陥りやすいトラブルについて簡単にまとめてみました。

ファイルを読み込んでもマクロ（VBA）が動かない

CD—ROMに収録されたファイルを読み込んでも、自動的にメニュー画面が表示されない場合や、フォーム内のボタンをクリックしても画面が切り替わらない場合には、マクロの実行が無効になっています。

例えば、ファイルを読み込んだ時に図1のようなダイアログボックスが表示された場合、セキュリティの設定でマクロが実行できなくなっています。10ページの「フォームの使い方」の「フォームを使う前の準備」で解説されているセキュリティの設定を行ってください。

また各種データを入力して、保存した後でも、再びファイルを開くと、セキュリティの設定がリセットされています。セキュリティの設定を変えない場合は、起動時に必ずマクロ機能を利用できるように、図2にならってマクロの手続きを行ってください。

数式の一部でエラーが表示される

次ページ図3のようにフォームの一部がエラーとなる

図1

図2

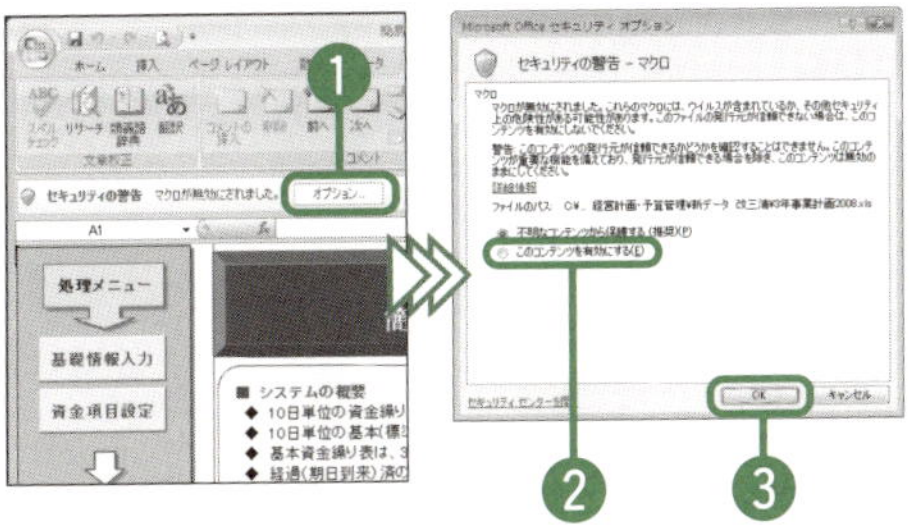

マクロの手続き

❶ フォームを読み込むと、リボンの下に次のような「セキュリティの警告」が表示されたら「オプション」ボタンをクリックします。

❷「セキュリティオプション」ダイアログボックスが表示されたら「このコンテンツを有効にする」を選択します。

❸「OK」ボタンをクリックします。

場合があります。これは、日付の計算などで使用している関数の一部がエクセルの初期状態ではインストールされていない場合があることが原因です。

これらのエラーが出た場合には、12ページの「アドインの組み込み」で解説している方法で、「分析ツール」と「分析ツール―VBA」の2つのアドインを組み込んでください。

1枚の帳票が複数のページに印刷される

作成する帳票は、A4サイズにまとめられていますが、使用するプリンタによっては、1ページの帳票が複数のページにまたがって印刷されてしまうことがあります。この場合は、左ページの手順で、1ページに印刷する範囲を調整する必要があります。

図3

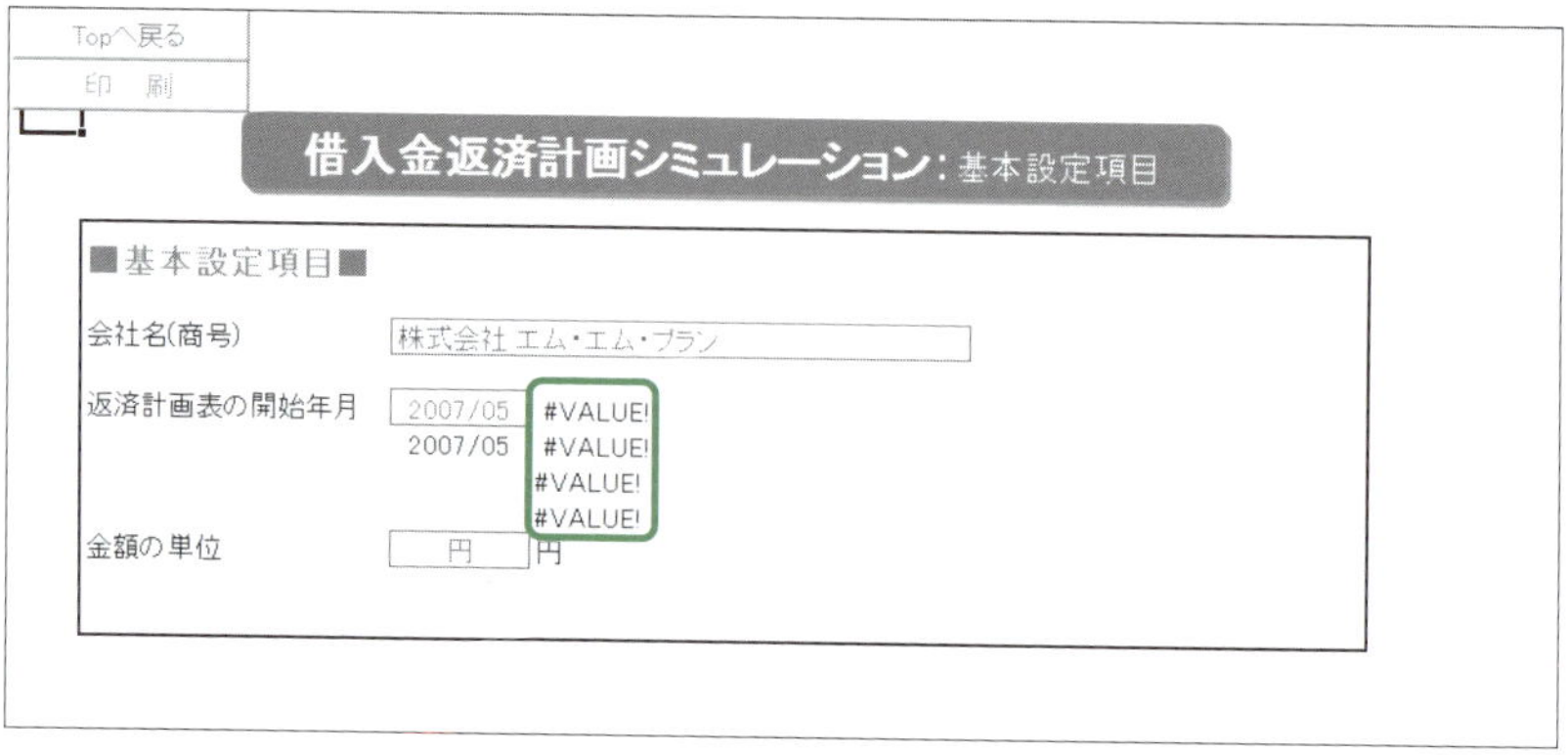

印刷範囲調整の手順

本来1ページの帳票が、プリンタの関係で2ページになっています。印刷範囲を調整するため、「印刷プレビューを閉じる」ボタンをクリックします。「表示」タブの「改ページプレビュー」ボタンをクリックします。

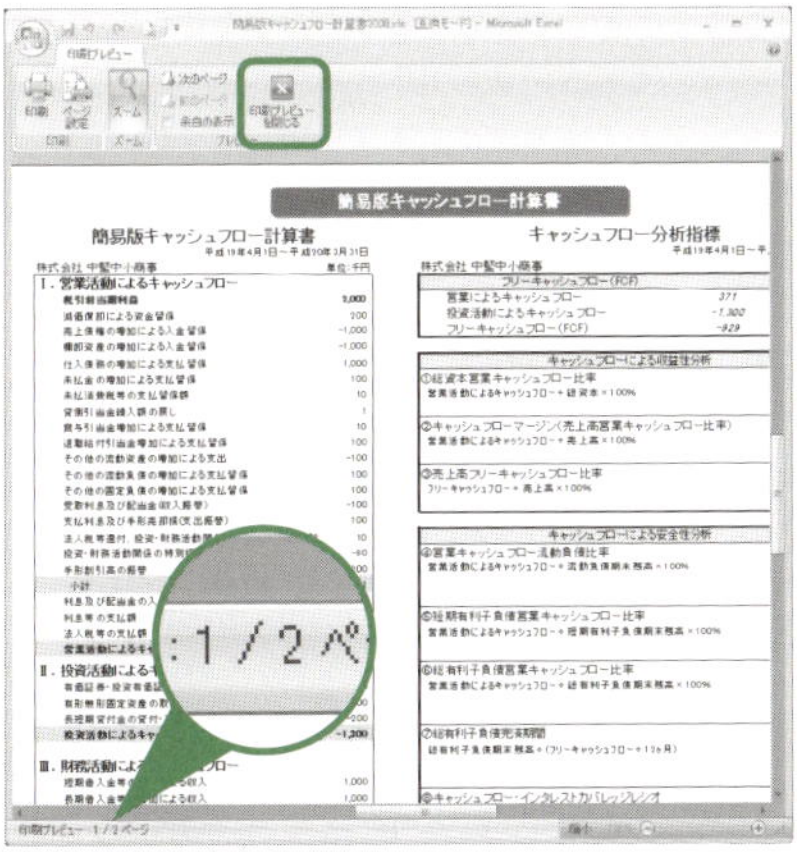

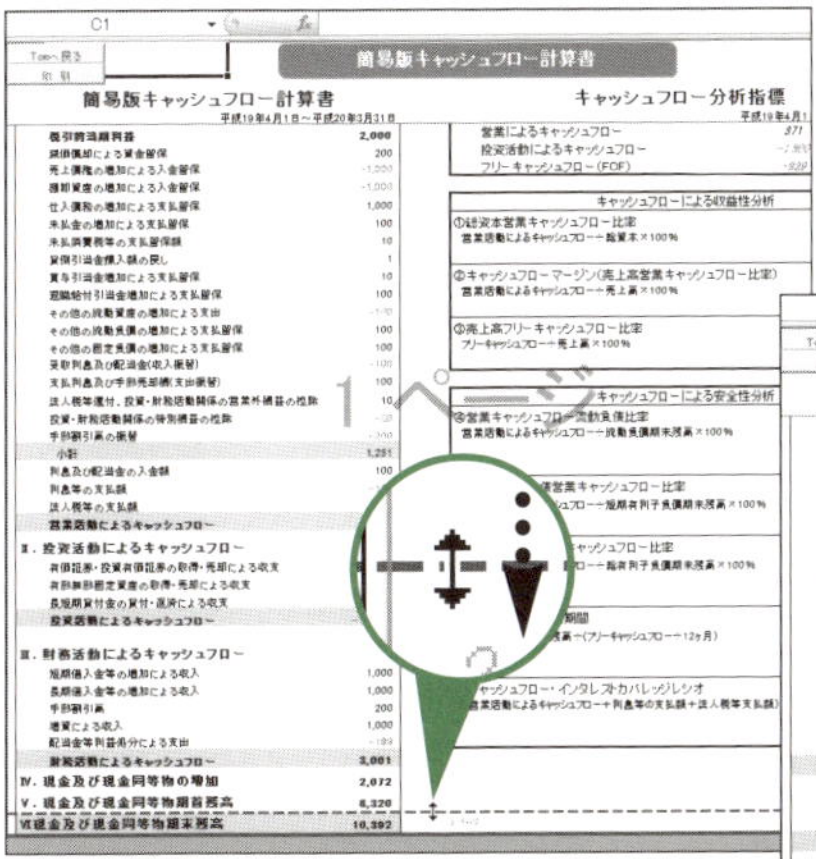

点線が自動的に改ページの場所を示します。そこにカーソルを合わせるとマウスポインタの形が変わるため、下側にドラッグします。

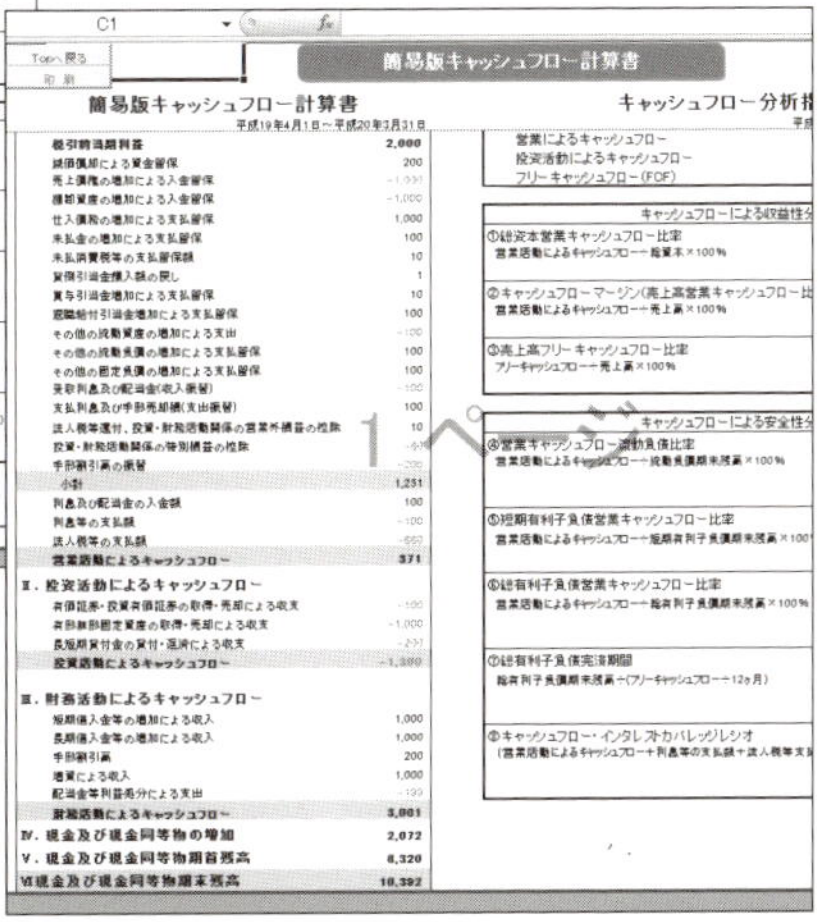

改ページの位置が正しく調節されます。
改ページプレビューを終了するには、「表示」タブの「標準」ボタンをクリックします。

各財務比率の解説
各フォームで使用されている経営指標のうち、主なものを以下にまとめました。フォームによっては計算式や指標の名称が若干異なるものがあります。

解説

投下資本に対して年間でどれだけの利益を上げたかを表す。企業の総合的な収益性の判断をするための指標のひとつ。

総資本経常利益率と同様の指標だが、金融収支（支払利息、受取利息など）を除いた分、より本業の収益性を表す。

売上高に対する売上総利益（粗利益）の割合。その水準は業種に応じても異なるため、同業他社との比較が望ましい。

売上高に対する経常利益の割合。その水準は業種に応じても異なるため、同業他社との比較が望ましい。経常利益率ともいう。

投下した資本が売上として年間で何回回収されたかという、総資本の利用頻度を表す。回転数が多いほどよい。

売上債権が平均何日で回収されているか、その回収状況を表す。短いほどよく、長期化の傾向にあると不良債権発生が疑われる。

売上高の何日分に相当する在庫を持っているかを表す。短いほどよく、長期化の傾向にあると不良在庫の発生が疑われる。

買入債務（＝支払手形＋買掛金）が売上の何日分に相当するかを表す。長いほど資金繰りは楽になるが、長期化傾向は仕入先から信用不安を招くこともあるため注意を要する。

運転資金負担（＝売掛債権＋棚卸資産－買入債務）が売上の何日分に相当するかを表す。短いほどよい。大きく増加する時は粉飾も疑われるため注意。

1年以内に支払義務の発生する流動負債と、1年以内に支払手段として使える流動資産を対比し、短期的な支払能力を表す。100%以上が望ましい。

流動比率と同様だが、棚卸資産を控除することで、不良在庫などの要因を排除した指標。

固定資産の取得に当たって、返済の必要のない自己資本でどの程度まかなわれているかを表す。100%以下が望ましい。

総資本のうち、最も安定している自己資本が占める割合を表す。安全性を示す代表的な指標のひとつ。

営業活動によるキャッシュフローのバランスを表す。100%未満が何期も連続すると倒産の危険性が高くなる。

総資本と手形の資金調達のうち、どの程度が実質的な借入金でまかなわれているかを表す。低いほどよい。

金利を負担する能力が、現状実際に支払っている額の何%あるかを表す。100%以下では現状の金利負担でも厳しいことになる。支払利息比率ともいう。

社債を含めた実質的な借入金全体を返済するために、何年かかるかを表す。10年以下が望ましい。

過去の成長性を表す。高いほどよいが、あまりにも急激な成長は運転資金不足に陥り、資金繰り難の原因ともなる。

生産性を表すが、業種応じて水準値が大きく異なるため、同業他社との比較が必要。

人件費が粗利の何%で抑えているか、生産性を表す。50%以下に抑えた値が望ましい。

主な経営分析指標

指標の名称	計算式
総資本経常利益率(%)	経常利益÷総資本×100
総資本営業利益率(%)	営業利益÷総資本×100
売上総利益率（%）	売上総利益÷売上高
売上高経常利益率(%)	経常利益÷売上高×100
総資本回転率(回)	売上高÷総資本
売上債権回転期間(日)	売上債権÷売上高×365(※)
棚卸資産回転期間(日)	棚卸資産÷売上高×365
買入債務回転期間（日）	買入債務÷売上高×365
運転資金負担回転期間（日）	運転資金負担÷売上高×365
流動比率(%)	流動資産÷流動負債×100
当座比率(%)	(流動資産－棚卸資産）÷流動負債
固定比率(%)	固定資産÷自己資本×100
自己資本比率(%)	自己資本÷総資本×100
経常収支率(%)	経常収入÷経常支出×100(※)
借入金比率(%)	(借入金+社債+割引手形）÷（総資本+割引手形+裏書譲渡手形）×100
インタレストカバレッジレシオ(%)	(営業利益＋受取利息・配当金）÷支払利息割引料×100
有利子負債返済年数(年)	(借入金＋社債）÷（税引後利益＋減価償却額）
売上高増減率(%)	(当期売上高－前期売上高）÷前期売上高×100
ひとり当たり売上高	売上高÷従業員数
労働分配率(%)	人件費÷（売上高－売上原価）×100

※売上債権＝受取手形＋売掛金＋割引手形＋裏書譲渡手形
※経常収入＝売上高＋営業外収入＋期首（受取手形＋売掛金）ー期末（受取手形＋売掛金）
　経常支出＝売上原価＋販売管理費＋営業外支出＋期首（支払手形＋買掛金＋未払費用ー棚卸資産）
　　　　　ー期末（支払手形＋買掛金＋未払費用ー棚卸資産）ー減価償却費＋法人税など支払額

■著者紹介

杉田 利雄（すぎた としお）

1952年生まれ。株式会社エム・エム・プラン 代表取締役。BFL経営財務研究所 所長。株式会社M&A実務支援センター 代表取締役。事業再生実務家協会会員、TMA日本支部会員。

〒160-0022 東京都新宿区新宿1-9-4 中公ビル604 Fax：03-5367-1668

URL：http://www.kaikei-web.co.jp/ E-mail：sugita@kaikei-web.co.jp

税理士、会計士を中心とする事業再生研究会を主宰。BFL経営財務研究所にて事業再生アドバイザー養成講座を運営。事業再生指導、アーリーステージ企業の育成、マーケティング指導など実績多数。編著に「社長の決断」（明日香出版社）、電卓で金利計算（オーエス出版社）、「ターンアラウンド・マネジメントの基礎と実務」など多数。月刊スーパーシティ（中国・上海）や月刊近代中小企業などに寄稿。

■著者協力

阿部 雅彦（あべ まさひこ） 株式会社財研 代表取締役

森 好伸（もり よしのぶ） 森公認会計士事務所 所長、株式会社経法財研究所 代表取締役

對馬 昭次（つしま あきつぐ） 對馬会計事務所 所長、経営財務研究所・QBクラブ会長、税理士

編集担当：吉成明久
カバーデザイン：秋田勘助（オフィス・エドモント）
DTP担当：ケイズプロダクション

30分で作る!
キャッシュフロー&資金繰り表 [エクセルフォーム付き]

2008年10月 7日 第1刷発行
2023年 4月12日 第15刷発行

編著者 杉田利雄
発行者 池田武人
発行所 株式会社 シーアンドアール研究所
新潟県新潟市北区西名目所4083-6（〒950-3122）
電話 025-259-4293 FAX 025-258-2801
印刷所 株式会社 ルナテック

ISBN978-4-903111-94-0 C0034

落丁・乱丁が万が一ございました場合には、お取り替えいたします。弊社までご連絡ください。